编委会

主　编：郭　琳
副主编：梁　奈　孙志隆
编　委：姚　婷　莫昭玲

南宁师范大学教材建设基金资助出版

口语表达艺术

四川大学出版社
SICHUAN UNIVERSITY PRESS

图书在版编目（CIP）数据

口语表达艺术 / 郭琳主编． -- 成都：四川大学出版社，2024．6． -- ISBN 978-7-5690-6955-6

Ⅰ．H193.2

中国国家版本馆CIP数据核字第20244RB025号

书　　名：	口语表达艺术
	Kouyu Biaoda Yishu
主　　编：	郭　琳

选题策划：王小碧　庄　溢
责任编辑：庄　溢
责任校对：刘一畅
装帧设计：墨创文化
责任印制：王　炜

出版发行：四川大学出版社有限责任公司
　　地　址：成都市一环路南一段24号（610065）
　　电　话：（028）85408311（发行部）、85400276（总编室）
　　电子邮箱：scupress@vip.163.com
　　网　址：https://press.scu.edu.cn
印前制作：成都墨之创文化传播有限公司
印刷装订：成都金阳印务有限责任公司

成品尺寸：170mm×240mm
印　　张：17.75
字　　数：344千字

版　　次：2024年7月 第1版
印　　次：2024年7月 第1次印刷
定　　价：49.00元

本社图书如有印装质量问题，请联系发行部调换

版权所有 ◆ **侵权必究**

序

在信息化、全球化的今天，口语表达能力与写作能力一样，不仅是大学生个人素质的体现，更是职业发展和社会交往中的核心竞争力之一。尤其在社交媒体带来人际传播新趋势的当下，各行各业对从业人员的综合素质要求日益提高，大学生的就业竞争也日趋激烈。因此，大学生在校期间不仅需要学习专业知识和技能，更需注重综合素质和口语表达能力的培养。大学生通过提升口语表达能力，不仅有助于丰富专业知识，还能提升个人综合能力，拓宽就业渠道。可以说，口语表达能力已成为当代大学生不可或缺的核心能力之一。

语言是沟通的桥梁，是思想的载体，是文化的传递者。作为河南大学新闻与传播学院院长，我对于口语表达在当代社会中的重要地位与作用感触良多。《左传·襄公二十五年》曾记载孔子的话："《志》有之：'言以足志，文以足言。'不言，谁知其志。"郭琳老师主编的《口语表达艺术》无疑是对孔子这一理念的生动诠释和有力支持。

《口语表达艺术》是在郭琳老师主持的首批国家级一流本科课程的基础上编写的，也是其在河南大学担任访问学者期间的研究成果。这本教材系统地阐释了口语表达作为一种艺术的哲学逻辑和现实建构。作者不但从表达原则、表达主体、表达对象等方面进行了本体性的理论探讨，也从语音训练、表达礼仪、演讲和辩论等方面，进行了实战化的实操论述，从而让这本教材具有理论与现实并重的意义。尤为可贵的是，作者紧扣时代脉搏，在最后一章"特殊的口语表达艺术"中，就发言人的口语训练等也进行了论述，显示出其较为宽阔的学术视野。

可以说，这本教材蕴含了郭琳老师深耕播音与主持艺术教学多年的思考积淀和创新实践，既是他呈交给我国播音主持艺术领域的一份学术作业，也是他为当代大学生提供的有益参考读物。作为郭琳老师在河南大学访学期间的联系导师，我对他取得的成果深感欣慰和自豪，也期待这本教材的问世能为提升当代大学生的口语表达能力提供重要的理论和方法指导。

兹为序。

河南大学新闻与传播学院院长

王鹏飞 博士、教授

2024年5月

目录 CONTENTS

01 Chapter one
第一章 口语表达艺术概述   001
第一节 口语表达与口语表达艺术   002
第二节 口语表达的言语特征   013
第三节 口语表达的基本原则   016
第四节 非语言表达   019

02 Chapter two
第二章 口语表达主体   025
第一节 口语表达主体的听知技巧   027
第二节 口语表达主体的控场技巧   034
第三节 口语表达主体的说服技巧   039

03 Chapter three
第三章 口语表达对象   043
第一节 口语表达对象概说   044
第二节 口语表达对象的心理分析   048
第三节 口语表达中如何适应表达对象   053

04 Chapter four
第四章　口语表达语音训练　　　　　　057

第一节　普通话语音

　　　　——口语表达中语音的规范美　　　058

第二节　普通话发声——口语表达中的语音美　　091

第三节　朗读——口语表达中的艺术美　　　107

05 Chapter five
第五章　口语表达的心理与思维　　　　119

第一节　克服说话"恐惧症"　　　　　121

第二节　稳定说话情绪　　　　　　　126

第三节　口语表达思维　　　　　　　129

06 Chapter six
第六章　口语表达礼仪　　　　　　　　135

第一节　礼仪概说　　　　　　　　　136

第二节　口语表达礼仪概说　　　　　139

第三节　跨文化口语交际礼仪　　　　150

07 Chapter seven
第七章　即兴口语表达　　　　　　　　153

第一节　复述　　　　　　　　　　　155

第二节　描述　　　　　　　　　　　158

第三节　评述　　　　　　　　　　　161

第四节　解说　　　　　　　　　　　164

第五节　抒情　　　　　　　　　　　168

08 Chapter eight
第八章　演讲的表达艺术　　　　　　　　　　171

第一节　演讲概述　　　　　　　　172

第二节　演讲稿　　　　　　　　　181

第三节　演讲的技巧和要点　　　　187

09 Chapter nine
第九章　辩论的表达艺术　　　　　　　　　　193

第一节　辩论概述　　　　　　　　194

第二节　辩论技巧与运用　　　　　205

第三节　辩论赛的应对策略与步骤　210

10 Chapter ten
第十章　日常交谈的表达艺术　　　　　　　　217

第一节　交谈艺术概述　　　　　　218

第二节　日常交谈的技巧　　　　　227

第三节　正式场合的交谈技巧与应对策略　234

11 Chapter eleven
第十一章　特殊的口语表达艺术　　　　　　　241

第一节　发言人的口语表达艺术　　242

第二节　领导者和管理者的口语表达艺术　252

第三节　求职者的口语表达艺术　　258

参考文献　　　　　　　　　　　　　　　　267

后记　　　　　　　　　　　　　　　　　　271

第一章
口语表达艺术概述
SPOKEN LANGUAGE

第一节 口语表达与口语表达艺术

传播学者早期使用人类传播（human communication）强调人类传播时语言和非语言符号的使用，以区别于动物传播（animal communication）。这两个概念着重强调了人类与动物之间传播方式的差异。首先，人类传播注重语言的使用。与动物的简单声音和信号不同，人类拥有复杂的语言系统，包括文字、口头语言等多种元素。这些语言元素赋予了我们能力，可以表达抽象思想、情感和观念，从而使我们能够在交流中传递更为复杂和深刻的信息。其次，人类传播还倚赖非语言符号的运用。这包括了面部表情、手势、音调等各种非语言元素。这些元素在交流中扮演着关键的角色，因为它们可以用来传达情感、态度和语境，有时甚至比语言本身更具影响力。这使得人类传播具有了更多的维度，并由此与动物的表达相异，进而形成了人类语言表达的独特性。动物的表达主要依赖于基本的声音、气味和行为信号，通常用于交流基本需求，如食物、危险或求偶。而人类的语言则在广泛的情境中使用，涉及文化、社会、政治等各个领域。因此，我们可以通过深入研究人类语言表达与动物表达的这些关键性区别，学习如何运用它们来提高我们的口语表达能力，以更有效地表情达意。

一、口语表达与口语表达艺术的含义

口语表达是一种言语活动，是人们使用有声语言及相关的语言符号来进行信息传递和沟通的过程。从语言学的角度来看，口语表达被视为一种言语行为，而这种行为是人类独有的。正如马林诺夫斯基在《原始语言中的意义问题》中所指出的，语言不仅仅是一种用于传递思想的手段，更是一种行为的方式。[1] 这意味着口语表达是人们为实现各种目的而进行的一种活动，它是人类行为的有机组成部分。

人类的言语行为受到社会规约的支配，口语表达也不例外。社会规约包括了语法规则、文化背景、社交习惯等因素，它们共同影响着人们在口语表达中所选择的

---

[1] 布伦尼斯洛·马林诺夫斯基,赵肖为,黄涛：《原始语言中的意义问题》，《温州大学学报》（社会科学版）2013年第2期。

词汇、句法结构以及表达方式。这也解释了为什么不同语境和社会文化背景下的口语表达方式会有所不同。

口语表达的独特之处在于它的表达性。这种表达性体现在人们在表达思想、情感和意图时所选择的语言和语言符号上。口语表达是一个动态的过程，通过发音器官将思想转化为声音，传递给听者。在这个过程中，人们运用语法、词汇、语调和声音等元素特征，以满足他们的表达需求。这种表达性也使口语表达与其他人类行为有着根本性的区别，因为它是专门为了满足人们的表达需求而进行的一种独特行为。因此，口语表达突显了人类语言能力的独特性和复杂性。我们将深入研究口语表达的各个方面，包括语法、词汇、声音特征、文化因素等，以便更好地理解和运用这一重要的沟通工具。

从传播学的角度看，口语表达是一种社会传播活动，涉及人与人之间的信息传递与交流。它扮演着传播学领域中极为重要的角色，反映了社会生活的多样性和复杂性。口语表达可被视为一种多层次、多维度的传播现象，如同一个万花筒，呈现出丰富的社会交往和信息传递场景。

口语表达的多样性表现在它的形式与媒介上。它既可以是面对面的交流方式，如交谈、对话、辩论等，也可以通过传播媒介进行，如手机通话、网络聊天等。这种多重形式的存在使口语表达能够适应不同的情境和传播需求，使其成为一种高度灵活的社交工具。

此外，口语表达的场景也十分多样。它可以包括严肃认真的学术研讨、激情澎湃的政治演讲、情感真挚的亲情交流，以及各种社交情境中的言辞应对等。这些不同场景反映了口语表达在社会互动中的广泛应用。

口语表达艺术则是对口语表达规律和技巧的深入理解和掌握。从学术角度看，口语表达艺术涵盖了语言学、社交学、心理学等多个领域的知识，涉及了信息传播的语法、语言文化的影响、情感表达的心理机制等多方面内容。这种艺术的目标是使口语表达在实际传播实践中更具有说服力、生动性、适切性以及有效性。

而"口才"作为口语表达艺术的一种表现，在中国古代文献中就有所记载，如《孔子家语》所提到的"宰予，字子我，鲁人。有口才著名"[1]等。这里的"口才"强调了在特定社交活动中，根据特定目的和任务，适应特定语境，以准确、生动、得体的方式运用口语，提高自身表达思想感情和传递信息的能力。

因此，口语表达是社会传播的重要组成部分，它需要深入研究和不断提升，以

---

[1] 郭沂：《子曰全集》（第三卷），中华书局，2017年版，第243页。

满足复杂多变的社交和传播需求。口语表达艺术的精湛运用，可以增强个体的口才，帮助个体更有效地与他人交流、表达思想和情感，从而在社会交往中更加成功地实现个体和集体的目标。

在现代社会，个体必须具备一定水平的口语表达技巧（即口才）。这已成为个体在不同领域取得成功的必备技能。个体在日常生活中需要与家人、朋友，以及在各种情境中扮演不同的角色（如老师、医生、服务员等）与他人进行有效的交流与沟通。此外，进入职业领域后，沟通技巧更成为事业成功的关键因素。在面试过程中，留下良好的口才印象有助于获得理想的职位；而一旦踏入职场，口才表现不仅关系到向上级陈述观点、说服他人，还有助于与同事和谐合作、改善职场人际关系。

口语表达艺术涉及生活和工作的各个领域。我们要想熟练运用口语表达艺术就必须经过系统的学习和训练，正如戴尔·卡耐基在其著作《人性的弱点》中提到的："只要有信心，你就会拥有勇气去尝试。不要害怕失败，因为失败是通往成功的一部分。"[1] 他强调了通过不断的学习和训练获得自信和勇气的重要性。不论环境如何，只要不断努力，充满信心并愿意面对失败，每个个体都有可能成为伟大的演说家。

在深入学习语言学、社交学以及心理学等多领域知识的基础上，个体可以通过语法结构、语言文化、情感表达的心理机制等方面的学习，逐步掌握口语表达艺术的规律与技巧。我们只有通过不断地实践与反思，才能够提升自身口语表达的质量，使其更具说服力、生动性、适切性，从而实现在各种社交和职业场景中的自如运用。

在现代社会，口语表达艺术的学习和口语表达能力的培养已经成为追求个人成功的不可或缺的一环。只有通过后天的刻苦学习和持续训练，个体才能够充分发挥口语表达的潜力，为自身的成长和事业的发展打下坚实的基础。

二、口语表达的构成要素

口语表达是一个复杂而精密的信息传递过程，其中发送者、接收者、信息、渠道、噪音、反馈、环境等要素相互交织，共同决定了交流的效果。

（一）发送者与接收者

在口语表达中，发送者和接收者是核心参与者。发送者负责传递信息，而接收者则负责理解和解释这些信息。两者的角色在交流过程中是不断相互转换的，因为人们既是信息的发送者，又是信息的接收者。因此，我们在口语表达中要充分考虑

---

[1] 戴尔·卡耐基：《人性的弱点》，中国文联出版社，2016年版，第28页。

发送者和接收者的性别、年龄、文化背景、职业、心理特征、知识水平等因素，这些因素对于双方交流的理解和效果都具有重要影响。

（二）信息

信息是口语表达的核心内容，它包括了表达者意欲分享的思想、观点和情感等。信息可以分为客观知识信息和主观知识信息两类，前者涉及各种事实、数据和消息，后者涉及个体的思想和情感。这些信息必须以符号的形式表达，符号可以是语言符号，也可以是非语言符号。

语言符号：语言是口语表达中最主要的符号系统。语言符号包括音韵（phonology）、词汇（words）、语义（semantics）、修辞手法（rhetorical devices）、语法规则（grammar）、符号与图像（symbols and icons）等。语言符号的选择和运用在口语表达中具有决定性的作用，因为它直接影响着信息的清晰度和有效性。

非语言符号：除了语言符号外，非语言符号也在口语表达中发挥着重要作用。它包括面部表情、手势、姿势、声音调节等。非语言符号通常用于强调、补充或修改语言信息，它们可以为信息添加情感和语境，使交流更加丰富和准确。

（三）渠道

渠道在口语表达中代表信息传递的媒介和方式，它决定了信息如何到达发送者或接收者。在口语表达中，主要渠道包括声音和视觉。声音是通过口头语言传达信息的主要载体，而视觉则涉及观察和理解口语表达过程中的身体语言等元素。这两种渠道在口语表达中互相交织，共同构成了信息传递的路径和方式。

（四）反馈

反馈是指发送者和接收者之间的相互反应，表现为对信息的语言或非语言回应。在口语表达中，反馈是至关重要的，因为它反映了接收者对信息的理解和接受程度。例如，当发送者讲述一个笑话时，接收者的笑声就是一种积极的反馈。反馈有助于发送者了解接收者是否关注、理解、赞同自己所传达的信息。

反馈还可以帮助发送者识别是否存在误解或信息传递不畅的情况。如果语言或非语言反馈表明信息未被正确理解或顺利传递，发送者可以采取措施重新传递信息或以不同的方式表达，以确保自己所要表达的意思与接收者接收到的意思一致。

不同的口语表达情境提供了不同程度的反馈。例如，在电视演讲中，演讲者无

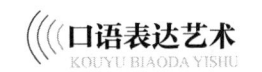

法直接观察所有听众的反应，因此反馈通常很有限；而在面对面的现场演讲中，演讲者则可以通过观察听众的面部表情、姿势等获取反馈信息。

总的来说，反馈在口语表达中扮演着重要的角色，它有助于个体在口语表达过程中建立有效的沟通，确保信息传递的准确性和信息的理解度。因此，了解和适应不同环境中的反馈机制对于成功的口语表达至关重要。

（五）噪音（干扰）

噪音是口语表达中的干扰因素，它可能阻碍人们对信息的准确理解和解释。噪音可以分为三种形式：外部噪音、内部噪音和语义噪音。

外部噪音：外部噪音源自周围环境，它包括了那些可能干扰接收者听到或理解信息的视觉、听觉和其他感官的刺激。外部噪音有时会分散接收者的注意力，使其难以专注于发送者想要传达的信息。

内部噪音：内部噪音发生在发送者和接收者的思维中。当他们的思维和情感集中在与沟通无关的事物上时，就会产生内部噪音。这种内部噪音可能导致信息的混淆或错误。

语义噪音：语义噪音源自个体对词语的情感反应，通常是由某些词语或表达方式具有多重含义或象征性质而引起的。语义噪音可能导致人们对信息的误解。

（六）环境

环境是口语表达发生的情境，它对于信息的传递和理解能产生重大影响。口语表达环境主要包括物理情景、历史情景、心理情景。

物理情景包括地点、时间、光线、温度，以及发送者和接收者之间的距离等要素。这些物理情景要素可以影响交流的舒适度和有效性。

历史情景是指以前的交流和经验，它们构成了当前交流的背景和基础。例如，涉及过去的经历或事件可能需要接收者有相关的背景信息才能理解。

心理情景涉及个体对自己和他人的看法以及他们在特定情境下的情感状态。个体的心理情景可能影响他们对信息的接受和反应。

在许多情况下，环境的变化可以导致口语表达发生变化。因此了解并适应不同环境对于有效的口语表达就显得非常必要了。这些构成要素共同塑造了口语表达的复杂性和多样性，影响了信息的传递和理解的质量。

三、口语表达的类型

口语表达可分为人际表达、小组内表达、公共场合表达、跨文化表达等常见类型。这些口语表达类型在不同情境和需求下都具有其独特的特点和挑战。特别是在当今文化多样化和跨文化的社会环境中，我们学习和理解这些类型对于提高口语表达的质量至关重要。

（一）人际表达

人际表达是在一对一的情境中进行的口语表达形式，通常发生于非正式和不受限制的环境中。尽管在一些情况下，交流的场景中可能会存在两名以上的参与者，但人际表达主要涉及两名交流者之间的互动。在人际表达中，双方的交流会更加亲密和直接，因此情感、情感表达和非言语符号的意义就显得尤为重要。

（二）小组内表达

小组内表达发生在少数成员汇聚在一起共同解决问题或讨论议题的情境中。小组通常由多名发送者和接收者组成，因此表达过程相较于人际表达更加复杂。在小组内，成员之间的互动和相互影响起着重要作用，因此需要考虑更多的动态因素。

（三）公共场合表达

在公共场合表达中，发送者向多名接收者传递信息或发表演讲。这种形式的口语表达通常要求发送者传递高度结构化和有组织的信息，涵盖了人际表达和小组内表达所涉及的要素，但规模更大。发送者必须善于利用各种渠道和技巧来有效地与接收者沟通。

（四）跨文化表达

跨文化表达涉及来自不同文化背景的个体之间的口语互动，即不同文化背景的人之间的交流。这种形式的表达需要考虑到语言、价值观、习惯、非言语因素等差异对交流的影响。跨文化表达要求个体必须具备跨文化沟通的能力，以避免误解，促进有效的互动。

跨文化表达的成功需满足三个基本要求，这些要求也是跨文化交际成功的关键。

第一，文化理解与认知。跨文化表达要求发送者拥有对不同文化的深刻理解和积极的认知态度。文化的多样性是不可否认的事实，而透过发掘他者的文化特点，我们能够更深入地理解自身文化，达到对不同文化的客观认知。

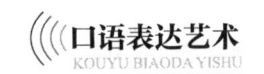

有这样一个案例：一位国际商务经理 A 在与一位来自其他国家的潜在客户 B 进行商务洽谈时陷入了跨文化表达的困境。A 表示公司非常重视时间管理，因此会强调会议的时间安排和准时出席。然而，B 所在地区的文化中，更强调灵活性和人际关系，可能会容忍会议时间的延后。

在这种情况下，A 可以采取以下步骤来促进有效的交流：

首先，A 可以通过了解 B 所在地区的文化，更好地理解他们的观点和期望。

其次，A 可以灵活调整会议时间，并在会面之前与 B 沟通，表达公司对合作的重视，同时确保准备好适应其地区文化的商务礼仪。

最后，A 可以保持开放的心态，倾听 B 的观点和建议，以建立互信，促进商务合作。

这个案例体现了在跨文化表达中的文化差异和挑战，以及通过文化理解、适应能力和清晰的沟通来应对这些挑战的关键。在全球化趋势下，这些技能对于成功的国际合作非常重要。

第二，跨文化适应能力。当首次接触不同文化时，我们往往会经历文化冲击，这可能会导致个体的适应不良。为了实现有效沟通，我们在口语表达中必须具备灵活性、开放性以及能够应对不熟悉情境的技巧，才能对文化冲击保持正确的认知，提高自身的跨文化适应能力。

第三，跨文化表达技能。随着全球化进程的日益深化，参与跨文化交流的个体不断增多，无论是国际旅行还是国内多元文化环境中的互动，我们都需要具备与不同文化背景的个体进行高效交流的实际技能。在欧美一些国家，除大学内设有相关课程外，社会中的商业机构也会提供专门培养跨文化表达技能的服务，以满足全球化背景下人们沟通交流和个人发展的新需求。

这些要求强调了跨文化表达的必要性和复杂性，以及培养这些能力对于在多元文化环境中成功交流的重要性。在全球化的背景下，这些技能和理解对于个体和组织的成功至关重要。

四、口语表达的社会功能

信息化社会的背景下，口语表达承担着从信息传递到人际关系维护等多维度、多层次的重要社会功能，具有深远的影响。

（一）信息传递和社会互动

口语表达被视为人类最直接、最活跃的表达形式。即使在信息技术高度发展的现代社会，仍有超过 70% 的信息依赖口语传递。这包括了个人、团体和社会层面的信息传递和互动。相关统计数据表明，全世界平均每人每天至少将一小时用于口语表达。口语表达在人际交往、社会互动中承担着工具和桥梁的作用，被视为社会交往的基础手段和重要方式。

（二）人际关系维护

不同文化中都有相应的传说、谚语，强调言辞的影响力和重要性。巧妙的口语表达一直被认为是维系人际感情的纽带。言辞的恰切和友善可以促进友谊和信任的建立，而粗野和冒犯的言辞可能损害人际关系。因此，良好的口语表达能力被视为维系社会和谐的重要因素。

（三）社会环境净化

文明的口语表达被认为是社会环境的"清洁剂"。语言文明对社会的稳定和团结具有积极影响，是反映国家文明程度的重要标志之一。失礼、伤人或粗鲁的言辞可能导致人际冲突和社会不安。

（四）经济效益获取

较强的口语表达能力被视为打开经济效益大门的金钥匙。在现代社会，商务活动、经济交流、谈判和销售等都依赖于有效的口语表达。成功的口语表达可以直接影响到商业成果和经济效益。

（五）现代人才培养

语言是获取和传递知识的关键媒介，因此口语表达能力也被视为现代人才的基本能力之一。在现代社会中，人们不仅需要具备专业知识和一般科学文化知识，还需要具备相当水平的口语表达能力，以满足不同领域的工作和交流需求。

总之，口语表达在信息传递和社会互动，人际关系维护，社会环境净化，经济效益获取和现代人才培养等方面都扮演着重要角色，对于个人和社会的发展也非常关键。

五、口语表达的特点

口语表达具有直面性、随机性、灵活性、目的性、社会性等多重特点。这些特点反映了口语表达作为一种复杂的社会交往方式的本质。在口语表达中需要综合运用各种策略和技巧以实现有效的交流，达成特定的目标。

（一）直面性

口语表达以面对面交流为主，具有高度的直面性。在口语交流中信息反馈迅速，交流双方能够在对话中即时观察和理解信息的流向、清晰度和准确度。这要求交流双方相互配合，了解对方的知识背景和心理状态，以确保有效的信息传递和理解。

（二）随机性

口语表达具有随机性，表现在时间、地点、场合、对象和内容的不确定性。即使在外交谈判或商务洽谈等确定性较高的情境下，个体的表达方式和内容仍然具有随机性。这要求表达者具备敏捷的思维和较强的应变能力，以适应不同情境和需求。

（三）灵活性

口语表达的灵活性要求表达者根据不同的情境和对象采用多变的表达策略和技巧。这包括话题选择、表达内容和表达方式的灵活变化，以满足双方的兴趣，营造良好的交流氛围。表达者需要灵活地调整语言习惯，以确保信息的理解和接受。

（四）目的性

无论是获取信息、建立社会关系、自我认知还是满足心理需求，口语表达始终追求特定的目标，具有明确的目的性。即使是日常寒暄，也存在某种目的，如社交目的。这反映了口语表达作为一种社会交往工具的实用特征。

（五）社会性

口语表达的言辞和表达方式直接影响人际关系和社会环境。文明的口语表达有助于维护社会和谐，而不文明的口语表达可能引发冲突和他人不适。因此，言辞的选择和使用对于口语表达的效果和社会影响非常重要。

六、正确把握口语表达领域内的几组关系

（一）口语与书面语的关系

口语和书面语代表了语言的两种形式，它们不是彼此对立的，而是互相依存和互补的。口语是言语最初的形式，而书面语则是在口语基础上进一步发展和规范的

产物。正如美国当代研究口语文化和书面文化的著名学者沃尔特·翁所说，在书面文本里，词语本身缺乏原有的全部语音特征，在说话的时候，一个词必然要有这样那样的语调或语气，无论活泼、兴奋、困窘、愤怒或是超然。[1] 说出的词语不可能没有语调，而在书面文本里，用标点符号表现语调也只能够达到最低水平。这两种形式在表达方式、要求和规范上存在差异，但它们都是语言的表达工具，各自在不同的语境和目的中发挥作用。

（二）现代口语与古代口语的关系

语言是一种动态的现象，它随着社会、文化和历史的发展而不断变化。现代口语是古代口语的演变和继承。现代口语在古代口语的基础上吸收了不同历史时期的影响，逐渐演变成今天的口语形式。因此，现代口语和古代口语是同一语言的不同阶段，它们之间存在着历史性的联系。

（三）标准口语和方言口语的关系

标准口语是一种规范化的口语形式，通常以政府或官方机构的支持为基础，旨在实现全国范围内的统一语言。方言口语则是特定地区或社群使用的口语形式，具有独特的语音、词汇和语法特点。这两者之间的关系体现了语言的多样性和一致性之间的平衡。标准口语在国家层面有其作用，但方言口语也是地域文化的重要组成部分，应当得到保护和尊重。

（四）口语内容与口语形式的关系

口语内容和口语形式之间存在着相互关联和相互影响的关系。口语内容决定了选择何种口语形式来表达，而口语形式则可以影响口语内容的传达方式。正如著名作家、演讲家乔治·奥威尔说的那样，如果思想可以腐败语言，那么语言也可以腐败思想。[2] 在口语表达中，要注意确保口语内容与口语形式相适应，以实现准确和有效的传达。

（五）初级口语与高级口语的关系

初级口语通常是未经系统培训和学习的口语形式，而高级口语是经过培训和学习的精练口语。个体可以通过教育和培训将口语表达水平从初级逐渐提升到高级，

---

1 沃尔特·翁：《口语文化与书面文化》，北京大学出版社，2008年，第125页。
2 George Orwell：《Politics and the English Language》，《英语学习》2020年第2期。

这需要不断地学习和实践。

（六）生活口语与艺术口语的关系

生活口语是人们在日常生活中使用的口语，具有朴素、自然、生动的特点。艺术口语则是经过艺术加工和提炼的口语，用于文学、戏剧、电影等艺术表达形式。这两者反映了口语在不同语境下的变化。艺术口语受到生活口语的启发和影响，而生活口语也可以从艺术口语中受益，两者相互交融，体现了语言表达的多样性。著名作家奥斯卡·王尔德说过："生活模仿艺术远甚于艺术模仿生活。"[1] 艺术不仅仅是对现实的简单模仿，而是有能力引领和塑造生活。这反映了生活口语与艺术口语之间的密切联系和相互影响。

总之，我们在处理口语表达领域内的这几组关系时，需要根据具体情况采取灵活的方法，重视语言的多样性和变化，同时尊重和保护不同口语形式的合法性和文化价值。这有助于我们在促进有效的交流和语言表达的同时，维护语言的丰富性和历史传承。

1　奥斯卡·王尔德，孙宜学：《道林·格雷的画像》，《新读写》2023 年第 5 期。

第二节 口语表达的言语特征

口语表达是人们在日常生活中不可或缺的一部分，承载着人们的思想、情感和意图，是人际交往的桥梁和纽带。在交流中，我们常常会发现，口语表达不仅仅是简单的语言传递，更是一种艺术，蕴含着丰富的言语特征，能够通过简洁的语言、生动的表情和丰富的情感，将信息准确、清晰地传达给他人。因此，深入探讨口语表达的言语特征，不仅有助于我们更好地理解口语交流的本质，还能够帮助我们提高口语表达的能力，使我们的沟通更加流畅、生动和有效。

一、简洁

口语表达的简洁指的是在口语交流中尽量避免冗长复杂的表达方式，而是选择简单明了的语言形式来传达信息。简洁的核心在于"言简意赅"，即在表达时尽可能用最少的词语来传递最丰富的信息，使得表达更加清晰、准确、易于理解。在快节奏的现代生活中，人们在口语表达中尤其要注意效率和信息的有效性，避免啰唆冗长。简洁的口语表达需要考虑以下几个方面：第一，在表达中尽量使用简单、意义明晰的词语，避免使用模糊或抽象的词语，还可以在适当的时候使用信息接收者也熟悉的缩略语；第二，使用简单句型，避免过多的从句和修饰语，避免冗长的描述和解释；第三，分段表达思想，逐步呈现思想和观点，避免一次性表达过多的内容。

二、直接

直接不仅是一种言语特征，更是一种有效传递信息的策略。它主要是指直截了当地阐述观点、意见或需求。

直接表达的效果主要体现在以下几个方面：

第一，提高沟通效率。直接表达能够减少误解和混淆，提高沟通的效率和准确性，使得交流双方能够更快地理解对方的意图和需求。

第二，增强说服力和影响力。直接表达能够使语言更加有力，增强表达的说服力和影响力，使得信息更容易被理解和接受。

第三，建立信任关系。直接表达有利于营造融洽、坦诚的沟通氛围，促进良好的人际关系的建立和发展。

第四，提升自信心。直接表达个人的观点和意见，能够增强个人的自信心，使个人更加勇敢地表达自己的想法和情感。

三、运用口语化词汇

口语化词汇在口语表达中扮演着重要的角色。它们不仅能够增加表达的生动性和趣味性，还能够拉近人与人之间的距离，增强交流的亲和力。

（一）口语化词汇的定义与特点

口语化词汇是指在口语交流中广泛使用的，具有口语特点和口语风格的词汇。它们通常简洁、明了、生动、真实，易于理解，能够直击人们的心灵，引发情感共鸣。口语化词汇常常来源于日常生活中的各种场景和经验，具有丰富的情感色彩和文化内涵，是口语表达中不可或缺的一部分。

（二）口语化词汇的认知差异

不同地区和年龄段的受众对于口语化词汇可能存在一定的认知差异，尤其是对口语表达中的俚语。俚语是指在特定社群或地区中流行的非正式或非标准的语言表达形式。俚语的使用通常带有强烈的文化或地域特征，它们可能会随着社会变迁而变化。不熟悉特定文化或是不属于特定社群的人对于该领域的俚语可能难以理解。在我国的不同地区，由于地域文化的影响，人们使用的口语化词汇可能会有很大差别。对于不同年龄段的人来说，年轻人可能更倾向于使用流行的网络用语和时尚词汇，而老年人则更喜欢使用传统的口语化词汇。

（三）如何恰当地运用口语化词汇

第一，熟悉常用口语化词汇。了解并熟悉常用的口语化词汇，按地区特色和使用人群年龄等标准归类这些词汇，有助于更加灵活地运用。

第二，根据情境和对象选择合适的词汇。根据交流的情境和对象的年龄、所在地区，选择合适的口语化词汇，避免因不当使用造成误解。

第三，注意语境和语气。在运用口语化词汇时，要注意语境和语气的搭配，确保表达的准确性和得体性。

四、交互性强

交互性强是口语表达的重要言语特征之一。

交互性表达的优势在于能够实现双向沟通，使得信息的传递更加直接、准确，同时也能够增加交流的生动性和亲和力。通过交互性表达，人们可以更好地理解对方的意图和需求，促进良好的人际关系的形成和发展。然而，交互性表达也面临着一些挑战，如需要及时作出反应、处理复杂的交流情境等，这要求参与者具备一定的沟通技巧和应对能力。

五、情感表达丰富

情感表达不仅是信息交换的重要组成部分，也是建立和维护人际关系的关键。情感的有效表达有助于突破语言屏障，增加交流的深度和广度，特别是在表达支持、同情、爱慕等态度时，可以促进理解和共鸣。

口语交流中的情感表达，依赖于言语和非言语手段。言语手段方面，表达者可以选择具有鲜明感情色彩的词汇，使用比喻、夸张等修辞手法，控制语气和语调的变化，描述激发情感共鸣的场景和细节，站在对方的立场上表达理解和共情。这些都是表达情感的有效途径。非言语手段方面，面部表情、肢体语言、眼神等同样能够有效传达表达者的情绪和态度。

掌握口语表达的言语特征，不仅能够提升个人在日常生活和专业领域中的沟通能力，也能为个人适应快速变化的社会和工作环境奠定坚实的基础。展望未来，口语表达将更具有多样性和包容性。随着跨文化交流的日益频繁，理解和适应不同文化背景下的口语表达言语特征变得尤为重要。

第三节　口语表达的基本原则

口语表达作为人际交往中不可或缺的一环，承载了信息传递、情感表达、思想交流等多重功能。我们在口语表达中应遵循一系列基本原则，以确保信息的准确、情感的抒发以及交流的顺畅，达到有效传播的目的。

一、适切原则

适切原则强调说话者的言辞应当与主题及语境相契合，确保交流的适宜性、准确性、有效性。这一原则包含了几个重要的方面：

首先，口语表达的内容应当与主题相符。这意味着说话者应当根据讨论的主题或话题来选择合适的词汇和表达方式，确保言辞不偏离主题，使信息传达更加精准。

其次，口语表达的内容和语境应相互匹配。说话者需要在表达过程中考虑时间、地点，以及与谁进行交流等情境因素，以便更好地适应特定的语境。例如，在正式场合和非正式场合，说话的方式和用词会有所不同。适切原则还强调应根据情境的变化做出相应的表达调整。这意味着说话者的言辞不是一成不变的，而是需要根据不同的语境来变化。这种灵活性有助于口语表达更好地适应不同的交流情境，提升交流的效率。

最后，"三思而后言"。说话者在进行口语表达前应该仔细考虑自己的用词，明智地权衡，确保其适宜、恰当，以避免冒犯或误导他人。

二、尊重原则

尊重原则（或称"礼貌原则"）是人们在口语表达中建立良好的人际关系、维护和谐交流氛围的基础。这一原则不仅关乎个体的发展，也关系到整个社会的文明、和谐。尊重原则可以简单归纳为以下几个方面：

首先，得体准则。这一准则强调说话者在口语表达中要尽量得体，文明用语，避免对他人造成伤害。言辞的得体和周到有助于维护交流的和谐与顺畅。

其次，慷慨准则。说话者在口语表达中应该避免完全聚焦于实现个人目的，更多地为他人着想，多为他人谋取益处。说话者慷慨的态度有助于与他人迅速建立起友好互信的关系。

再次，赞誉准则。口语表达时，说话者应尽量避免贬低他人，要多加赞誉和鼓励。赞美的言辞可以提升对方的信心，促进双方开展积极的交流互动。

此外，说话者还需要注意谦逊准则、一致准则和同情准则在口语表达中的作用。谦逊准则要求说话者尽量少夸耀自己，多谦虚退让。一致准则主要强调说话者要尽量减少与他人的分歧，努力寻找双方的共识，有利于避免冲突和矛盾。同情准则强调说话者应尽力挖掘与利用双方的共情点，进而与他人建立起更加亲近的交流关系，实现双方的情感共鸣。

总的来说，尊重原则要求我们在口语表达中考虑对方的感受和需求。这种尊重不仅体现在我们的言语中，还体现在我们的倾听和回应中。通过遵循尊重原则，我们可以营造一种更加积极、和谐的交流氛围。

三、合作原则

合作原则，旨在维护有效的交流和理解。美国著名的哲学家赫伯特·保罗·格莱斯提出的重要的沟通理论——"会话含义理论"（conversational implicature），着重于研究人类言语行为的含义与意图。这个理论中就包括了"合作原则"（cooperative principle）。该理论认为在语言表达活动中，说话者和听话者之间存在一种默契，双方应遵守四个关键准则，以实现有效的会话和理解。

（一）数量准则

它要求在会话中提供足够的信息，但又不多余。这意味着说话者应根据话题提供足够的信息，而不是提供过多或不相关的信息，以避免混淆和冗余。

（二）质量准则

它要求说话者应努力使话语真实且有依据。这意味着说话者应该提供准确和可信的信息，避免虚假和不实陈述，以确保言论的真实性和可靠性。

（三）关系准则

它要求话语与话题内容相关。说话者应确保他们的言论与当前讨论的话题相关，避免偏题，以保持会话的连贯性和一致性。

(四)方式准则

它要求话语简明扼要、有条理，避免歧义和晦涩。这意味着说话者应以清晰、简洁和有逻辑的方式表达自己的想法，以确保听话者能够迅速理解。

说话者在口语表达中遵守合作原则，有助于实现语言表达的高效和合理。这种高效表现在说话者能够直截了当地传达信息，听话者不需要进行额外的推理即可理解。合理则表现在说话者的语言表达符合形式逻辑，避免了不必要的混淆和误解。尽管有些人在日常交流中的特定情景下会违反这些准则，但"合作原则"仍然是我们日常口语表达中维护有效沟通和理解的重要原则。

四、幽默原则

幽默是一门独特的语言艺术，以轻松、戏谑却又含义深刻的语言为他人带来笑声为其主要特征。幽默的说话者常常运用滑稽、双关、反语、谐音、夸张等表现手法，来将对立的属性融合为一体，以对比不和谐的方式展示出深刻的意义或自我嘲讽的智慧。

从语用层面来看，幽默可分为两类：第一类是纯粹的娱乐性幽默，通过指说话者以一些荒谬可笑的话来制造轻松和愉快的氛围。例如，相声演员在表演时就经常采用这种技巧。第二类是讽刺性幽默，说话者旨在通过讽刺、劝诫、警示或自我嘲讽来传达深刻的意义。

幽默的功能主要体现在以下三个方面：首先，它通过对比不和谐的思想，创造出对立统一的语境效果；其次，它能够让人产生一种优越感，从而维护住自尊心；最后，它可以缓解紧张情绪，帮助人们更好地应对复杂的环境。

幽默的美感通常可以超越个人利益与冲突，使交流双方在美学认知上达成共识，从而缓解紧张和尴尬情绪，甚至化解矛盾及冲突。然而，成功的幽默需要听话者能够理解言外之意，从中获取愉悦。言语幽默有助于维护良好的社会关系，使表达在友好和平的氛围中进行。甚至可以说，轻松幽默常常比充满哲学教诲的言辞更容易被接受。

第四节 非语言表达

非语言表达是人际交往中的重要组成部分，它包括了语言之外的一切传递信息的方式。虽然我们常常侧重于语言沟通，但在现实生活中，非语言表达所扮演的角色同样重要。

非语言表达通常包括肢体语言、表情语言等元素。这些元素可以传递出丰富的信息，有时甚至比我们所说的话更具说服力。因此，了解和掌握非语言表达的类型、特点、技巧等对于提高人际沟通的质量至关重要。

一、非语言表达的类型

非语言表达是指在表达中运用表情、姿势、手势、眼神、个人空间等非语言符号传递信息、表达思想的一切形式，可以分为类语言及态势语两类。

（一）类语言

类语言又叫副语言、伴随性语言，是指在表达活动中使用的一种有声而无固定语义的符号形式。常见的类语言有以下几种：

（1）停顿，也被称为默语，指在口语表达中有意味的语音上的间歇。必须与具体的言语环境结合在一起，才能确切地把握默语的意思。它不是声音上的空白，而是内容的延伸和升华。一定要注意控制默语的长度，以能够引起听话者的注意并能使其有所领悟为佳，不能滥用。

（2）重音，指在口语表达中为了突出某一思想或情感而把某些词语念得特别突出。

（3）句调，也被称为语调，指贯穿在句子中的音的高低升降。

（4）笑声，指在一定的场合用笑的声音来传递特定的信息。

（5）掌声，指在一定的场合用拍手所发出的声响来传递特定的信息。

（二）态势语

态势语也被称为体语、体态语、身势语、动作语言、无声语言等。态势语是人们在表达时身体各个部分的活动所传递出来的信息，具体又可以分为动态体语、静态体语两种。

◎ **1. 动态体语**

动态体语是以身体在某一场境中的动态姿势所表示的一种无声语言，又可以分为肢体语言和表情语言两种。

（1）肢体语言。肢体语言的内容十分丰富，包括首语、肩语、手势语等。

首语是通过头部活动所传递的信息。它包括点头语和摇头语。一般说来，点头语的语义是肯定；摇头语的语义是否定。但这也不是绝对的，会随文化和环境的差异而具有不同的解释。例如，在保加利亚共和国和印度共和国的某些地方，"点头不算、摇头算"，恰好同大部分国家和地区相反。

肩语是指通过肩部所传递的信息。肩是尊严、威严、责任感和安全感的象征。前扣的肩给人以疲劳、虚弱、病态和腼腆的感觉。挺括的肩，可以显示活力、自尊、勇气、坚强和幸福感。耸肩的意义是夸大自我存在和威慑对方，有意接受挑战，但配合摇头，则表示"不知道""不明白""不理解""无可奈何""我没有办法""这不是我的事""随你便""我放弃"等意义。缩肩是缩小势力范围的动作，基本意义是表示不愉快、困惑、猜疑和避开对方的挑战。缩肩配合挺胸动作，则表示不平、不满和愤怒。把手置于对方的肩上或拍拍对方的肩膀，暗示信任、友好与亲热。

手势语是通过手的动作、态势示意所传递的信息。手势语在日常表达中使用频率很高，范围也较广泛，被语言学家称为"态势语"的核心。第二次世界大战期间，英国首相丘吉尔在结束电视演讲时，举起握拳的右手伸出食指和中指构成"V"形，以象征英文"胜利"（victory）一词的开头字母，结果引起全国欢呼。因为这手势十分形象地表达了英国人民战胜法西斯的决心和信心。随后，伸出中指和食指做成"V"字来表示胜利便风靡全球。

（2）表情语言。表情语言是指通过人的面部肌肉活动和面部器官活动来传递信息。人的脸部是丰富、多情的一道风景线，缘于眼、眉、嘴、鼻、面部肌肉的各种变化。而且，世界各民族的表情语言大同小异，因此表情语言也被人们视为一种"世界语"。

我们要熟练掌握表情语言，一方面要准确、贴切地运用自己的面部表情，表达自己的意图；另一方面要善于"察颜观色"，通过对方的面部语言，来把握其心理、情绪。

◎ 2. 静态体语

静态体语是以身体在某一场境中的静态姿势所传递的信息。它分为服饰语、界域语和姿势语三种。

（1）服饰语。服饰语是指在表达场合中通过服装和饰品传递的信息。服装和饰品昭示着社会风尚，是一种情感的象征，也是一种美的演绎。

人们讲究服装和饰品，既是出自追求美的本能，更是以表达为目的的。不仅如此，服装和饰品还可改变人的面貌乃至外观性别，进而转换人的社会表达环境、建立新的人际关系。服装的质地、设计、缝制的工艺及与服装相匹配的佩饰能加强一个人在特定场合的自信心、风度和竞争力量。服饰语还是一种文化价值观的显现。在公关活动中，服饰显现了人对自我（性格、思想、教养、风度）的重新塑造。从美学观点看，服饰更是反映了一种文化美，特别是在跨文化交际中，成为一个民族的生活方式和精神面貌的折射。

（2）界域语。界域语是指在口语表达中通过空间和距离来传递的信息。它分为位置界域和距离界域。有关空间和距离的研究，称为空间关系学，研究对象包括使用周围空间的方式，以及坐或站时与他人保持的距离。

空间距离指个体之间的空间长度。阿伦·皮斯等在其《身体语言密码》一书中指出，个人总是在自己的周围画出特定的空间作为自己的领地。口语表达中，人与人之间的空间距离大概有这样 4 种：亲密距离、个人距离、社会距离和公共距离。

亲密距离一般为 15～45 厘米，它一般存在于父母、配偶、子女、恋人，以及其他亲朋好友之间。核心距离只有 15 厘米。当无权进入亲密距离的人闯入这个范围时，会令人不安。在拥挤的公共汽车、地铁或电梯上，亲密距离常常被打破，于是，人们尽可能地在心理上保护自己的空间距离。

个人距离一般为 45～150 厘米，这是在进行非正式的个人交谈时经常保持的距离。我们在和人谈话时，不可站得太近，一般保持在 50 厘米以外为宜。

社会距离大多数情况下保持在 150～350 厘米。当我们跟别人不熟悉时，无论是在饭馆还是图书馆都要尽量同他人保持一定距离。当必须与别人同坐一桌或紧挨着别人坐时，我们最好提前打个招呼，问一声"我可以坐在这里吗？"以避免不必要的误解和麻烦。

公共距离则一般在 350 厘米以上。

（3）姿势语。姿势语是一种处于静止和无声状态的非言语交流，也可以说它是身体本身在用不同的方式"说话"。它是人的思想感情和文化修养的外在呈现。人们可以通过这些姿势语来表现个人的内涵和修养，也常常通过观察别人的姿势语去判断他人，甚至据此在对方开口交谈之前形成极为肯定或极为否定的印象。在特定情景中，或站或坐的姿势也能够传达一定的信息，显示某种个性、心境和态度。心理学家认为，单人站立时，背脊挺直、胸部挺起、双目平视的立姿是具有充分自信的表现，并给人以"气宇轩昂""心情舒畅愉快"的感觉；两手叉腰的立姿是具有自信心和精神上优势的表现；双腕交叉站立，是一种防卫性动作；双腕反交叉或假交叉站立，多半是不安、紧张心情的流露。当人们就座时，两腿分开是一种开放性姿势，显示出稳定、自信，并有接受对方的倾向；而两腿交叉则是一种防御性姿势，显得害羞、忸怩、胆怯或随便、散漫、不热情、不融洽；两腿并拢则给人以冷漠、严肃和拘谨之感。

二、非语言表达的特点

非语言表达不依赖于词汇、语法等来传递信息，却能够传达丰富的信息，增强交流的效果。非语言表达既与语言表达有很多共性，又具有一些自身的特点。

（一）多样性

非语言表达方式多种多样，每种方式都可以传递不同的情感、态度和信息。这些方式可以同时使用，以增强表达的效果。

（二）本能性

一些非语言表达方式是人类的本能反应，如面部表情，而另一些可能是文化传承和社会经历的产物，如手势和礼仪。

（三）文化差异性

某些非语言表达方式在不同的文化和社会中可能有不同的含义和解释。因此，在跨文化交流中需要谨慎处理非语言符号。

（四）情感丰富性

非语言表达可以传达丰富的情感，包括喜怒哀乐、紧张、焦虑、信任、不信任等。

（五）真实性

由于非语言表达通常是无意识的、难以伪装的，因此经常被人们认为比语言表达更能反映说话者的真实情感和态度。

（六）高效交流性

非语言表达可以补充和强化语言信息，增强口头交流的效果，帮助人们更好地理解和沟通。

三、非语言表达的作用

（一）辅助口语

在口语表达中起决定作用的是口语，但是非语言表达能够对口语表达起到重要的辅助作用。人们可以用非语言符号来填充语言符号在表达中的某些不足或欠缺，从而使口语表达更准确、更形象、更有力。

（二）表现情感

在口语表达中，非语言符号有时候在情感的表达上比口语更强烈、更丰富。在日常交流中，我们的面部表情、形体动作等都可以向他人传递情感和情绪；他人也可以依据经验从我们的非语言表达中发现愉快、悲哀、惊讶、恐惧、愤怒等情绪，并做出判断和回应。

（三）替代口语

在体育比赛、音乐指挥、需要噤声或语言不通的特定场景中，人们可以用非语言表达替代口语表达。

（四）显示风度

个人风度通过个人在社交和日常生活中的表现体现，它不仅涉及外在表现，还反映了一个人的内在价值观和态度。非语言表达不但与语言表达互为补充，同时还可以通过说话者的举止、作风、服饰所体现出来的直观的主体风格，给人以深刻的印象。

四、提高非语言表达水平的技巧

在日常交流的过程中，个体运用恰当的非语言表达方式可以使语言表达"锦上添花"，否则就可能会"事与愿违"。因此，学习并合理运用非语言表达的技巧对于提高自身人际交往和沟通能力非常必要。

（一）增强自我意识

我们首先要对自己的非语言表达进行有意识的观察和规范。我们可以通过观察自己的面部表情、姿势、手势、音调等非语言符号，有意识地反思它们传达信息的准确度以及可能产生的影响，进而规范自身的非语言表达方式。

（二）练习面部表情

我们可以通过练习笑、眉毛的抬降、眼神的交流等方式来学会控制自己的面部表情，尤其是在不同情境下我们如何通过有意识的面部表情控制来准确地传达适当的情感。

（三）善用眼神沟通

我们要在对话中与他人保持适当的眼神接触，以显示出自己对他人的关注和尊重。但也要注意不要过分注视，以免让对方感到不适。

（四）合理运用身体语言

我们的姿势和动作应该与自己的口语表达一致，避免自相矛盾，给他人带来信息混乱或误解。例如，我们在表达自信或自尊时，应该站得挺直；在表达放松或友好时，我们应该采用开放的姿态。

（五）控制音调

音调可以传达情感和态度。我们可以通过练习不同情境下的音调控制技巧来提高非语言表达水平。

（六）听取反馈

请朋友或同事提供反馈，了解他们对我们非语言表达的感觉。这有助于了解自己的弱点和改进的空间。

在日常交流中，我们的非语言表达方式不仅可以弥补口语表达的不足，加强口语表达的效果，还有助于建立信任、改善人际关系以及更深入地理解他人。因此，无论是在职场、社交场合还是在日常生活中，我们都应该重视并不断提高自己的非语言表达能力，以实现更加有效和富有意义的沟通。

02 第二章
口语表达主体
SPOKEN LANGUAGE

口语表达主体是口头交际的发起者和执行者，在言语传递和交流过程中扮演着关键角色。我们只有在充分理解口语表达主体的重要性和特点的基础上，通过不断学习和实践发掘自身潜力，才能更好地理解和运用口语表达的基本原则和技巧，逐步成长为出色的表达者，更好地与他人沟通和交流。

第一节　口语表达主体的听知技巧

口语表达主体在口头交际的过程中不仅需要具备出色的表达能力，还需要具备精湛的听知技巧。听知作为有效交流不可或缺的前提条件，对于建立互信、深入理解对方的立场和需求以及提升交流质量至关重要。

一、口语表达中听知的过程

听知是指口语表达主体通过倾听他人的言语或观点来获取新知识或信息的过程，这有助于表达主体知识的积累、信息的获取以及有效的沟通。无论哪一种形式、哪一个行业种类的口语表达，其根本目的都是交流思想、沟通信息、解决问题，大多都是双向交流。这就要求一个人不仅要会说话，而且要会听话。否则，个体就不能了解对方所要表达的意思，也就很难做出有针对性的反应，交谈就难以真正取得成功。

据专家调查，在实际生活中不会听的，大有人在。而能平心静气和有目的地倾听对方讲话的人不足10%。这是因为一般的人都希望引起别人的注意，而不大注意别人。甚至有些人总喜欢说话而没有耐心听别人说话。对喜欢说话的人来说，表达的欲望被压抑是很痛苦的。再加上口头表达环境复杂性的影响（分散听众注意力的因素有很多），表达主体稍不留意便会造成偏听、误听、漏听或没有听清、听懂的情况。因此，有效的听知，要从了解掌握听知的过程做起。

（一）倾听

听知的第一步是倾听，即全身心地专注于他人的言语或信息。这需要个体将注意力集中在说话者身上，避免分心和干扰，以确保准确地接收信息。

（二）理解

在倾听的基础上，个体需要努力理解对方所传达的内容。这包括识别对方话语中的关键词汇、概念和观点，并将它们组织成有意义的整体，以确保自己对信息的准确理解。

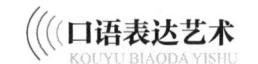

(三)提问

如果在理解过程中存在不明确的地方,个体可以提出问题,以明晰对方的意识。这有助于个体更深入地理解和获取信息。

(四)记录

在某些情况下,个体可能需要记录重要的信息,以便后续参考和学习。这可以是文字记录、音频记录或视频记录。具体形式取决于个体的偏好和需要。

(五)反馈

倾听不仅指被动地接收信息,也包括主动参与对话。在理解信息后,个体可以提供反馈,表达自己的看法、观点或感受,从而促进更深入的交流。

二、口语表达中听知的要求

在各种口语表达中,因为没有听清或听懂而导致表达失败甚至引起矛盾冲突的不乏其例。例如,没有仔细地听友人的解释而造成误解甚至绝交;没有抓准对方提供的商业信息而导致谈判失败;没有领会对方的真正想法而导致思想教育毫无结果……因此,个体在口语表达中的整个听知过程,并非一个简单的被动接收信息的过程。个体积极而专注的倾听是一个口到、耳到、眼到、手到、心到、脑到的听、记、辨、悟、评、得的统一过程,是一个感情和注意力高度集中的过程。个体必须调动自己的全部知识和智慧才能决定信息的取舍,并做出恰当的回应。因此,正确的听知应该努力满足下列要求。

(一)集中注意力听清

学会倾听不仅需要个体认真听取对方的意见和观点,还需要个体适时地表现出尊重、关注和包容的态度。通过培养良好的倾听习惯,我们可以更快地提升自己的理解力和表达水平。

首先,要做到尊重对方。无论对方的口才如何,我们都应该对他人表现出足够的尊重和关注。在口语交际中,尊重是建立互信和有效沟通的基础,我们不应该无视对方的发言,更不能随意打断对方的发言,表现出不尊重对方的态度。

其次,保持持续的专注力。口语表达可能涉及各种语言风格、语速、口音和表情,这些都需要倾听者全神贯注地听。在倾听过程中,我们要始终保持专注,而不是只在开始时听得认真，后来就变得不耐烦。国外有个大学生毕业后到一家公司应聘，公司主管照例先同他谈一次话。开始，两人的谈话都进行得很顺利。但后来在主管谈起自己的一次滑雪经历时，大学生走了神，主管随口问他有何感想，没想到他想都没想就回答说："你的这个假期过得太好了，真有意思！"主管盯着他看了好一会儿，然后冷冷地说："太好了？我摔断了大腿，整个假期都躺在医院里，还好什么？"自然这个大学生的工作也没有落实。主管谈他由于滑雪时摔断了大腿，整个假期都躺在医院里。这对于主管本人来说，是很不幸的。作为听者，不仅没有做出同情的反应，而且连那些非常能引起人注意的关键性词语，也未能听得进去，可见小差开得何其远也！

最后，要做到不急于下结论。有些人可能会未等对方把话说完便急于下结论或开始反驳，这种急躁的态度不利于有效的交流。在倾听过程中，我们应该给对方足够的时间来表达观点和意见，不要过早地下结论。

据语言学家统计，人们通常情况下以每分钟120～150个词的速度说话；而作为倾听者，个体每分钟却可以轻松处理500个词，听和思考的速度大约是说话速度的4倍。因此，说与听之间的时间间隙常常让我们的大脑感到无所作为，而恰恰是在这段时间里人们最容易错过他人传达出来的重要信息。为了解决这一矛盾，我们需要集中注意力，努力克服这种倾向。在倾听中，我们不能简单地根据自己的需求选择性地听取对方说话的内容，而应该尽量全面地关注对方的发言。这有助于更好地把握信息的整体含义，而不是只注意到其中的一部分。通过全面的倾听，我们可以更好地理解对方的意图、观点和需求，从而建立更有效的沟通和互信。

总之，倾听是沟通的前提和基础，个体要特别注意克服不注意倾听的习惯。通过全神贯注地倾听，我们可以提高沟通质量，更好地理解对方，避免错过重要信息。这对于建立有效的沟通和积极的人际关系至关重要。

（二）抓住关键听懂

在复杂的语言环境中，信息的表达方式多种多样。从社会学和心理学的角度来看，人们在交流中并非总是直截了当的。尽管大家都使用类似的词汇和语调，但每个人在口语表达中会赋予这些言辞更加丰富而复杂的含义，这就是所谓的"话中有话"或"弦外之音"。因此，听知的一个关键要求是能够分辨这些隐含的信息，理解"言外之意"。

当别人说话时，我们不仅要理解他们说了什么，还要考虑他们为什么这样说，以及为什么选择这种方式来表达。听知不仅仅是用耳朵去听，还需要用心去理解。

我们通常可以采用抓住关键的方法来关注说话者的语气、语调和情感变化。有时候，我们还需要考虑具体的语境，包括说话者的身份、关系和背景，以猜测他们的动机和立场。能否抓住关键并理解其中的要点，是衡量一个人听知能力的重要标准。

总之，在复杂的交流环境中，个体需要敏锐地分辨"言外之意"，理解信息的多层含义。这有助于更深入地理解他人的意图和观点，促进更有效的沟通和互动。

（三）细心辨别

个体在倾听他人说话时，正确评价和辨别信息的优劣、真伪是非常重要的。这有助于倾听者更深入地理解对方的观点，并筛选有价值的信息，做出适当的反应。以下是一些需要考虑的方面：

（1）题内话与题外话。有时，说话者可能不会直接表达观点或意见，而是通过迂回的方式来传达信息。倾听者需要辨别哪些是与主题相关的言论，哪些是不相关的内容。这有助于倾听者理解把握说话者的真正意图。

（2）正确话与错误话。有时候，人们在口语表达中言辞之间的边界不太清晰，一些观点可能在不同情境下具有不同的含义。倾听者需要谨慎评估说话者的言辞，以判断其是否正确或符合事实。

（3）真心话与违心话。有些言辞可能包含了奉承或不真诚的成分。倾听者需要辨别说话者是否真诚，充分考虑语气、表情、前后关联语言等多种因素，进而判断说话者是否传递出隐藏的信息。

（4）正面话与反面话。有时候，信息可以以正面或反面的方式表达。倾听者需要根据前后关联语言和语气来确定言辞的实际含义，以避免误解对方的意图。

增强辨别信息的能力有助于有效的口语表达和交际。如果倾听者只是漫不经心地听，而不积极评价和辨别信息，就会导致交流的不畅或误解。因此，倾听者应该注重听评，仔细分析对方的言辞，理解信息背后的含义，以促进更好的交流和互动。

（四）积极参与

在口语交际中，我们不仅要做到你问我答，而且要积极地听。所谓"积极地听"，就是听话者的思维、感情要与说话者的思维、感情同步。比如，说话者兴高采烈地谈到某个令人愉快的事情，听话者也应相应地表现出愉快的情绪。反之，当说话者痛心疾首、声泪俱下甚至泣不成声时，听话者也应随之而肃穆沉静，甚至流下同情的眼泪。这样，双方的感情和心理交流就会越来越接近。反之，不管说话者如何滔滔不绝，听话者都漫不经心，交际就无法继续进行了。

"积极参与"还要求听话者具有适当插话的技巧。"您说得对""您说得好""对,应该是这样""您说话真有趣""太好了,我很愿意听您说话"……这些语句本身并无多少实际意义,但能使说话者感到对方听得很认真,自己讲的内容很有效果,从而愿意继续讲下去,对联系双方感情,取得交际成功很有作用。否则,一方不停地讲,另一方始终一言不发,讲话者就会越说越没意思。必须注意防止这种情况的出现。

总之,听知是一个复杂的过程,要求专注、尊重、开放、积极和反思。通过不断培养和提升这些听知技能,个体可以更好地获取知识、促进交流,并提升自己在社交和职业领域的能力。

三、几种常见的听知技巧

语言学专家强调,通过了解和掌握听知技巧,个体可以从那些在口头表达方面显然不够娴熟的人中获益匪浅。怎样锻炼和提高我们的听知能力呢?有必要认识和掌握几种常见的听知技巧。

(一)引导的技巧

沟通是口语表达过程中主体和客体共同参与的过程。因此,作为主体的一方,具备帮助说话者更加清晰地表达自己思想的能力至关重要。这种帮助可以通过回应、简短的评论,或者必要的提示来实现,旨在引导说话者更好地表达自己的观点。特别是对于那些不善言辞的个体,及时的引导可以帮助他们更好地理顺思路,增强开口表达的信心。这种方式有助于说话者克服心理上的障碍,更加勇敢地表达自己的意见。

(二)推断的技巧

推断在有效的听知过程中扮演着至关重要的角色。它主要包括两个方面:推断信息的价值和推断真实意图。

首先,推断信息的价值是指听话者在听取信息时需要边听边筛选出对自己有价值的信息,同时舍弃那些与自己兴趣不相关或关联性不大的信息。这样的筛选有助于减轻听话者的记忆负担,使其更加专注于重要的内容,对有效的信息获取和理解也至关重要。

其次,推断真实意图是指听话者通过分析言辞表面的含义,努力了解其中的内在意图。听话者可以通过关注说话者的语气、手势、面部表情等细节,揭示对方的立场、目的和主观意图等有价值的信息。此外,听话者还可以通过对说话者口语表达中的重复词语、常用词语和经常谈论的话题进行观察,来推断对方的思路、兴趣爱好以及态度等方面的信息。

这种推断的重要性可以通过古希腊哲学家梅内德谟的经验得以体现。古希腊哲学家梅内德谟曾经机警地推断出诡辩家的挑衅。有一次,诡辩家问:"你是不是已经停止打你父亲了?"——对这样的疑问,一般是不能直接表示"是"或者"不是",因为这隐含着一个推断"你打过你父亲"。所以,无论回答"是"还是"不是",都等于承认了诡辩家事先预设的论断。显然,诡辩家想使梅内德谟陷入两难的困境。然而,梅内德谟准确地推断出了他的意图,便没有上他的当。只见这位哲学家不慌不忙地说:"你的问题对我来说并不存在,因为无论过去还是现在,我都没有打过我的父亲。"诡辩家听了以后,自认失败了。

在面对诡辩家的挑衅时,梅内德谟通过聆听准确推断出了对方的意图,巧妙地避免了陷入两难的困境。这很好地印证了推断在有效沟通和辨析中的关键作用。

总之,推断是口语表达中的重要技巧,它有助于听话者更好地理解和解释说话者的言辞,同时也提高了对话的效率。通过积极运用推断技巧,个体可以更好地应对各种交流情境,提升自己的口头交际能力。

(三)抓住要点的技巧

"会听听门道,不会听听热闹。"这句话强调了在听他人说话时,要善于抓住要点而不是只关注琐碎的细节。在口头交流中,说话者通常会将关键信息隐藏在一段话中,前后语句之间存在引子、要点、解释、结论等不同层次的内容。因此,倾听者要锻炼捕捉要点的技巧。

首先,要从话语的层次来捕捉要点。说话者在表达观点或讲述故事时,通常会将关键信息放在中间的段落中,这部分内容包含了核心思想和主要信息。因此,我们需要聚焦于这些中间段落,以确保不会错过重要的内容。

其次,要注意说话者的语音变化。当说话者需要强调某一重要观点或信息时,他们可能会放慢语速、突然停顿、提高或降低声调,以引起听话者的注意。这些语音的变化往往是关键要点的提示信号。

此外,还可以观察说话者的肢体语言。有时,说话者会借助手势来强调某些观点或信息,这些手势可以帮助听话者更好地理解要点。

通过专注于关键信息的提取,我们可以更有效地理解他人的意思,提高口语表达的质量和效果。

（四）评价的技巧

评价在口语表达中对主客体双方都具有促进的作用，有助于双方建立深层次的理解和互信。通过提供有建设性的评价，听话者可以帮助说话者提高表达能力，同时也能够更好地理解对方的观点和需求。这种互动有助于主客体双方加强沟通，促进双方更有效的交流。我们可以从以下三个方面掌握评价的技巧。

（1）评价说话的内容。评价内容涉及信息的质量、价值、独创性和实用性等对说话者提供的信息的判断和反馈。在评价时，我们可以提出有针对性的问题，寻求更多信息，或者提供自己的观点和意见，以丰富对话。

（2）评价说话的方式。这涉及对说话者的表达方式和语言技巧的评价。听话者可以关注说话者的思路是否清晰，表达是否明了，语言是否生动有趣。此外，还可以评价说话者的态度和姿势语。

（3）评价说话的效果。评价说话的效果是观察听话者的反应以及口头交流的整体效果。说话者可以关注听话者是否聚精会神，是否对对话保持积极的态度，以及是否能够做出有意义的回应。这可以帮助说话者了解自己的表达是否被理解和接受。

第二节　口语表达主体的控场技巧

子曰："君子不失足于人，不失色于人，不失口于人，是故君子貌足畏也，色足惮也，言足信也。"孔子强调了一个人在交流中应该保持的态度和品德，即谦虚、温和和诚实。一个掌握控场技巧的人会在交流中表现出自信而不傲慢的姿态，保持耐心和尊重，同时以真诚和可信的言辞与他人交流。口语表达主体的控场技巧不仅体现在言辞选择、表达方式和倾听技能上，还包括了对话的引导、交流中的态度和品德。通过掌握控场技巧，口语表达主体可以在交流中更好地引导对话，确保问题的解决或者某项工作的顺利进行。

一、清晰明了的表达是控场的基础

口语表达主体应该使用简洁明了的语言表达自己的想法和观点，避免使用过于复杂或晦涩的词汇，以确保听话者能够理解。在表达中使用清晰明了的语言，避免使用晦涩难懂的词汇，有助于确保听话者准确理解口语表达主体的意图，进而建立信任，同时也使口语表达主体在交流中更有影响力。

清晰明了的表达对于各种情境都是至关重要的。在工作场合，个体需要清晰地表达自己的想法、建议或报告，以确保项目顺利进行并取得成功。在社交场合，个体需要清楚地表达自己的意图和情感，以建立相对稳固的人际关系。无论在家庭生活中还是学术研究中，清晰明了的表达都是有效沟通的关键。国民革命时期，毛泽东同志带领干部宣传红色政权的主张与任务时，就将一些深奥难懂的语句改成通俗易懂的群众语言。比如，"废除买卖婚姻"改为"讨老婆不要钱"，把"不虐待儿童"改为"不准大人打小孩"等。这样一改，群众一听就明白了，取得了明显的宣传效果。

此外，清晰明了的表达还有助于避免误解和误导。如果一个人在口头表达中使用含糊不清或模棱两可的言辞，听话者可能会误解他/她的意思，导致沟通失败。例如，当一名学生向老师请教问题时说："老师，我不太明白今天讲的那些内容，能不能帮我解释一下？"老师可能会无法提供准确的解答。如果学生能够清晰明了地提出问题："我指的是第二页上的第五个问题，那个关于代数方程的数学题。"

那么老师更容易理解学生的需求并提供有帮助的解答。

最后，清晰明了的表达有助于建立信任和良好的人际关系。当一个人能够坦率地表达自己的想法和感受，他通常更容易与他人建立深刻的联系。相反，如果一个人常常使用含糊不清或欺骗性的语言，他可能会失去他人的信任，导致人际关系破裂。

总之，清晰明了的口语表达是控场的基础。无论是在职业生活、社交互动还是个人发展中，通过使用简洁明了的语言，避免复杂和晦涩的词汇，口语表达主体能够更好地与他人沟通，建立信任，避免误解，并提高交流的效率和效果。

二、姿态和表情在控场中发挥着重要作用

在口语表达中，姿态和表情是与言语相辅相成的关键元素，可以显著影响沟通的效果和口语表达主体的控场能力。口语表达主体始终维持自信的姿态，保持与听话者良好的眼神接触，以及适当的手势和面部表情，可以更好地控制场面，与听话者建立联系，并传递情感。

首先，姿态在口语表达中发挥着关键作用。一个自信的姿态可以传达出口语表达主体的自信和权威感，从而在听众中建立起信任和尊重。比如，演讲者在讲台上挺胸抬头、笔直地站立，与听众保持良好的视线接触，这种姿态会让听众感到演讲者具有信心和专业知识，从而更愿意倾听其演讲。

其次，良好的眼神接触是建立联系和表达自信的关键。当口语表达主体与听话者保持眼神接触时，会传递出一种关注和尊重的信号。例如，在面试中，求职者与面试官保持良好的眼神接触，表明他们对面试很重视，这种行为有助于建立求职者与面试官之间的积极关系，提高面试的成功率。

再次，适当的手势和面部表情也可以丰富口语表达，并使其更具表现力。例如，讲故事的人可以运用手势来强调情感或重点，从而使故事更加引人入胜。此外，面部表情也可以传达情感和态度。例如，微笑通常表示友好和愉快，而沉思的表情通常表示深思熟虑。适当的手势和表情可以帮助听话者更好地理解和产生共鸣，提高交流的效果。

在公开演讲、商务谈判、教学等特定情境中，口语表达主体的姿态和表情对于控场尤为重要。一个自信并具有说服力的演讲者，通常能够通过姿态和表情来吸引听众的注意力，使演讲更具有影响力。在商务谈判中，口语表达主体可以通过维持坚定的姿态和自信的面部表情来增强自己的说服力。在教学中，教师的姿态和表情

可以帮助吸引学生的注意力，并促进知识的传递。

总之，姿态和表情在口语表达中是不可或缺的元素，它们可以帮助表达主体更好地控制场面，建立信任，加强表达的效果。通过维持自信的姿态、保持良好的眼神接触，以及运用适当的手势和面部表情，口语表达主体可以更好地与听话者建立联系，提高沟通的成功率。这些要素对于各种场合的口语表达都具有重要的影响力，是成功口语表达的不可或缺的一部分。

三、主动引导对话是控场的关键技巧

通过主动提问、引导话题转向或总结之前的观点，我们可以引导对话的方向，确保对话始终在自己期望的轨道上进行。

首先，主动提问是引导对话的强有力的工具。口语表达主体可以通过提出开放性或封闭性问题来引导对方思考和回应。例如，销售人员在与客户交谈时可以问："您对我们的产品有什么特别关注的地方吗？"这个问题可以引导客户表达他们的兴趣点，使交流更具针对性。在课堂讨论中，教师可以提出问题来引导学生探讨特定主题，从而促进学生的深入讨论和思考。

其次，引导话题转向是另一种有效的控场技巧。口语表达主体可以通过巧妙的引导，将对话从一个话题顺利地转向另一个话题。例如，假设在商务谈判中，一方感到当前的话题无法达成共识，可以巧妙地提出一个相关但更容易达成共识的话题，以改变对话的方向并推动谈判取得进展。当然，这需要口语表达主体具备敏锐的观察力和灵活的反应能力，以确保转向是平稳而自然的。

再次，总结之前的观点是帮助口语表达主体控制对话方向的重要方法。口语表达主体可以通过总结之前的讨论来强调重点或澄清观点。例如，在一场团队会议中，会议主持人可以总结前一轮讨论的要点，然后提出下一个议题，以确保会议按照计划进行。这种总结不仅有助于会议的流畅进行，还可以帮助参会者更好地理解和记忆重要信息。

总之，主动引导对话是口语表达主体在交流中确保自己能够控制场面的关键技巧之一。通过主动提问、引导话题转向和总结之前的观点，口语表达主体可以更好地引导对话，确保它符合自己的目标和意图。这些技巧无论是在商务谈判、教学，还是社交互动等情境下都具有重要的应用价值，可以帮助口语表达主体更好地实现沟通和交流。

四、注意听话者的反馈也是控场的一种手段

在口头交际中,有效的沟通并不仅仅依赖于口语表达主体的表达能力,同样重要的是对听话者反馈的敏感和恰当的应对。及时了解和回应听话者的反馈是构建良好沟通的重要手段。

首先,为什么要关注听话者的反馈?答案非常简单:因为沟通是一个双向过程。口语表达主体可能会有清晰的意图和信息要传达,但如果听话者无法理解或有疑问,信息传递就会失败。因此,理解听话者的反馈有助于口语表达主体确保信息的准确传达,促进双方进行有效的沟通。

在处理听话者的反馈时,以下几点值得注意。

(一)专注倾听

在交流过程中,口语表达主体要始终全神贯注地倾听听话者的回应,避免分散注意力或在心中构想下一步的回应。口语表达主体只有养成专注倾听的习惯,才能真正理解听话者的反馈。

(二)接受批评

有时,听话者的反馈可能是批判性的。在这种情况下,口语表达主体不应感到抵触或反感,而应接受并加以回应。批判性的意见有助于改进和学习,因此可以将其看作提高沟通技巧的机会。

(三)解释和澄清

如果听话者对口语表达主体传达的信息有疑问或需要更多信息,口语表达主体可以通过主动提供额外的细节、举例说明或回答具体问题来解释和澄清。例如,在一次演讲中,听众提出了一个关于数据的问题,演讲者可以为其提供详细的数据来源和背景信息来进一步解释。

(四)主动引导

有时,听话者的反馈可能表明他们对特定方面感兴趣或有特定需求。口语表达主体可以主动引导对话,以满足这些需求。例如,在一次工作会议上,有人提出了关于项目计划的问题,口语表达主体可以主动提供相关的时间表或进展报告,以满足听话者的需求。

（五）表达感谢

听话者给予的反馈，口语表达主体应该欣赏和感激。因此，口语表达主体应该学会表达感谢。通过表达感谢，口语表达主体可以营造更加积极的交流氛围，鼓励听者提供更多反馈。

总的来说，关注听话者的反馈是口语表达主体建立有效沟通的关键。通过专注倾听、接受批评、解释和澄清、主动引导对话以及表达感谢，口语表达主体可以提高自己的沟通技巧，确保信息被准确传达，从而实现更好的理解和合作。在实际的口头交际中，这些技巧将有助于建立更加积极、富有成效的对话和互动。

五、口语表达主体在控场时应该尊重听话者

尊重听话者在口语表达中扮演着至关重要的角色，是口语表达主体构建积极、健康、和谐交流氛围的关键。尊重听话者不仅有利于有效的信息传递，还有助于建立互信和良好的人际关系。避免过于强势或不尊重听话者的态度，口语表达主体可以营造一种积极的交流氛围，让对话进一步深入。

尊重听话者是一种建立在平等基础上的人际沟通原则。尊重听话者意味着承认每个人都有自己独特的观点、经验和感受，而这些都应该得到尊重和重视。如果口语表达主体不尊重听话者，可能会导致沟通障碍，甚至破坏与听话者之间的关系。例如，一位团队领导正在开会，他的团队成员提出了一些建议。不尊重听话者的方式是立刻否定这些建议，不做充分的考虑。相反，尊重听话者的团队领导会倾听这些建议，认真思考，并在必要时提出疑问以便更好地理解对方的意图和诉求。这样的团队领导会传递出一种尊重团队成员的信号，鼓励他们更多地参与并分享观点。

总之，尊重听话者是建立有效沟通和良好关系的重要基础。通过倾听、避免偏见、尊重不同意见、接受反馈和提供反馈渠道，口语表达主体可以在口语表达中体现出这一重要原则，营造积极的交流氛围，促进理解和合作。在各种场合，尊重听话者都将有助于建立更加积极、健康的人际关系。

综上所述，控场技巧在口语表达中扮演着重要的角色。通过清晰明了的表达、姿态和表情、主动引导对话、注意听话者反馈以及尊重听话者，口语表达主体可以更好地控制场面，传达信息。

第三节 口语表达主体的说服技巧

口语表达主体在口头交流中，通常需要使用一定的说服技巧来影响听话者的观点、态度或行为。说服是一种艺术，适用于演讲、辩论、销售、宣传等各种情境。说服并不仅仅是为了让别人接受我们的观点，还为了影响听话者的态度、改变他们的行为或者促使他们采纳我们的建议。我们需要结合多种技巧和策略来实现这些目的。

一、逻辑推理是说服的基础

逻辑推理是说服听话者、建立信任和传达观点的基础，强调论据的清晰性和合理性也会使得口语表达主体的观点更有力、更可信。

首先，清晰的论据是说服听话者的关键。当口语表达主体提出一个观点或主张时，他们需要提供明确的、具体的论据。例如，当人们正在讨论气候变化问题时，口语表达主体可以引用科学研究结果、温度上升的数据以及专家的观点作为论据。这些清晰的论据使得听话者更容易理解和接受口语表达主体的观点。

其次，合理性是逻辑推理的核心。逻辑推理要求论据之间存在关联和逻辑。这意味着口语表达主体必须确保论据能够合理地支持他们的观点。如果存在逻辑上的瑕疵，听话者将对其观点产生怀疑。例如，政治演讲者提出一项政策建议，提供的数据却与其观点不一致，听众可能会认为这一项政策建议不可信。

当口语表达主体能够提供清晰、合理的论据，听话者更有可能信任他们。这是因为逻辑推理表明口语表达主体已经深思熟虑并基于合理的依据形成了观点或提案。建立信任是说服听话者的关键步骤，因为如果听话者不信任口语表达主体，便不太可能接受其观点。假设销售员正在向潜在客户推销一种新产品。如果销售员能够提供有关产品性能、用户评价和竞争对手分析的清晰论据，这将增加客户对产品的信任和兴趣。相反，如果销售员只是含糊其词地谈论产品，而没有实际数据支持，客户可能会怀疑产品的价值。

总之，无论是在辩论、演讲、销售，还是在其他口头交流情境中，逻辑推理都是提高说服力和成功传达信息不可或缺的工具。

二、情感共鸣是说服的强大工具

情感共鸣是说服的强大工具,通过触发听话者的情感来深刻连接和影响他们。情感故事、亲身经历和对听话者情感需求的回应都可以在口头交流中发挥作用。情感共鸣有助于听话者更深入地理解和接受信息,因为情感通常比纯粹的逻辑更具有说服力。

首先,情感故事是一种有效的引发情感共鸣的工具。当口语表达主体在演讲、辩论或销售过程中分享真实而感人的故事时,听话者通常会产生情感上的共鸣。这些故事可以是个人经历、成功案例或与观点相关的真实故事。例如,慈善机构可以通过分享一个被救助孩子的故事,强调捐赠对这个孩子的意义。这个故事可能会触动某些听众,引发其情感共鸣,获得同情和支持。

其次,口语表达主体的亲身经历也可以引发情感共鸣。当口语表达主体分享他们自己的经历、挑战和成就时,听话者更容易与他们建立情感联系。这种亲身经历的分享可以增加口语表达主体的可信度,并使听话者更愿意接受他们的观点。例如,青年企业家可以在高校分享他们创办企业过程中的各种经历,包括挫折教训和成功经验,以激发大学生对创新创业的兴趣。

最后,了解听话者的情感需求并做出回应也是引发情感共鸣的关键。口语表达主体应该尝试理解听话者的情感需求,然后通过他们的言辞和表达来满足这些需求。例如,如果领导者在会议上察觉到团队成员的沮丧情绪,他可以表达理解和支持,以帮助成员建立情感共鸣、提供积极的解决方案。

总之,情感共鸣是强大的说服工具,它通过触发听话者的情感来深刻连接和影响他们。情感故事、亲身经历和对听话者情感需求的回应都可以用来引发情感共鸣。在口头交流中,情感共鸣有助于听话者更深入地理解和接受信息,使口语表达主体更有可能实现他们的目标。

三、建立信任和权威性是说服的关键

无论在哪种口头交流情境中,建立信任和权威性都可以直接影响听话者的决策和态度。口语表达主体需要展示自己的专业性、可靠性和真诚度,以赢得听话者的信任和尊重。

首先,建立信任是说服的关键。信任是建立关系的基础,如果没有信任,人们很难被说服。要建立信任,口语表达主体需要展示出自己的可靠性和真诚度。一个有效的方式是遵守承诺。如果承诺提供准确的信息，就要确保信息是准确无误的。例如，如果销售人员向客户承诺产品具有某些特定功能，但最终这些功能没有实现，那么，这个销售人员就会失去客户信任，客户也不再愿意购买产品。

其次，展示专业性是建立权威性的关键。无论你在哪个领域，都要确保自己了解该领域的知识和最新趋势。展示专业性可以通过分享经验、教育背景和成就来实现。例如，如果你是一名医生，在医疗领域的学历和经验将增强你的权威性。当你在一次健康讲座上分享最新的医学研究成果时，听众可能会因为你专业的身份而倾向于相信你提供的信息。

再次，真诚是建立信任和权威性的重要组成部分。如果你被发现说话时夸大事实或隐瞒重要信息，那么你将失去听话者的信任。要保持真诚，承认自己的错误并及时纠正。例如，创业团队的负责人在团队会议上做出了错误的决策，他/她必须承认这个错误，向团队道歉，并明确提出自己将采取措施来修正它。这种真诚将增强表达主体的权威性。

最后，与听话者积极互动也有助于建立信任和权威性。这种互动可以通过回答问题、提供解决方案或倾听听者的反馈来实现。例如，当教育专家在研讨会上积极回答参会教师的提问，并提供实用的建议，教师们会更愿意采纳该专家的教育方法。

总之，建立信任和权威性是口头交流中说服听话者的关键。通过展示专业性、可靠性和真诚度，口语表达主体可以赢得听话者的信任和尊重，从而更有效地影响他们的决策和态度。这些原则在各种口头交流情境中都具有适用性。

四、适度的反驳能够强化说服力

适度的反驳能够极大地增强口语表达主体的说服力。在口头交流中，人们往往持有不同的观点和看法，因此，口语表达主体需要能够预测可能的反对观点，并准备好反驳这些观点的论据。适度的反驳不仅有助于展示口语表达主体对问题的深刻理解，还能增加他们的信誉和说服力。

首先，适度的反驳可以增加口语表达主体的信誉。当口语表达主体预测到听话者可能会提出的反对观点并积极回应时，表明他们对问题有深刻的理解并愿意面对不同的意见。这种态度能够建立信任，因为听话者会认为口语表达主体是一个有经验和可信赖的人，而不是一个只会强调自己观点的人。例如，在学生会的竞选中，如果某位候选人能够在辩论中适度地反驳其他竞争对手的观点，并提供清晰的解释和解决办法，同学们更有可能相信他/她是一个明智和值得信赖的学生领袖。

其次，适度的反驳可以增强说服力。当口语表达主体能够提供合理的解释和证据来反驳反对的观点，证明他们的观点更有说服力。例如，房产销售代表如果能够适度地反驳客户对价格的异议，并有针对性地指出产品的优势、客户的时间成本和风险，客户便更有可能被说服购买该房产。

再次，适度的反驳可以推动对话和辩论的深入。当口语表达主体能够与听话者积极互动，并就不同的观点进行辩论时，对话将变得更加丰富和有趣。这有助于深入探讨问题，使听话者更全面地了解问题。例如，课堂上，教师可以通过巧妙地反驳一些学生的观点，从而引发更深入的讨论，增强学生的理解和分析能力。

最后，适度的反驳可以帮助口语表达主体更好地了解听者的需求和担忧。通过倾听听话者的反对观点，并有针对性地回应，口语表达主体可以更好地理解听者的立场和关注点。这有助于建立更紧密的联系，并找到满足听话者需求的解决方案。

综上所述，适度的反驳在口头交流中是非常重要的，可以增加口语表达主体的信誉和说服力，推动对话的深入，帮助口语表达主体更好地理解听话者的需求。但需要注意灵活运用，避免过于强势或冲突，以建立积极的交流氛围，实现更有效的口头交流。

说服是口语表达艺术中不可或缺的重要技巧，它不仅在演讲、辩论、教育、销售等专业领域中有着显著的作用，也贯穿于我们日常生活的方方面面。适当的逻辑推理、情感共鸣、建立信任和权威性、适度的反驳等技巧都可以使口语表达主体更有力地影响听话者，实现交流目标。

03

第三章

口语表达对象

SPOKEN LANGUAGE

第一节　口语表达对象概说

　　口语表达对象在传播学领域被称为受众，是口语交流中不可或缺的组成部分，扮演着接收、理解和响应信息的角色。受众在口语表达过程中非常重要，因为他们是信息传播的最终目标，也是表达效果的直接体现。

　　早期的研究对口语表达对象的重视不足，其重点更多集中在口语表达主体上，将口语表达对象视作被动的信息接收方。这在西方传播学中被称为"靶子论"。这个理论假设信息的传播类似于射击目标，其中信息发送者是射手，而信息接收者是靶子。根据这个理论，口语表达主体将信息准确地传递给口语表达对象，就像射手准确命中靶子一样。另一种观点是"顽固的受传者"理论。该理论强调信息接收者在信息传播过程中具有独立思考和反应的能力。因此，口语表达对象不是被动接受信息的角色，而是在信息传播中扮演积极角色的个体，他们会根据自己的背景、信仰、价值观等来理解和解释接收到的信息，从而影响信息传播的效果。

　　这两种理论都存在一定的片面性，前者过于强调口语表达主体的掌控力，后者过于贬低口语表达效果。实际上，口语表达对象在口语交流中是主动参与者，其行为受多种因素影响，包括个体差异、心理机制和社会背景等。

　　口语表达对象具有多重特点，他们的认知、情感状态、生理差异、社会文化背景都会影响他们对信息的理解和接受。因此，口语表达主体需要灵活运用不同的口语表达技巧，以适应和激发口语表达对象的需求和反应。

　　为了更好地与口语表达对象互动，口语表达主体可以采取积极的沟通策略，包括倾听口语表达对象的观点、理解他们的需求、引导他们思考，并适时提供解释和反馈。在劝说性口语表达中，口语表达主体需要特别注意口语表达对象的心理机制，以便更好地适应他们的观点和态度，从而更有效地实现交流目标。

　　总之，口语表达对象在口语交流中具有重要地位，他们的主观性和复杂性需要被充分考虑。通过理解口语表达对象的心理机制和需求，口语表达主体可以更好地适应他们的需求、激发他们的反应并最终说服他们，实现有效传达和交流目标。

一、口语表达对象的角色

口语表达对象在口语交流中扮演着至关重要的角色，既是信息交流的"目的地"也是积极参与者。口语表达对象可以是个人、团体或组织，而他们的参与和反应直接影响口语表达的效果。

有效的口语表达需要口语表达主体理解口语表达对象的需求、兴趣和背景，以便调整信息的呈现方式。口语表达主体还应当鼓励互动和反馈，以确保信息的准确传达和理解。

（一）口语表达符号的"译码者"

口语表达的过程可概括为信息的发送者（即口语表达主体）经过编码，将信息转化成语言符号和非语言符号，使之成为可传达的信息形式，接着，通过声音和身体媒介，将信息传达给信息的接受者（即口语表达对象）。

信息的接受者在接收到信息后，必须进行一系列译码的操作，将符号还原并赋予意义。这一过程要求译码者具备特定的知识、经验和与发送者共同的语境，以确保信息能够被正确解释和理解。如果缺乏这些先验条件，信息的传递和共享将受到限制，导致沟通的失败。

因此，口语表达对象不是被动的信息接受者，而是积极参与者，其能力和背景对于信息的译码和理解至关重要。只有通过有效的识码和译码，才能实现真正的信息共享和交流。

（二）口语表达活动的能动参与者

口语表达活动的存在与有效性直接依赖于口语表达对象的积极参与，口语表达对象的缺席将导致表达活动的虚无。

口语表达对象在口语表达活动中被视为能动参与者，具有多重权利。首先，他们拥有选择权，即能够根据个人需求和兴趣自主选择表达主题、表达方式等。这使得他们能够在口语表达中表现出对特定话题的喜爱或厌恶。其次，口语表达对象享有表达权，即有权表达个人的思想、观点和情感，确保其言论被充分尊重和倾听。再次，反驳权也是口语表达对象所拥有的权利，允许他们在表达过程中对于可能的攻击或侵犯其个人权益的情况进行反驳和回应。最后，隐私权，或称免知权，赋予口语表达对象在表达中保护个人隐私和维护个人名誉的权利，防止其遭受无故的干扰和伤害。

这些权利和参与机制共同促成了口语表达活动中表达对象的能动性，为他们提供了较大的自主权，以确保他们在表达过程中的合法权益和自由得到维护和尊重。这有助于口语表达主体深入理解口语表达活动中的权力动态和互动关系。

（三）口语表达效果的反馈者

口语表达并非单向信息传递的过程，而是双向沟通的体现。它不仅仅是一方向另一方灌输信息的简单行为，而是一个复杂的互动过程。在口语表达中，沟通的主体与对象之间存在积极的相互作用。特别值得强调的是，反馈机制在此过程中起着至关重要的作用。反馈是口语表达对象对口语表达主体所传递信息的有意回应，对于有效的沟通至关重要。

在口语表达中，没有得到足够的反馈会让表达主体感到困惑和不安。更进一步地说，缺乏反馈不仅会使表达主体陷入迷茫，还会使表达对象感到失望，甚至可能引发敌对情绪。因此，我们可以得出结论，有效的口语表达不仅依赖于信息的传递，还依赖于双方之间的积极互动和反馈机制的存在。这种反馈机制不仅能够拓展理解和沟通的深度，还有助于建立良好的互动关系。

二、口语表达对象的特点

从口语表达对象接受信息的内在机制来看，口语表达对象具备以下关键特点：

首先，具有自我存在的本体性。口语表达对象在口语交流中为实际存在的个体，拥有独立的生命体验、思想观念和情感体验。这个本体性特点赋予口语表达对象个性化的外在表现，如性格、态度和兴趣。

再次，表现出自主性。口语表达对象表现出强烈的自主性，具备自主选择、理解和判断信息的能力。他们不轻易受到口语表达主体的控制或影响，而是以自主、积极的方式对待信息的接收和处理。

第三，展现自述性。口语表达对象对于表达主体发出的信息并不是简单地接受，而是在其个人认知和理解的基础上进行再表述。他们以自身的方式理解和解释信息，反映出独特的认知和表达风格。

这些特点突显了口语表达对象在口语交流中的主体性和独立性。他们不仅仅是信息的被动接受者，还是信息处理的积极参与者，拥有自主选择和塑造信息的能力。

三、口语表达对象的类型

从口语交流的角度来看，口语表达对象可以根据其表达地位、接受效果和接受信息的方式等的不同被划分为不同类型。

首先，按表达地位，口语表达对象可分为三种。第一种是俯视型表达对象。这些个体在接受信息和对待口语表达主体时，常表现出评判或审定的态度。他们可能是评委、导师或当权者，从而在交流中占据较高的地位。第二种是仰视型表达对象。这些个体在与口语表达主体互动时，通常表现出尊敬、仰慕、热情、服从的情感态度。他们可能是名人或明星的粉丝，对口语表达主体抱有强烈的崇拜之情。第三种是平视型表达对象。这是最常见的口语表达对象类型，他们将自己与口语表达主体视为平等，在接受信息时既不过分崇拜也不居高临下，而是保持心平气和、中立客观的态度。

其次，从接受效果的角度来看，口语表达对象可以划分为两种。第一种是合格表达对象（理想表达对象）。这些个体具有一定的文化修养，了解口语表达的基本要求，并积极参与表达活动。第二种是不合格表达对象（不理想表达对象）。这些个体可能虽然积极参与表达，但缺乏表达的常识和技巧，或者具备表达的常识但不愿意或不擅长参与口语表达活动。

最后，根据口语表达对象接受信息的方式，可以将口语表达对象划分为两种。第一种是广泛型表达对象。这类个体对各种信息都感兴趣并持开放的态度，兼收并蓄，没有特定的兴趣领域。第二种是专门型表达对象。这些个体具有特定的兴趣和专业领域，通常只对某一方面或某一领域的信息感兴趣。他们可能是某一领域的专家或研究者，其接受信息的重点局限于特定领域。

第二节 口语表达对象的心理分析

口语表达对象的心理分析是口语表达研究中的重要领域之一。它关注的是在交流过程中，表达对象的心理状态、认知过程以及情感体验如何影响他们与口语表达主体的互动。深入了解口语表达对象的心理机制可以帮助我们更好地理解口语交流的复杂性和多维性，熟练应对口语交流中的各种情景，提高交流的效果，实现更有效的沟通和互动。

一、表达是人类普遍的心理需求

表达是人类普遍的心理需求。这一观点在人类活动的根本动机研究中具有重要地位。正如马克思所说，"任何人如果不同时为了自己的某种需要和为了这种需要的器官而做事，他就什么也不能做"。[1] 人的行为往往是为了满足各种需求而进行的，如果没有满足这些需求的行为动机，人将无法进行有意义的活动。

人类的需求具有客观性和普遍性。需求可以被视为对外部客观事物的需要在个体内部的心理反应。它代表了个体在某种东西缺失时所经历的心理状态。根据需求的对象，需求可以分为物质需求和精神需求。物质需求的满足通常通过物质交换活动来实现，而精神需求的满足则依赖于精神交往和信息交流。在精神需求中，信息需求被认为是最基本的需求。

通过对人际交往的观察与心理分析，学者发现人的需求分为含括的需求、控制的需求和情感的需求。其中，含括的需求涉及与他人建立联系和交流，以维护和谐关系；控制的需求指向在权力关系方面与他人建立良好关系；情感的需求涉及在情感方面与他人建立良好关系。这些需求的实现通常依赖于信息交流。

总之，表达作为满足人类需求的一种方式，不仅反映了个体对外部世界的需求，也是满足精神需求的关键途径之一。

---

[1] 中共中央马克思恩格斯列宁斯大林著作编译局：《马克思恩格斯全集》（第三卷），人民出版社，1960年，第286页。

二、口语表达对象接受信息的动机

（一）动机的审视

动机在口语表达活动中扮演着至关重要的角色，它代表了口语表达对象为参与信息接受活动而具备的动力和愿望。可从以下四个方面进行审视。

（1）强度。在同一时间、面对相同的信息，口语表达对象的动机强度可能各异。有些动机很强烈，对信息接受活动具有主导和定向的作用；而其他动机相对微弱而平和，对特定信息的接受几乎没有影响。动机越强烈，就越可能塑造某种接受定势或优势。在口语表达活动中，合适地利用口语表达对象积极、强烈的动机非常关键。

（2）深度。动机具有不同的深度，可分为表层动机和深层动机。表层动机通常是社会认可和遵守的、不引起争议的接受信息的欲望，如获取知识、消遣和社交需求。深层动机则是更隐蔽、不容易被察觉的接受信息的欲望，可能包括逃避现实、情感发泄等动机。

（3）明确度。动机可以表现出不同的明确度。口语表达对象可能对某一特定目标有清晰、明确的认识。明确度高的动机更容易产生积极的信息接受动力。

（4）外部动机与内部动机。口语表达对象接受信息的动机可以分为外部动机和内部动机两类。外部动机是指来自口语表达对象以外的人或因素的影响，如家庭、社会、领导、同伴的认可或批评。内部动机是指口语表达对象自身因素驱使他们采取行动的动机。通常，内部动机对于信息接受更加重要，因为它们更可能持续驱动个体的行为。在口语表达活动中，理解和引导口语表达对象的动机是至关重要的。口语表达主体应该致力于最大限度地激发口语表达对象的内在动机，引导他们积极主动地参与信息接受活动。此外，适当地利用外部动机，以便将其逐渐转化为更积极、内在的动机，从而推动实现更高远的目标和抱负。

（二）动机的功能

动机在口语表达对象的信息接受行为中具有多重功能。第一，激活功能。动机激发了信息接受行为的最初动力，是行动的初始能量。第二，指向功能。动机决定了信息接受的方向和目标，即何种信息被接受。第三，强化功能。动机推动个体保持肯定行为的频率，进而使之成为一种行为模式或接受习惯。

三、口语表达对象的心理效应

口语表达对象的心理效应指的是口语表达活动中涉及口语表达主体对口语表达对象心理状态产生影响并对表达效果产生作用的一系列心理现象。我们可以将口语表达对象的心理效应归纳为以下五种。

（一）威信效应

威信效应涉及口语表达主体的权威性和可信度对口语表达对象的心理作用，以及这种心理作用对信息传递效果的影响。研究表明，口语表达对象对口语表达主体的权威性和可信度的认可程度与他们对信息内容的信任密切相关。认可程度越高，口语表达对象越倾向于相信所传递的信息。因此，在口语表达活动中，建立和维护口语表达主体的威信对于有效传递信息至关重要。

（二）"名片"效应

口语表达主体可以运用"名片"效应，首先传递一些口语表达对象能够接受、熟悉并喜欢的观点或思想，然后巧妙地将自己的观点和思想逐渐引入信息中。这有助于消除口语表达对象的戒备心理，缓解他们的心理矛盾，并保证信息传达的畅通。通过理解口语表达对象的预设立场和态度，口语表达主体能够有效地运用"名片"效应，达到其表达目的。

（三）"自己人"效应

口语表达对象若在信息接受活动中感知到口语表达主体与自己存在相似或相同之处，便会形成一种"自己人"的心理认知。这种情况下，口语表达对象更容易认同口语表达主体，并更愿意接受其传递的信息。因此，口语表达主体可以通过与口语表达对象在世界观、信仰、理想等方面建立共鸣，促进"自己人"效应的产生，增强信息传达效果。

（四）晕轮效应

晕轮效应是指口语表达对象在接受信息时，将对认知对象的某种印象不加分析地扩展到其他方面，形成对个体的整体印象。这种效应源于先前的经验对后续信息接受活动的影响。晕轮效应简化了信息接受，但也可能导致主观偏见和不客观的评价。因此，在口语表达活动中，口语表达主体需要谨慎处理晕轮效应，以确保信息传达的客观性和准确性。

（五）从众效应

从众效应是口语表达对象群体中的个体在信息接受中倾向于采取与大多数人一致的心理和行为策略。从众是一种受欢迎和社会认可的行为，而不从众则可能遭到社会排斥。因此，口语表达主体可以利用从众效应来促进口语表达对象对其信息的接受，通过展示信息的社会认可度来增强传达效果。

四、口语表达对象的心理倾向

口语表达对象的心理倾向是指他们在信息接受过程中表现出的一系列心理状态。

（一）共性心理和个性心理

共性心理是指口语表达对象在信息接受中表现出的大致相似的心理倾向。这种共性心理反映了某些心理特征在口语表达对象中的普遍性。共性心理的表现受到多种因素的影响，包括气质、年龄、性别、地域、文化背景等。例如，不同年龄段的口语表达对象可能具有不同的好奇心、求知欲。

个性心理是指口语表达对象独特的、个体化的心理特征。这些特征通常由遗传和后天的习惯与经历所塑造。口语表达对象的个性心理源于兴趣、爱好、性格、气质等方面的差异。

（二）顺向心理和逆向心理

顺向心理是口语表达对象表现出的积极、正面的心理倾向。具有顺向心理的口语表达对象倾向于与口语表达主体的观点和意愿保持一致。口语表达对象在顺向心理作用下，通常会认同、信任和喜欢口语表达主体传递的信息。这种心理倾向的产生受多种因素的影响，包括口语表达主体的可信度、情感关系、信息内容的吸引力等。

逆向心理则是口语表达对象对口语表达主体的观点产生相反或抵触的思考和情感的倾向。这种心理可能源于口语表达对象的固有态度、偏见或对信息的不满等因素。逆向心理会引导口语表达对象对信息进行歪曲，从而形成一种对立的心理防线，阻碍信息的有效传达。

了解和掌握这些基本心理倾向，有助于口语表达主体更有效地与口语表达对象沟通。同时，口语表达主体也应注意如何处理口语表达对象的逆向心理，以最大限度地促进信息的被理解和被接受。

五、口语表达对象的心理选择机制

口语表达对象的心理选择机制包括选择性接受、选择性理解和选择性记忆。这些机制在信息接受中发挥重要作用。

（一）选择性接受

选择性接受是指口语表达对象在信息接受过程中，根据其特定的接受目的、接受倾向，主动地筛选信息，并聚焦于某些特定的信息，而忽略或排除其他信息。这种选择性接受受到口语表达对象的接受倾向、接受期待、接受需要、个性等因素的影响。接受倾向是口语表达对象事先确定的对信息的兴趣方向或立场，它引导口语表达对象选择性地接受与之相一致的信息。接受期待是一种预设的心理状态，口语表达对象根据自己的期待来调节注意力，从而塑造信息的接受方式。接受需要则是口语表达对象根据自身需求，决定哪些信息对其更具吸引力和重要性。此外，口语表达对象的个性也会影响其选择性接受的倾向。

（二）选择性理解

选择性理解是信息接受过程中的一个关键环节，它涉及口语表达对象对信息进行符号解码和意义还原的过程。然而，由于个人的背景、信仰、经验、认知偏见等相异，不同的口语表达对象可能会对相同的信息产生不同的理解和解释。选择性理解的主要影响因素包括口语表达对象的经验、信仰体系、情感状态以及对信息有用性的认知。口语表达对象通常更倾向于理解与其信仰和观点相一致的信息，而对于与自己信养和观点相抵触的信息可能会采取排斥或曲解的方式。

（三）选择性记忆

选择性记忆是口语表达对象在信息接受后，选择性地将某些信息存储于记忆中的过程。口语表达对象更有可能记住那些对其有用、有意义或与其兴趣相关的信息。这种选择性记忆的效果受多种因素影响，包括信息的吸引力、情感、信息的主旨等。同时，口语表达对象的信息负荷能力也会影响选择性记忆的持续时间和效果。

综上所述，选择性接受、选择性理解和选择性记忆是口语表达对象在信息接受过程中的心理选择机制。它们受到口语表达对象的需求、倾向、期待、个性等因素的调节。在口语表达中，了解口语表达对象的心理选择机制对于有效传达信息至关重要，表达主体应该审慎分析口语表达对象的心理特点，以引导他们更好地接受信息，从而实现预期的表达效果。

第三节　口语表达中如何适应表达对象

在口语表达的过程中，我们应该深刻认识到口语表达对象更倾向于建立一种互动性的"交谈"，而不仅仅是被动地通过"听谈话"接收信息。因此，为了实现有效的口语表达的目的，表达主体需采用一系列方法，促进深刻而有效的口语表达和更富有意义的交流。

一、激发并维持表达对象的兴趣

兴趣可被视为一种复杂的认知动机，促使个体积极探索和深入了解特定事物。在口语表达过程中，如果表达主体未能引发表达对象的兴趣，表达对象的关注度将显著降低，从而降低信息传达的有效性。

首先，表达主体应当关注并讨论口语表达对象感兴趣的话题、人物或事件。这意味着，表达主体需要深入了解口语表达对象的兴趣领域，并以此为基础进行对话。此举有助于建立共鸣，提高口语表达对象交流的积极性。

其次，通过分享经验，表达主体可以进一步激发口语表达对象的兴趣。这种经验共享可以巩固互相理解和情感联系，使对话更具吸引力。

再次，引入个人化信息也是一种激发对话兴趣的有效方法。表达主体可以将信息与口语表达对象的个人经历联系起来，从而使信息更具吸引力和口语表达对象的相关性更高。

最后，信息的实用性、临近性和严重性也会影响口语表达对象的兴趣。口语表达对象更有可能对具有实际用途、与其个人生活密切相关、可能导致严重影响的信息感兴趣。因此，表达主体应考虑如何使信息具有实用性、临近性和严重性，以引起口语表达对象的兴趣和注意力。

二、适应表达对象的理解水平

在口语表达中，口语表达主体必须重视并适应表达对象的理解水平，以确保信息的传递与接受具有高效性。表达主体需要特别关注兴趣与理解之间的关联，因为个体通常对自己有了解的话题感兴趣。

首先，引入必要的背景知识。在口语表达中，如果表达对象在理解表达主体传达的信息时缺乏必要的背景知识，表达主体应当积极引导他们。若表达对象具备足够的背景知识，表达主体则应以易于理解的方式传递信息，确保信息始终能够为表达对象所理解。当面对不熟悉话题的表达对象时，为提供背景知识，一个有效的技巧是给表达对象一种印象，即你是在回顾他们已经熟悉的知识。通过使用诸如"你可能记得的"或"众所周知"的表述方式，表达对象会认为你正在帮助他们复习已知知识。要在有限的时间内，根据紧迫性和重要性确定需要提供的背景知识，以填补理解的关键缺口。

其次，表达新知识时应采用适当的表述方法，以确保表达对象能够持续理解。可通过定义、描述、举例、比较等手段，帮助表达对象理解所传递的新信息。在口语表达中，由于无法详细讨论每一个信息点，宜选择两三个较关键的信息进行突出，并采用不同的表述方法来确保全面理解。

土地革命时期，毛泽东同志就提出要想做好群众的宣传工作，必须放下架子，对不同对象说不同的话，碰到雇农要讲雇农话，碰到中农要讲中农话，碰到商人要讲商人话，碰到工人就要讲工人话，不能一讲一大篇，只要讲一两句涉及切身利益的话，他们就懂了，如"我们的军队是为穷人打仗的"；另外，对群众要有耐心，可以把话讲得慢一点，多重复几次，用几种方法表达同一个意思，如群众听不懂"土豪"是什么意思，就可以用"财主""有钱人"来代替，群众慢慢就会懂得。

在口语表达中，适应表达对象的理解水平是确保信息传递成功的重要因素。通过提供必要的背景知识和采用恰当的表述方法，可以促进表达对象的理解和接受，实现更有效的口语交流。

三、建立表达对象对表达主体的信任

在口语交际过程中，表达对象通常会根据多个标准来评估表达主体的可信程度，包括知识水平、专业技能、个性、特质。

首先，知识水平与专业技能在建立信任方面起到关键作用。表达主体应通过提供事实、例证和个人经验的方式来展示自己相关领域的知识储备和专业技能。

其次，表达主体应该努力在口语表达中展示诚实、勤奋、可靠的形象，这有助于增强表达对象对表达主体的信任。此外，表达主体应在表达开始时明确表明其真实动机，确保表达对象能够理解和认可。

最后，个性与特质也会对可信度产生影响。在口语表达中，表达对象通常会根据表达主体的仪表、举止、声调、面部表情等特征来形成第一印象。因此，表达主体应注意仪表仪态的得体。微笑和愉悦的声调可以传递热情，有助于获得表达对象的好感。

总之，建立表达对象对表达主体的信任需要综合考虑知识水平、专业技能，以及个性、特质。通过精心策划，表达主体可以更有效地提升可信度，从而增强口语交流的效果。

04 第四章
口语表达语音训练
SPOKEN LANGUAGE

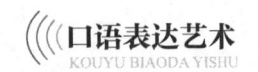

第一节　普通话语音
——口语表达中语音的规范美

语音在口语表达中具有重要作用。从符号学和传播学的观点来看，它充当了语言的物质承载者。符号学认为语言是由语音和语义相结合的符号构成，其中语音是符号的能指，语义则是符号的所指。这意味着口语表达中所要传达的意义必须经过语音这一外在形式来表现。传播学强调声音作为信息传播的媒介，是联系信息发送者和接受者的实质桥梁和物质纽带。因此，在追求口语表达艺术中的外在形式美时，语音这一形式美的基础不容忽视。要确保信息传达的准确性和有效性，需要注重语音的清晰、流畅和富有节奏感，以便更好地与听话者建立深刻的联系，提升口语表达的吸引力和表现力。因此，语音的重要性在口语表达中不可低估，它是语言和信息传播的不可或缺的组成部分。

在我国，规范的口语表达是以普通话为基础的。普通话是以北京语音为标准音，以北方话为基础方言，以典范的现代白话文著作为语法规范的现代标准汉语，是联合国六种工作语言之一。《中华人民共和国宪法》第19条规定："国家推广全国通用的普通话。"《中华人民共和国国家通用语言文字法》则确立了普通话"国家通用语言"的法定地位。

需要特别注意的是，"普通话"并不等同于"北京话"，而是以北京语音为标准音，这主要受到北京的历史地位的影响。

自元、明、清三代以来，北京一直处于中国政治、经济和文化的中心地位。因此，北京话成了各级政府交流和表达的通用口语。在明清时期，就已经有了"官话"这一术语，而它实际上发展成为各地汉语方言区域居民之间的共同交流语言。在18世纪初期，清朝雍正皇帝谕令福建和广东两省推广官话，并首次在福建设立了"正音书院"，以教授当地人官话。

中华民国成立后，于1912年在北京（当时仍称顺天府）召开的"临时教育会议"上，"国语"这个术语被确认为官方名称，并开始在全国范围内推广。随后，教育界的代表在1916年成立了"中华民国国语研究会"，提出了"国语统一"的口号，确立了以北京语音为标准音的北方话作为汉民族通用语言的地位，为其制定了相对明确的规范标准。

新中国成立后，1955 年，中国科学院召开了现代汉语规范问题学术会议，正式确定了"普通话"作为汉族共同语言的官方名称，以替代之前的"国语"。1956 年，国务院发布了《关于推广普通话的指示》，规定了普通话以北京语音为标准音。

此外，"以北京语音为标准音"仅仅是指借用北京话的语音系统，而不意味着每个字词都必须严格遵循北京话的语音标准。事实上，一些北京话中的方言成分需要予以排除，而一些有争议的发音，如异读，也需要经过审定以确定其采纳与否。北京话中的轻声和儿化问题非常复杂，同样需要进行规范化处理。

一、普通话声母及其发音训练

按照汉语音韵学的传统分析方法，普通话的音节由声母、韵母、声调三部分组成。声母是指韵母前的辅音，也叫"字头"。辅音是气流在口腔或咽头受到阻碍而形成的。因此，它的发音特点是时程短（擦音除外）、音势弱，容易产生"吃字"现象，从而影响到语音的清晰度和准确度。所以，播音员、主持人训练时要注意"叼字头"，把声母发准确、发清楚，使整个音节完整、清晰。

声母的发音部位指发音时气流受到阻碍的部位。发音方法指发音时形成阻碍和克服阻碍的方式。例如，b、p、m，发音时着力点在双唇；d、t 的着力点在舌尖，要靠舌尖弹发。因此，声母发音时不要拖长，要"咬住"、弹发，这样的发音才会有力度。

普通话声母有如下一些特点：

①普通话的声母只包含一个辅音。

②浊音声母少。普通话的浊音声母除了鼻音 m、n 和边音 l 以外，还有一个擦音 r。

③普通话里的塞音、塞擦音有送气音和不送气音两种。不送气声母和送气声母成对出现。例如，b-p、d-t、g-k、z-c、zh-ch、j-q。

④没有尖音，只有团音。

		双唇音	唇齿音	舌尖前音	舌尖中音	舌尖后音	舌面前音	舌根音
塞音（清）	送气	p			t			k
	不送气	b			d			g
擦音	清		f	s		sh	x	h
	浊					r		

续表

		双唇音	唇齿音	舌尖前音	舌尖中音	舌尖后音	舌面前音	舌根音
塞擦音（清）	送气			c		ch	q	
	不送气			z		zh	j	
鼻音（浊）		m			n			
边音（浊）					l			

通过对比训练，我们可以逐步把握发音和成阻的部位及特点，在成阻时遵循成点不成面的原则，力量集中于成阻部位，把握相应发音部位和成阻力量的细微差别，纠正不当的发音习惯。

（一）不送气音和送气音的分辨

普通话声母按发音时呼出气流的强弱，可以分为不送气音和送气音两类。不送气音发音时呼出的气流比较弱，自然地放出，如b、d、g、j、zh、z。送气音发音时呼出的气流比较强，如p、t、k、q、ch、c。

练习的时候，可以把不送气音和送气音对比起来念，也可以把一串送气音集中起来念。

【单音节练习】

b——八、播、百、北、办、本、棒、崩、辨、病、彪、别

p——爬、泼、排、佩、潘、喷、乒、彭、片、贫、剖、披

d——搭、得、低、嘟、呆、刀、担、当、灯、冬、多

t——它、特、踢、突、胎、掏、摊、淌、疼、通、脱

g——嘎、哥、锅、钢、耕、公、姑、光、干、给、改、顾、古、更

k——喀、科、括、兀、坑、空、枯、筐、挎、看、卡、忾、宽、扣

j——加、急、讲、江、京、津、鸡、居、交、揪、掘、举、见、将

q——掐、千、腔、青、亲、欺、屈、敲、缺、秋、全、切、取、求

zh——知、扎、哲、摘、折、沾、张、争、钟、朱、抓、捉、庄、追

ch——吃、叉、车、差、搀、吹、出、窗、成、超、冲、产、唱、春

z——咂、栽、糟、脏、遭、责、贼、怎、增、资、宗、邹、租、钻

c——擦、猜、参、仓、操、策、呲、涔、噌、此、匆、凑、粗、蹿

【双音节练习】

b——彪炳、百倍、薄板、奔波、北部、兵变、本部、蚌埠、辨别
p——批判、排炮、偏僻、澎湃、偏旁、乒乓、琵琶、皮袍、拼盘
d——担当、打倒、打点、打道、打底、打断、打盹、答对、达到
t——坍塌、贪图、铁塔、淘汰、探讨、团体、涂炭、逃脱、吞吐
g——改观、干股、尴尬、感观、光顾、古怪、规格、骨干、巩固
k——刻苦、困苦、开垦、宽阔、亏空、空旷、空廊、坎坷、侃侃
j——焦急、进军、解决、经济、金橘、艰巨、将军、倔强、即将
q——请求、欠缺、亲切、恰巧、取钱、巧取、亲戚、秦腔、崎岖
zh——政治、战争、庄重、郑重、执政、正直、制止、追逐、卓著
ch——超产、车床、拆除、潮虫、拆穿、冲出、成虫、踟蹰、重茬
z——自在、总则、最早、祖宗、自尊、自足、租子、曾祖、贼赃
c——苍翠、草丛、猜测、层次、草测、草刺、参差、参错、摧残

【多音节词语练习】

葡萄糖、偏头痛、乒乓球、飘飘然、评判员、坦克兵、提土旁、淘汰赛、太极拳、特派员、挑毛病、开快车、开发票、客套话、口头语、评头品足、婆婆妈妈、蓬勃发展、听天由命、体贴入微、吞吞吐吐、脱口而出、可口可乐、空空如也、苦口良药、夸夸其谈

【绕口令练习】

八百标兵　b·p

八百标兵奔北坡，炮兵并排北边跑。
炮兵怕把标兵碰，标兵怕碰炮兵炮。

打特盗　d·t

调到敌岛打特盗，特盗太刁投短刀。
挡推顶打短刀掉，踏盗得刀盗打倒。

哥挎瓜筐过宽沟　g·k

哥挎瓜筐过宽沟，赶快过沟看怪狗，

光看怪狗瓜筐扣，瓜滚筐空哥怪狗。

七加一　j·q

七加一，再减一，加完减完等于几？
七加一，再减一，加完减完还是七。

（二）舌尖后音 zh、ch、sh 和舌尖前音 z、c、s 的分辨

舌尖后音和舌尖前音是根据普通话声母发音部位的不同划分出来的声母的类别。舌尖后音的发音部位是舌尖和硬腭，舌尖前音的发音部位是舌尖和上齿背。因此，发舌尖后音时舌尖上翘，与硬腭一起对气流形成阻碍；发舌尖前音时舌尖平伸，与上齿背一起对气流形成阻碍。

【双音节练习】

zh·ch·sh——支持、专长、征程、车站、沉重、纸张、转正、专程、柱石、山楂、辗转、郑重、常识、知识、时事、舒展

z·c·s——总裁、紫菜、早操、彩色、参赞、蚕丝、草酸、随从、嘈杂、醋酸、私自、死罪、搜索、塑造、诉讼、所在

z·zh——在职、杂志、栽种、增长、自重、宗旨

zh·z——渣滓、张嘴、种族、长子、沼泽、振作

c·ch——财产、草场、猜出、采茶、彩绸、餐车

ch·c——车次、场次、蠢材、纯粹、差错、陈词

s·sh——三十、丧生、扫射、私塾、四十、四声

sh·s——哨所、山色、深思、神速、上诉、深邃

【绕口令练习】

子词丝　z·c·s

桃子李子梨子栗子橘子柿子槟子榛子，栽满院子村子和寨子。
刀子斧子锯子凿子锤子刨子尺子，做出桌子椅子和箱子。
名词动词数词量词代词副词助词连词，造成语词诗词和唱词。
蚕丝生丝熟丝缫丝染丝晒丝纺丝织丝，自制粗丝细丝人造丝。
子词丝四十四个字和词，组成一首子词丝的绕口词。

朱叔锄竹笋　zh·ch·sh

朱家一株竹，竹笋初长出。

朱叔处处锄，锄出笋来煮。

锄完不再出，朱叔没笋煮。

抱子看报纸　z·zh

报纸是报纸，抱子是抱子，报纸抱子两回事，抱子不是报纸。

看报纸不是看抱子，只能抱子看报纸。

为"四化"献青春　c·ch

小曹小晁是同窗，他们共采一个矿。

工作同在一工厂，改革路子一起闯。

共同为厂制政策，齐心合力来贯彻。

大胆改革攻难关，餐风饮露不畏难。

初出茅庐生力军，同为"四化"献青春。

石狮子涩柿子　s·sh

山前有四十四棵死涩柿子树，山后有四十四只石狮子。

山前的四十四棵死涩柿子树，涩死了山后的四十四只石狮子。

山后的四十四只石狮子，咬死了山前的四十四棵死涩柿子树。

不知是山前的四十四棵死涩柿子树涩死了山后的四十四只石狮子，

还是山后的四十四只石狮子咬死了山前的四十四棵死涩柿子树。

（三）擦音 f、h 的分辨

声母 f、h 都是擦音，且都是清擦音。发音方法都是气流从窄缝中挤出摩擦成声，但是它们的发音部位不同，f 的受阻部位是下唇与上门齿，h 是舌根与软腭。有些方言（如湘方言、粤方言、闽方言等）有 f、h 相混的现象。有的方言有 f 没有 h，有的方言有 h 没有 f，也有的 f、h 混读。可见方言区 f、h 不分的情况比较普遍。

【单音节练习】

f——发、佛、非、反、分、方、冯、法、凡、肺、风、访、副

h——哈、喝、咳、嘿、罕、狠、夯、哼、慌、轰、欢、昏、会

【双音节练习】

f——方法、发放、非凡、仿佛、奋发、反复、肺腑、芬芳、防范
h——荷花、很好、欢呼、航海、浩瀚、行会、海涵、含混、和缓

【音节对比练习】

公费—工会　开发—开花　风流—洪流　纷乱—昏乱
富丽—互利　幅度—弧度　附注—互助　防线—航线

【绕口令练习】

画凤凰　f

小方和小黄，一块儿画凤凰。
小方画黄凤凰，小黄画红凤凰。
红凤凰和黄凤凰，画得都像活凤凰。

华华和红红　h

华华有两朵黄花，红红有两朵红花。
华华要红花，红红要黄花。
华华送给红红一朵黄花，红红送给华华一朵红花。

黄幌子和方幌子　f·h

老方扛着个黄幌子，老黄扛着个方幌子。
老方要拿老黄的方幌子，老黄要拿老方的黄幌子。
老黄老方不相让，方幌子碰破了黄幌子，黄幌子碰破了方幌子。

（四）浊音 n、l 的分辨

n、l 发音部位相同，都是舌尖音，发音方法上尽管都是浊音，但 n 是鼻音，l 是边音。n 发音时，舌尖抵住上齿龈，软腭下降，打开鼻腔通路，气流振动声带，从鼻腔通过。例如，"恼怒"（nǎo nù）、"农奴"（nóng nú）。l 发音时，舌尖抵住上齿龈不

让气流通过，但舌头两边留出空隙，让气流从舌边流出，同时振动声带。例如，"留恋"（liú liàn）、"浏览"（liú lǎn）。方言区 n、l 不分的情况也比较普遍。

【单音节练习】

n——哪、呢、妮、奴、奶、闹、难、囊、能、农、挪
l——拉、了、里、路、拦、唠、朗、玲、利、珑、落

【双音节练习】

n—男女、能耐、忸怩、扭拧、恼怒、牛奶、泥泞、难能、奶娘、奶牛
l—流利、罗列、理论、劳力、留恋、榴莲、绿柳、沦落、勒令、落雷

【绕口令练习】

满、懒、难　n·l

学习就怕满、懒、难，心里有了满、懒、难，不看不钻，就不前。
心里丢掉满、懒、难，永不自满，边学边干，蚂蚁也能搬泰山。

牛郎恋刘娘　n·l

牛郎年年恋刘娘，刘娘连连念牛郎。
牛郎恋刘娘，刘娘念牛郎，郎恋娘来娘念郎。

老农闹老龙　n·l

老龙恼怒闹老农，老农恼怒闹老龙，
农怒龙恼农更怒，龙恼农怒龙怕农。

二、普通话韵母及其发音训练

普通话中共有39个韵母，即 -i（前）、-i（后）、i、u、ü、a、o、e、ê、er、ia、ua、uo、ie、üe、ai、uai、ei、uei、ao、iao、ou、iou、an、ian、uan、üan、en、in、uen、ün、ang、iang、uang、eng、ing、ueng、ong、iong。韵母主要由元音构成，也有的由元音加鼻辅音构成。

我国传统音韵学把一个音节中的韵母分为韵头、韵腹和韵尾三部分。韵腹是一

个韵母发音的关键,是韵母发音过程时,口腔肌肉最紧张,发音最响亮的部分;韵头是韵腹前面的元音,发音轻短,往往迅速带过;韵尾则是处于韵腹后面起收尾作用的部分,发音也比较模糊,但务求发到位。韵尾又可以分成两种:一种叫鼻韵尾,有 -n, -ng 两个;另一种叫口韵尾,由 i、u(o)充当。韵母按结构可以分为单元音韵母、复元音韵母和带鼻音韵母三类。

我国传统音韵学还按韵母开头的元音发音口形,把韵母分为开口呼、齐齿呼、合口呼、撮口呼四类,统称"四呼"。开口呼指韵腹不是 i、u、ü 或不以 i、u、ü 起头的韵母;齐齿呼指韵腹为 i 或以 i 起头的韵母;合口呼指韵腹为 u 或以 u 起头的韵母;撮口呼指韵腹为 ü 或以 ü 起头的韵母。开口呼韵母发音时嘴巴张开;齐齿呼韵母发音时嘴巴张开度极小,上下齿对齐;合口呼韵母发音时双唇要合拢,成一小孔;撮口呼韵母发音时双唇撮起来并向前突。四呼的名称与韵母的发音状况是基本一致的。

普通话韵母有如下一些特点:

(1) 复合元音多。39 个韵母中有 13 个复合元音。

(2) -n 和 -ng 两个鼻音韵尾严格区别。

(3) 有舌尖元音 -i(前)和 -i(后)。

(4) 有卷舌元音 er。

韵母发音时要求韵腹要拉开、立起,韵尾要归音到位。

(一)按"四呼"进行发音训练

◎ 1. 开口呼发音训练

【音的练习】

a、o、e、-i(前)、-i(后)、ê、er、ai、ei、ao、ou、an、en、ang、eng。

【字的练习】

a——阿、巴、趴、妈、发、搭、他、哪、拉、嘎、喀、哈、扎、叉、杀

o——噢、播、坡、摸、佛

e——鹅、得、特、讷、勒、哥、瞌、喝、遮、车、奢、责、策、涩

-i(后)——知、吃、诗、日

-i(前)——资、此、思

er——儿、耳、贰

ai——哀、白、拍、买、呆、胎、奶、来、该、开、海、摘、拆、筛、栽

ei——杯、胚、梅、非、内、雷、给、黑、贼

ao——熬、包、抛、猫、刀、掏、脑、老、高、考、耗、招、抄、烧、糟

ou——欧、剖、谋、否、兜、偷、搂、沟、扣、候、舟、抽、收、柔、邹

an——安、般、潘、瞒、帆、担、摊、难、兰、甘、看、寒、占、产、山

en——恩、奔、喷、门、分、根、肯、很、针、抻、身、人、怎、岑、森

ang——昂、帮、旁、忙、方、当、汤、囊、郎、刚、康、杭、张、昌、商

eng——绷、烹、蒙、风、登、腾、能、冷、庚、哼、争、成、生、扔

【词的练习】

a——阿姨、阿斗、阿飞、阿毛、阿哥、把关、跋涉、罢工、霸主、扒开

o——波动、播种、剥削、博士、搏斗、薄弱、驳斥、泼辣、叵测、迫切

e——婀娜、阿谀、讹诈、额头、扼杀、恶劣、遏制、恶毒、恶果、恶霸

-i（后）——芝麻、支持、枝节、脂肪、知音、直径、植物、职业、指示、秩序

-i（前）——资本、滋润、子弟、自由、自觉、仔细、字调、姿态、自慰、自述

er——儿童、儿戏、而且、耳目、耳语、尔后、迩来、二胡、二副、贰臣

ao——凹陷、敖心、熬包、熬煎、遨游、翱翔、傲慢、奥博、奥妙、懊恼

ou——讴歌、欧洲、欧姆、殴打、偶尔、偶然、呕吐、沤肥、怄气、欧元

an——安然、安装、安插、案头、按语、暗淡、暗杀、暗算、岸标、岸然

en——恩惠、恩情、恩爱、恩赐、恩德、恩典、恩怨、恩泽、摁钉、摁扣

ang——昂扬、肮脏、昂贵、昂然、昂首、盎然、盎司、行业、皇帝、方圆

eng——更生、风筝、猛烈、增加、生产、逞能、乘风、丰收、疯子、凤凰

【绕口令练习】

胖娃娃和蛤蟆 a

一个胖娃娃捉了三个大花活蛤蟆，

三个胖娃娃捉了一个大花活蛤蟆，

捉了一个大花活蛤蟆的三个胖娃娃，

真不如捉了三个大花活蛤蟆的一个胖娃娃。

老老道小老道　ao

高高山上有座庙,庙里住着俩老道。

一个年纪老,一个年纪小,庙前长着许多草药,

有时候老老道煮药,小老道采药,

有时候小老道煮药,老老道采药。

盆碰棚　en·eng

老彭拿着一个盆,路过老陈住的棚,

盆碰棚,棚碰盆,棚倒盆碎棚压盆。

老陈要赔老彭的盆,老彭不要老陈来赔盆。

老陈陪着老彭去补盆,老彭帮着老陈来修棚。

大和尚、小和尚　ang·iang

大和尚常常上哪厢?大和尚常常过长江。过长江为哪厢?过长江看小和尚。大和尚原是襄阳姓张,小和尚原是商乡姓蒋,大和尚和小和尚常常互相商量。大和尚讲小和尚强,小和尚讲大和尚长。小和尚煎姜汤让大和尚尝,大和尚奖赏小和尚檀香箱。

颗颗豆子进石磨　o·e·ou

颗颗豆子进石磨,磨成豆腐送哥哥。

哥哥说我的生产虽然小,可是小小的生产贡献多。

帆布黄　ang

长江里船帆布黄,船舱里放着一张床。

床上躺着两位老大娘,她俩亲亲热热唠家常。

彩楼、锦绣　ao·ou

咱村有六十六条沟,沟沟都是大丰收。东山果园像彩楼,西山棉田似锦绣。北山有条红旗渠,滚滚清泉绕山走。过去瞅见这六十六条沟,心里就难受。

今天瞅见这六十六条彩楼、锦绣、万宝沟,瞅也瞅不够!

张大妈、夏大妈　ang·a

张大妈，夏大妈，你看咱们的好庄稼。高的是玉米，低的是芝麻。开黄花、紫花的是棉花，圆溜溜的是西瓜。谷穗长得像镰把，勾着想把地压塌。张大妈，夏大妈，边看边乐笑哈哈。

莲花灯　eng

莲花灯，莲花灯，今天点完明天扔。

◎ 2.齐齿呼发音训练

【音的练习】

i、ia、ie、iao、iou、ian、in、iang、ing。

【字的练习】

i——衣、比、批、咪、低、踢、眤、哩、基、欺、西

ia——呀、嗲、俩、家、恰、瞎

ie——耶、鳖、撇、灭、列、爹、贴、聂、列、街、切、歇

iao——标、飘、苗、刁、挑、鸟、撩、交、敲、消

iou——谬、丢、牛、留、究、秋、休

ian——编、偏、面、颠、填、粘、连、尖、千、仙

in——阴、宾、拼、民、您、林、今、亲、新

iang——娘、良、江、枪、香

ing——英、兵、乒、明、丁、听、宁、令、京、青、星

【词的练习】

i——衣服、批评、低矮、低沉、踢打、溺爱、理论、基础、欺辱、西方

ia——佳乐、恰巧、霞光、家庭、遐想

ie——憋闷、灭亡、跌打、贴切、列车、街道、切实、歇息

iao——标兵、飘扬、苗圃、刁难、挑衅、鸟瞰、袅娜、聊天、交通、敲门、消灭

iou——谬论、丢失、牛郎、留恋、究竟、秋季、休息

ian——编造、偏僻、面貌、颠倒、填写、黏糊、连续、尖兵、千万、仙境
in——因果、宾客、拼写、民兵、林场、今天、亲切、新鲜
iang——娘亲、良好、江涛、枪毙、香料
ing——英明、兵变、乒乓、明镜、叮咛、聆听、京津、青年、星空

【绕口令练习】

人心齐，泰山移　i

人心齐，泰山移，男女老少齐出力，要与老天比高低。
挖了千渠几十里，保浇了万亩良田地。

羊入杨林　ia·ie·iang·iao

羊入杨林，羊吃杨叶芽，草驴驮草，草压草驴腰。

铜勺和铁勺　iao·iou

铜勺舀热油，铁勺舀凉油，铜勺舀了热油舀凉油，铁勺舀了凉油舀热油。

大姐梳辫　ian

大姐梳辫，两个人编，二姐编那半边，三姐编这半边。

一葫芦酒　iou

一葫芦酒，九两六；一葫芦油，六两九。
六两九的油，要换九两六的酒。
九两六的酒，要换六两九的油。

敬母亲　in·ing

生身亲母亲，谨请您就寝，请您心宁静，身心很要紧。
新星伴明月，银光澄清清，尽是清静境。
警铃不要惊，您请我进来，进来敬母亲。

天上七颗星　iang

天上七颗星，树上七只鹰，梁上七只钉，台上七盏灯。

拿扇扇了灯，用手拔了钉，举枪打了鹰，乌云盖了星。

杨家养了一只羊　iang

杨家养了一只羊，蒋家修了一垛墙。杨家的羊撞倒了蒋家的墙，蒋家的墙压倒了杨家的羊。杨家要蒋家赔杨家的羊，蒋家要杨家赔蒋家的墙。

望月空，满天星　ing

望月空，满天星，光闪闪，亮晶晶，好像那，小银灯。

仔细看，看分明，大大小小，密密麻麻，闪闪烁烁，数也数不清。

◎ 3. 合口呼发音训练

【音的练习】

u、ua、uo、uai、uei、uan、uen、uang、ueng、ong。

【字的练习】

u——乌、不、朴、木、夫、杜、突、努、路、姑、哭、呼、朱、出、书

ua——挖、瓜、夸、花、抓、刷

uo——窝、多、托、挪、罗、郭、阔、活、桌、戳、说、作、撮、所

uai——歪、乖、快、槐、拽、揣、衰

uei——对、推、规、亏、灰、追、吹、水、瑞、嘴、崔、虽

uan——端、团、暖、乱、观、宽、欢、专、川、拴、软、钻、窜

uen——敦、吞、仑、棍、困、混、准、春、顺、闰、尊、村、孙

uang——光、筐、荒、庄、窗、双

ueng——翁

ong——东、通、农、龙、工、空、轰、中、充、绒、宗、匆、松

【词的练习】

u——乌鸦、补旧、扑灭、沐浴、夫妇、杜绝、突破、努力、道路

ua——瓜葛、夸奖、花絮、抓紧、刷牙

uo——夺取、托付、挪威、啰唆、国家、阔别、活泼、桌椅

uai——乖巧、快乐、坏蛋、拽开、揣测、衰败
uei——堆放、推托、规律、亏损、灰心、追随、吹捧、水分
uan——端正、团结、暖和、乱世、观赏、宽阔、欢迎、专长
uen——敦厚、吞吐、沦亡、滚落、困难、混淆、准备、春色
uang——光芒、瓜筐、荒野、庄重、窗户、双手
ueng——老翁、蓊郁、瓮城
ong——东西、交通、农民、苍龙、工作、空气、轰炸、中国、充足

【绕口令练习】

服务部 u

早晚服务部，服务员好态度，学习刻苦有觉悟，严肃认真不马虎。

货物架上的货物真丰富，有烟酒、有油醋、有鞋袜、有衣裤、有纸笔、有图书，还有各式各样的红布、白布、蓝布、青布、灰布、条绒平绒布，什么苏绸、蜀缎、咔叽布、人造棉、的确良、线绨床单布。

要问货物有多少种？有人顺路数了数，足足数了五百五十五遍五，越数越糊涂，没有数清楚，跷起拇指夸服务！

小华和胖娃 ua

小华和胖娃，两人种花又种瓜，小华会种花不会种瓜，胖娃会种瓜不会种花。

颠倒歌 uo

太阳从西往东落，听我唱个颠倒歌。天上打雷没有响，地下石头滚上坡。江里骆驼会下蛋，山上鲤鱼搭成窝。腊月酷热直流汗，六月暴冷打哆嗦。姐在房中头梳手，门外口袋驮骆驼。

诗人抒情怀 uai

请看大门外，长着一杨槐，诗人站在此，仰头抒情怀。

美 uei

美，多么令人陶醉；美，印在人们的心内。
有人说我像洁白的浪花，有人说我像含香的玫瑰。

我确实长得很美，有人把我变成时髦的装束，有人把我变成攻关的汗水。

两只饭碗　uan

红饭碗，黄饭碗，红饭碗盛满饭碗，
黄饭碗盛半饭碗，黄饭碗添半饭碗，像红饭碗一样满饭碗。

床船　uan·uang

床身长，船身长，床身船身不是一样长。

不是彩虹不是弓　ong

我家住在莲花峰，屋顶常年落彩虹，彩虹跨度三十里，越看越像一把弓。
朋友们，这不是彩虹不是弓！而是那边渡槽架长空。

◎ 4.撮口呼发音训练

【音的练习】

ü、üe、üan、ün、iong。

【字的练习】

ü——迂、女、吕、居、屈、虚
üe——约、虐、掠、决、缺、靴
üan——渊、捐、圈、宣
ün——晕、均、群、勋
iong——窘、穷、凶

【词的练习】

ü——迂回、淤积、娱乐、女皇、女郎、旅行、旅程、履历、居住、举动、拒绝
üe——约束、月亮、跃进、虐待、虐政、掠夺、略微、决定、决策、缺乏、确实
üan——源泉、愿望、捐献、卷逃、眷恋、圈套、蜷缩、劝说、宣传、选择
ün——晕倒、云彩、运动、军队、俊俏、群众、群体、功勋、勋章、寻找、询问
iong——困窘、窘迫、穷尽、贫穷、凶恶、凶手

【绕口令练习】

女小吕　ü

这天天下雨，体育运动委员会穿绿雨衣的女小吕，
去找计划生育委员会不穿绿雨衣的女老李。
体育运动委员会的穿绿雨衣的女小吕，
没找着计划生育委员会不穿绿雨衣的女老李；
计划生育委员会的不穿绿雨衣的女老李，
也没见着体育运动委员会穿绿雨衣的女小吕。

白雪　üe

像柳絮，像飞蝶，情绵绵，意切切，我爱这人间最美的花朵，白雪飘飘，飘飘白雪。
看那晶莹的花瓣，铺满了天边的原野，看那轻盈的舞姿，催开了红梅的笑靥。
呵，白雪飘飘，飘飘白雪。她赠给大地一片皎洁，她撒向人间多少欢悦。
是她用纯真的爱情，滋润着生命的绿叶，是她把热烈的追求，献给那美好的季节。
呵，白雪飘飘，飘飘白雪，她带给人间多少向往，她纵情欢呼新的岁月！

男演员女演员　üan

男演员，女演员，同台演戏说方言。男演员说吴语言，女演员说闽语言。
男演员演飞行员，女演员演研究员。
研究员，飞行员，吴语言，闽南言，你说男女演员演得全不全。

（二）按韵母的结构进行发音训练

◎ 1. 单韵母

由一个元音构成的韵母叫单韵母，又叫单元音韵母。单韵母共10个，即 a、o、e、i、u、ü ê、-i（前）、-i（后）、er。其中前七个是舌面元音，-i（前）和 -i（后）是舌尖元音，er 是卷舌元音。

练习单韵母的发音，要注意口腔的开合、嘴唇的圆扁、舌位的前后高低等。发音时口形和舌位要始终保持不变。

◎ 2. 复韵母

由两个或三个元音构成的韵母，叫复韵母，又叫复元音韵母。复韵母共13个，

即 ai、ei、ao、ou、ia、ie、ua、uo、üe、iao、iou (iu)、uai、uei (ui)。

（1）学习复韵母要注意下面两个特点。第一，从一个元音到另一个元音是滑动的，不是跳动的，中间听不出衔接的痕迹。例如，ai 这个复韵母，从 a 到 i 要经过许多过渡音，这些过渡音成串地滑过去，成为一个复合音。第二，各个元音的响度不同。例如，ai 这个复韵母，前面的 a 听起来比较响亮，而且稍长；后面的 i 听起来又轻又短，比较模糊。

（2）复韵母和单韵母的比较。单韵母是由一个元音构成的，发音时口型和舌位自始至终无变化。复韵母是由两个或三个元音组成的，发音时口形一定要有变化，舌头一定要有动程。

有人常常把复韵母读成单个的元音，如把 ai 读成 ê。练习复韵母的发音，可用观察法，就是发音时，对着镜子观察自己的口形是否有变化；也可用比较法，如先发复合音 ai，再发单元音 ê，反复比较，体会 ai 有动程而 ê 没有动程的情况。

（3）宽复合和窄复合比较。有几对复韵母在开口的宽窄上形成了对比，如 ai、ao、ia、iao、ua、uai；动程大的叫宽复合，动程小的叫窄复合，如 ei、ou、ie、iou (iu)、uo、uei (ui)。

有些人分辨不清这种宽窄差别，因而出现发音不到位甚至发音相混等错误，有必要做宽窄对比练习。

【 ai、ei 对比 】

（掰）——（杯）　　（牌）——（陪）　　（奶）——（馁）
（百）——（北）　　（派）——（配）　　（耐）——（内）
（埋）——（煤）　　（来）——（雷）　　（买）——（美）
（百步）——（北部）　（不买）——（不美）　（分派）——（分配）
（排场）——（赔偿）　（来电）——（雷电）　（奈何）——（内河）

【 ua、uo 对比 】

（蛙）——（窝）　　（滑）——（活）　　（瓜）——（锅）
（袜）——（卧）　　（画）——（货）　　（挂）——（过）
（挂着）——（过着）　（快刷）——（快说）　（滑动）——（活动）
（抓住）——（捉住）　（鞋袜）——（斜卧）　（进化）——（进货）

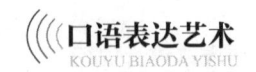

【iao、iou（iu）对比】

（交）——（揪）　　（小）——（朽）　　（叫）——（旧）
（笑）——（秀）　　（瞧）——（求）　　（料）——（六）
（消息）——（休息）（药片）——（诱骗）（出窑）——（出游）
（谣言）——（油盐）（推销）——（退休）（生效）——（生锈）

◎ 3. 鼻韵母

一个或两个元音后面带上鼻音韵尾 -n 或 -ng 构成的韵母，叫鼻韵母，也叫复合鼻尾音韵母。

鼻韵母共 16 个，即 an、en、ang、eng、ian、in、iang、ing、uan、uen（un）、uang、ueng、ong、iong、üan、ün。

鼻韵母发音时，由开头的元音逐渐向韵尾的鼻音过渡，鼻音的色彩逐渐增加，最后使舌尖前伸发 -n，或舌根抬起发 -ng，完全成为鼻音。发音过程中，舌头的活动是连续不断的，声带不停地振动，所以中间无接续的痕迹。

学习鼻韵母应该注意以下几点：

第一，注意把元音和末尾的鼻音读成一个整体，不要使元音和鼻音脱节。

第二，从元音到鼻音中间应有一个短暂的鼻化音，作为过渡。如 an 的发音过程是 [a]—[-n]—[n]。但要注意不要一开始就鼻化，不能用鼻化元音来代替整个鼻韵母。

第三，前鼻音 -n 和后鼻音 -ng，要严格区分开。

第四，分清宽复合和窄复合。

宽复合：an、ian、uan、üan、ang、iang、uang、ong。

窄复合：en、in、uen（un）、ün、eng、ing、ueng、iong。

（三）韵母发音分辨训练

◎ 1. 分辨前鼻韵母和后鼻韵母

有相当多的方言存在前后鼻韵母混用的现象，使用这些方言的人难以区分前后鼻音，或是只会读前鼻音，不会读后鼻音；或是只会读后鼻音，不会读前鼻音。练习前后鼻韵母的发音，关键在于把前鼻音 -n 和后鼻音 -ng 分辨清楚。读前鼻韵母时，最后舌尖要用力抵住上齿龈，发音未完不得离开；读后鼻韵母时，最后舌根要用力抵住软腭，发音终了之前不得离开。

不会发前鼻音的人，可把舌尖抵住下门齿齿背，然后下颚向上靠拢，使舌尖贴紧上齿龈，振动声带，就可发出正确的前鼻音 -n。不会发后鼻音的人，可以把嘴微微张开，使舌头后缩，抵住软腭，就可发出后鼻音 -ng。

从外形上分辨，前鼻韵母发音时，上下门齿是对齐的，上门齿稍稍掩住下门齿一点边缘。而后鼻韵母发音时，最后口形微开，上下门齿稍离开一点。从听觉上分辨，前鼻韵母声音较沉闷、细弱，后鼻韵母声音较响亮、洪大。

练习前后两类鼻韵母，可以成对地比较着发音，首先要练好较基本的三对，即 an—ang、en—eng、in—ing。掌握了要领，体会了前后两个韵尾发音的不同，再练习其他几对。

【音节对比练习】

an—ang：班长—担当 宽敞—安康 站岗—繁忙 当然—方案 畅谈—藏蓝
en—eng：本能—神圣 真诚—人称 深坑—真正 成分—生根 城镇—诚恳
in—ing：心情—民兵 平民—拼命 印迹—尽情 新颖—金星 定亲—听信

【前后鼻音混合练习】

今日新闻 安全运行 平易近人 正大光明 精明能干 互相尊重 天真烂漫

【绕口令练习】

长河　an·uan·ian

短而又短，从故宫流到颐和园，浪尖上的泪，载着慈禧的船。
长而又长，从清朝流到今天，浪尖上的笑，扬着"四化"的帆。

盆和瓶　en·ing

桌上放个盆，盆里放着瓶，砰砰啪啪，不知是瓶碰盆，还是盆碰瓶。

通信不同姓　in·ing

同姓不能念成通信，通信也不能念成同姓，
同姓可以互相通信，通信可不一定同姓。

金凤凰　ang

祖国好比金凤凰，"四化"就是金翅膀，飞向幸福和光明，金翅闪闪无阻挡！

纸花再美不发香，渣子再红难成钢。嘴上光说不管用，"四化"出在干字上！

夫新的父亲　in·ing

夫新的父亲名叫福清，福清就是夫新的父亲。
福清要夫新叫他父亲，不要夫新叫他福清。

黄金难买农家春　uen（un）

银水进田麦浪滚，麦香千里醉人心。麦浪随着歌声笑，黄金难买农家春。

辛厂长和申厂长　ang·iang

辛厂长，申厂长，同乡不同行。
辛厂长声声讲生产，申厂长常常闹思想。
辛厂长一心只想革新厂，申厂长满口只讲加薪饷。

勇气打开智慧门　en

恒心架起通天路，勇气打开智慧门。实践多想出真知，学习多想得精神。

东洞庭和西洞庭　en·eng·ing·ong

东洞庭，西洞庭，洞庭山上一根藤，藤上挂个大铜铃。
风起藤动铜铃响，风停藤定铜铃静。

两判官　a·ang·uan

城隍庙内两判官，左边的是潘判官，右边的是庞判官。
不是潘判官管庞判官，而是庞判官管潘判官。

◎ 2. 分辨 i 和 ü

【音节对比练习】

衣—淤　鸡—居　移—鱼　极—桔　妻—区　洗—许　旗—渠　戏—续
你—吕　逆—律　比翼—比喻　联系—连续　名义—名誉　办理—伴侣
书籍—书局　大姨—大鱼　游弋—犹豫　适宜—适于　有气—有趣　不急—布局

【念读练习】

这个故事我们听了觉得很有趣，可他听了却很有气。

你的意见很好，很有预见性。

我给他连续打了三个电话，都没联系上。

他今年得了冠军，这个荣誉的取得可不容易啊！

【绕口令】

驴和梨　ü·i

一头驴，驮筐梨，驴一跑，滚了梨。

驴跑梨滚梨绊驴，梨绊驴蹄驴踢梨。

看曲剧　ü·i

老徐和老许，两人看曲剧。曲剧观众多，剧场无虚席。

曲剧确有趣，娱乐受教育。曲剧群众喜，群众喜曲剧。

◎ 3. 分辨 o 和 e

【音节对比练习】

拨—哥　坡—磕　脖—格　婆—壳　摸—喝　佛—河

没破—没课　不摸—不喝　下坡—下车　内膜—内阁　油墨—游客

高坡—高歌　大伯—大河　脖子—格子

【绕口令练习】

老伯和老婆婆　o·e

南边来了个老伯，提着一面铜锣。北边来了个老婆婆，挎着一篮香蘑。

卖铜锣的老伯要拿铜锣换卖香蘑的老婆婆的香蘑，卖香蘑的老婆婆不愿拿香蘑换卖铜锣的老伯的铜锣。

卖铜锣的老伯生气敲铜锣，卖香蘑的老婆婆含笑卖香蘑。老伯敲破了铜锣，老婆婆卖完了香蘑。

墨与馍　o·e

老伯伯卖墨，老婆婆卖馍。

老婆婆卖馍买墨，老伯伯卖墨买馍。

墨换馍老伯伯有馍，馍换墨老婆婆有墨。

三、普通话声调及其发音训练

声调是汉语音节结构中不可缺少的成分。它同声母、韵母一样，有区别意义的作用。声调同音长、音强都有关系，但它的性质主要决定于音高。音高的分别，源于发音时声带的松紧。发音时声带越紧，在一定时间内颤动的次数越少，声音就越低。在发音过程中，声带可以自始至终保持一样的松紧度，也可以先松后紧，或先紧后松，也可以松紧相间，这样造成的种种不同的音高变化，就构成不同的声调。

普通话的全部字音分属四种基本调类，即"四声"，其发音特点和调值如下：

（1）阴平调（第一声）：声音高而平，没有明显的升降变化，由5度到5度，是高平调。

（2）阳平调（第二声）：声音由中音升到最高音，即由3度到5度，是中升调。

（3）上（shǎng）声调（第三声）：声音从半低开始，降至最低点，接着升至半高音，即由2度降到1度再升到4度，是降升调。

（4）去声调（第四声）：声音从最高音降到最低音，由5度到1度，是全降调。

普通话的声调有如下一些特点：

（1）四个声调的调型有明显的区别。一平、二升、三曲、四降。除阴平外，其他三个声调升降的幅度都比较大，所以普通话听起来抑扬交错，音乐性很强。

（2）高音成分多。阴平、阳平、去声都有最高度5，上声末尾也到4，所以普通话语音显得比较高昂。

（3）四个声调的长度有一定的比例，上声最长，阳平次长，去声最短，阴平次短，在词语中形成和谐的节奏。

（一）读准"四声"

◎ 1. 阴平要读得高而平

阴平调值是55，声音高而平，没有明显的升降变化，是高平调。发音时声带始终拉紧。阴平有为其他三个调定高低的作用，如果阴平调值掌握不好，会影响其他声调的发音。阴平读得过低或过高，便会造成去声降不下来，阳平高不上去的毛病。

练习阴平，可以先读出高、中、低三种不同的平调，体会发高音时声带拉紧，发低音时声带放松的不同感觉。这种练习不但可以比较出阴平的高平调值，而且可以训练控制声带松紧的技能，为掌握好较复杂的升、降、曲三种声调打下基础。

【阴阴相连练习】

参加　西安　播音　工兵　拥军　东风　交通
磋商　周刊　参军　丰收　秋收　拉丁　非洲

◎ 2. 阳平要读得上扬

阳平调值是35，声音由中音升到最高音，是中升调。发音时声带由不松不紧，逐渐拉紧，声音由不高不低升到最高。很多人发不好这个调值，多数是因为高音升不上去，主要原因是起点太高，声带已相当紧了，无法再紧，音高也就不能再升。纠正的方法是设法把声带放松，然后再拉紧。可以先读一个去声，把声带放松，紧接着读一个升调，这样可以读出接近阳平的调值。多读去声和阳平相连的词语，有助于练习阳平。

【阳阳相连练习】

国旗　直达　答题　滑翔　模型　流传　随时
随同　儿童　团结　联合　离别　停留　人民

【去阳相连练习】

自然　化学　措辞　特别　戒严　挫折　报名
电台　到达　会谈　上游　调查　地名　慰劳

◎ 3. 上声要读得曲折

上声调值是214，声音从半低开始，降至最低点，接着升至半高音，是降升调。发音时声带由较松慢慢到最松，再很快地拉紧。声音由较低慢慢到最低，再快速升高。

上声发音时主要的问题是起点高，降不下来，给人的感觉是拐弯不够大，有的虽有拐弯，但前面下降的部分太短，后面上升的部分太长。练习上声时，首先应设法把声带放松，使声调的起点降低，并尽量把低音部分拖长。

【上上相连练习】

遣返　北海　表演　展览　广场　厂长　领土
领海　领导　鼓掌　打倒　感想　场所　北广

【去上相连练习】

血管　耐久　二百　剧本　下雨　跳伞　问好
运转　下雪　外语　购买　末尾　恰巧　并且

◎ 4.去声要读得短促而下降

去声调值是51，声音从最高音降到最低音，是全降调。发音时声带先拉紧，后放松，声音从最高降到最低。可用阴平带去声的方法来练习，即先发一个阴平，使声带拉紧，再在阴平的高度上尽量把声带放松，就能读出全降调的去声了。多读阴平和去声相连的词语，有助于发好去声。

【去去相连练习】

日月　布告　大厦　惧怕　画像　自传　破例
岁月　射箭　愤怒　庆贺　宴会　创办　浪费

【阴去相连练习】

庄重　播送　音乐　拥政　方向　飞快　夸耀
规范　单位　通信　根据　经济　深入　声调

（二）"四声"训练

【四声依序练习】

中国伟大　山河美丽　天然宝藏　资源满地
阶级友爱　工农子弟　千锤百炼　中流砥柱
心明眼亮　精神百倍　光明磊落　身强体壮
山明水秀　花红柳绿　开渠引灌　风调雨顺
阴阳上去　非常好记　高扬转降　区别起落

【四声同声练习】

加工车间　珍惜光阴　喝杯咖啡　交通公司
牛羊成群　严格执行　和平人民　农民食堂
正在上课　胜利闭幕　电报挂号　创造纪录

【绕口令练习】

麻妈妈和牛妞妞

麻妈妈骑马，马慢麻妈妈骂马。

牛妞妞牵牛，牛拗牛妞妞拧牛

拖拉机

一台拖拉机，拉着一张犁。拖拉机拉犁犁翻地，翻地翻得深又细。拖拉机出的力，犁翻的地，你说是犁犁的地还是拖拉机翻的地？

不怕不会

不怕不会，就怕不学。

一回学不会再来一回，一直到学会，我就不信学不会。

四、普通话语流音变及其发音训练

人们在说话时，连续发出一串串的音节，这便形成了语流。在语流中，音节之间、音素之间、声调之间会互相影响，发生语音的变化，于是就形成了语流音变。普通话中的语流音变主要有轻声、儿化、变调和语气词"啊"的变化。这些语流音变现象，也体现了普通话语音特征的一个方面，所以在掌握了普通话的声母、韵母、声调系统之后，了解掌握好这些语流音变的规律，就能把普通话说得更加准确、自然。

（一）轻声及其发音训练

普通话里有一些音节，在连续发出的语流中会失去原来的调值，变得又轻又短，这就是轻声。当音节变成轻声时，它在音长、音高、音强和音色上都会发生某种变化，其中表现突出的是长短和高低的变化。

由于轻声音节的发音总是短一些、低一些，因此在播音中容易出现"吃字"现象。

"吃字"在说唱艺术中,原指由于节拍速度较快,或者感情激动,引起某些字音含混不清,或者把字音挤掉的现象。在日常口语表达中,轻声词说不好,也会出现"吃字"现象。

在播音主持工作中,播音员、主持人要把轻声词说清楚,防止"吃字"现象的产生,就要注意以下几点:

①轻声音节的声母、韵母发音不要变。轻声往往会对音节的声母、韵母发音产生影响,引起它们的某种变化。为了把轻声说清楚,我们只要把轻声音节发得短些、低些,而不要改变其声母和韵母原来的发音,就可以避免因轻声而造成的"吃字"。

②在新闻语体中轻声不宜多,因为新闻节目有其语言规整、严肃的要求,而在主持类节目中可以灵活运用轻声来体现语言的生活化。

③去声的调值要发准。在口语中,有一些词的第二个音节,本来该重读,却常常被变成轻声,如"礼物""冬季""生日""医务""武艺"等。这主要是因为去声是调值下降而音长较短的声调,下降调收尾,发音器官的肌肉是松弛的,这和轻声收尾有相似之处。因此,发去声时要特别注意保持发音器官肌肉的紧张度,把调值发全发准,不要在收尾时随便放松肌肉。这样就能避免出现不该变的轻声音节。

此外,轻声音节仍存在着音高的区别,这要由前面一个音节的声调来定,基本规律是:阴平、阳平后面的读3度,上声后面的读4度,去声后面的读1度。

【轻重对立词练习】

兄弟—兄弟　拉手—拉手
本事—本事　买卖—买卖
包头—包头　包含—包涵
不分—部分　笔试—比试
裁缝—裁缝　把手—把手
地道—地道　地下—地下
地理—地里　等等—等等
大意—大意　大爷—大爷
大方—大方　东家—东家
东西—东西　电子—垫子
对头—对头　犯人—犯人
服气—福气　过年—过年

干事—干事　好些—好些
结实—结实　加火—家伙
靠山—靠山　近来—进来
莲子—帘子　冷战—冷战
老子—老子　被面—背面
利器—力气　龙头—龙头
立子—栗子　门道—门道
利害—厉害　是非—是非
马头—码头　实在—实在
面巾—面筋　团员—团圆
蛇头—舌头　大麻籽—大麻子

【绕口令练习】

（1）"头"的轻声练习。

天上日头

　　天上日头，嘴里舌头，地上石头，桌上纸头，手掌指头。
　　大腿骨头，小脚趾头，树上枝头，集上市头。

集体装在心里头

　　小铁头，小柱头，学习英雄有劲头。
　　放学后，抬砖头，跑了东头跑西头。
　　抬砖头，几筐头，送到猪场砌墙头。
　　墙头高，过人头，乐得他俩直点头。
　　人人夸："小哥俩，集体装在心里头。"

小车拉石头

　　大车拉小车，小车拉大石头，石头掉下来，砸了小脚趾头。

（2）"子"的轻声练习。

屋子里有箱子

　　屋子里有箱子，箱子里有匣子，匣子里有盒子，盒子里有镯子；镯子外面有盒子，盒子外面有匣子，匣子外面有箱子，箱子外面是屋子。

寨子和箱子

桃子、李子、梨子、栗子、橘子、柿子、槟子、榛子，栽满院子、村子和寨子。

刀子、斧子、锯子、凿子、锤子、刨子和尺子，做出桌子、椅子和箱子。

（二）儿化及其发音训练

儿化又称为儿化韵，是普通话和某些方言中的一种语音现象，普通话里许多词都可以儿化。"儿化"在普通话里起着修辞和表示语法功能的积极作用。口语表达中运用儿化，确有表情达意的积极作用，使语言更加生活化，但需要注意的是不能随意乱用，尤其是正式场合尽量不用儿化。

儿化是普通话中一种特殊的语音现象，就是词语后缀"儿"不自成音节，而和前头的音节合在一起，使前一音节的韵母成为卷舌韵母。儿化音是口语音，有亲昵、随便的语气。北京话中就有相当多的儿化音。经过儿化的词，词尾音节的韵母便与"er"结合，使原韵母的发音或多或少发生变化，变化后的韵母称"儿化韵"。儿化韵的发音与原韵母比较，虽有变化大小的区别，但都应在卷舌动作的过程中完成，不能先卷舌后发音。而在书面语中，通常都不注表示儿化的后缀"儿"。但是，当儿化音具有了区别语词的作用，如"白面"和"白面儿"，书面语中也必须注明儿化的后缀"儿"。

儿化音的汉语拼音注音比较简单，只需在儿化的音节后加 r 即可。但在实际发音时，随儿化音节中韵母的不同，发音变化又有所不同。普通话语音中儿化变音情形如表1。

表1　普通话语音中的儿化变音情况

a ai an→ar	e→er	o→or	-i ei en→er	
ia ian→iar	ie→ier		i in→ir	
ua uai uan→uar		uo→uor	ui ue→ur	u→ur
üan→üar	üe→üer		ü ün→ür	
ao→aor	ou→our	ang→anr	eng→enr	ong→onr
iao→iaor	iu→iur	iang→ianr	ing→inr	iong→ionr
		uang→uanr	ueng→uenr	

注：表中 er 是卷舌的央元音；带－号的元音表示鼻化元音。鼻化元音的发音方法前面已经提到，即让软腭半升半降，气流同时从口腔和鼻腔中冲出成声。

【儿化词练习】

门—门儿	面—面儿	小树枝儿	花狗儿
坐—座儿	沿—沿儿	小圆圈儿	木橛儿
头—头儿	小不点儿	腊八儿	火星儿
曲—曲儿	花脸儿	香瓜儿	小牛儿
劲—劲儿	小金鱼儿	圆圈儿	命根儿
点—点儿	小红花儿	熊猫儿	靠边儿
碗—碗儿	小脸蛋儿	小猪儿	乖乖儿
玩—玩儿	小花瓶儿	台阶儿	大伙儿
盖—盖儿	小女孩儿	凉风儿	唱歌儿
球—球儿	小相片儿	白熊儿	弹球儿
本—本儿	小盐罐儿	人家儿	小碟儿
台—台儿	小鱼钩儿	一串儿	小虫儿
词—词儿	小红枣儿	围脖儿	小孩儿
眼—眼儿	小花瓣儿	小庙儿	一对儿

【绕口令练习】

小女孩儿

小女孩儿，扎小辫儿，拿着花儿，多好玩儿。

学画画儿

小小子儿，不贪玩儿。画小猫儿，钻圆圈儿；画小狗儿，蹲小庙儿；画小鸡儿，吃小米儿；画个小虫儿，顶火星儿。

练字音儿

进了门儿，倒杯水儿，喝了两口儿运运气儿，顺手儿拿起小唱本儿。唱一曲儿，又一曲儿，练完嗓子练嘴皮儿。绕口令儿，练字音儿。还有单弦儿牌子曲子儿，小快板儿，大鼓词儿，越说越唱越带劲儿。

（三）变调及其发音训练

两个或两个以上音节连在一起时，前一个音节的声调受后面音节声调的影响，所属调类的调值有时会发生变化，这种语音变化就是变调。变调是相对于单字调而言的。所谓单字调，是指音节在单读时的调值。例如，普通话中的"土"，单念时调值为214。单字调是音节声调的基本形式，所以又叫"本调"。变调是从单字调中变化出来的调值。例如，"土改"一词，前一个音节"土"的调值由214变为35，35调值就是"土"这个音节的一个变调。普通话中常见的变调有上声变调、去声变调、"一不"的变调，其主要规律如下。

普通话的主要变调规律如下：

①上声变调：两个上声音节相连，前一个音节调值一般由214变为34（近似于阳平）；上声音节在非上声音节前，调值由214变为21（半上）。

②去声变调：两个去声音节相连，前一个音节的调值由51变为53（半去），即由全降变为半降。

③"一不"的变调："一"在去声音节前，其调值变为阳平（35）；在阴平、阳平、上声前，其调值变为去声（51）。

"不"在去声音节前，其调值变为34（近似于阳平）。

当"一"嵌在重叠式的动词之间，"不"夹在动词或形容词之间，夹在动词和补语之间时，均轻读。

【变调练习】

一仓　一车　一刀　一吨　一根　一锅
一家　一筐　一道　一度　一丈　一寸
不安　不才　不曾　不等　不断　不犯
不公　不管　不比　不测　不错　不选

【绕口令练习】

一二三

一二三，三二一，一二三四五六七，七六五四三二一。
一个姑娘来摘李，一个小伙儿来摘梨，一个小孩儿来拣栗。
三个人一齐出大力，收完李子栗子梨，一起拉到市上去赶集。

一心一意

干什么工作都要一心一意，表里如一，言行一致，埋头苦干。

情绪不能一高一低，一好一坏，一落千丈，一蹶不振。

交粮食

  王老汉手拿一根不长不短的鞭子，赶着一辆不新不旧的大马车，拉着满车不计其数的粮食，奔驰在一条不宽不窄的大道上。

  到了粮库门口，他不慌不忙地停住了那辆不新不旧的大马车，不声不响地放下手中那根不长不短的鞭子。他不遗余力地肩扛一包一包不计其数的粮食，不厌其烦地装进了大仓房。

（四）"啊"的变化及其发音训练

  普通话中语气词"啊"因受前一音节韵母的影响，常常会发生"同化""增音"等音变现象。规律如下：

  （1）前面音节收尾音素是a、o、e、ê、i、ü（其中不包括ao韵母和iao韵母）的"啊"变"yā"。

  （2）是u、ao、iao的"啊"变"wa"。

  （3）"啊"前面的韵母和韵尾是"n"的变"na"。

  （4）"啊"前面的韵母和韵尾是"ng"的变"nga"。

  （5）"啊"前面的韵母是 -i（前）的变"za"（国际音标）。

  （6）"啊"前面的韵母是 -i（后）的变"ra"。

  以上六种变化规律是顺势产生的，训练时要注意语气自然大方，语言色彩灵活丰富。

【句子练习】

快往上爬呀！
用簸箕簸呀！
天气真热呀！
咱们去逛大街呀！
汽车这么挤呀！
使劲儿往上举呀！
生活多美好呀！
都在一块儿住哇！

她笑得真甜啊!

今天得上班啊!

【绕口令练习】

菜市场的货物真丰富

菜市场的货物真丰富:

鸡啊(ya),鸭啊(ya),鱼啊(ya),肉啊(wa),盐啊(na),酱油啊(wa),醋啊(wa)……生的熟的应有尽有。

鸡鸭猫狗

鸡呀,鸭呀,猫哇,狗哇,一块儿水里游哇!

牛哇,羊哇,马呀,骡呀,一块儿进鸡窝呀!

狼啊(nga),虫啊(nga),虎哇,豹哇,一块街上跑哇!

兔哇,鹿哇,鼠哇,孩儿啊(ra),一块儿上窗台儿啊(ra)!

可爱的孩子

这些孩子啊(za),真可爱啊(ya),你看啊(na),他们多高兴啊(nga),又是作诗啊(ra),又是吟诵啊(nga),又是画图画啊(ya),又是剪纸啊(na),又是唱啊(nga),又是跳啊(wa)……啊!他们多幸福啊(wa)!

第二节　普通话发声——口语表达中的语音美

语音是一种具有语言意义并能在社会交流中发挥作用的声音，是人类语言表达的核心组成部分。语音的产生涉及人体多类器官的复杂协作。

第一，动力器官。这一部分包括肺、气管、胸肌以及横膈膜等。肺是语音发出的动力源，气管则起到气流传输的作用。气流从肺部排出，经过气管传送到声带。

第二，发音器官。发音器官包括喉头和声带。声带是声音的发出器官，气流从肺部通过气管传送到声带，声带在气流冲击下开始振动，产生声源波，形成所谓的浊音。元音的发音中，声带始终保持振动，因此元音都属于浊音。在一些辅音的发音中，声带也要振动，这类辅音被称为浊辅音。另一方面，声带也可以不振动。这种情况通常出现在一些清辅音的发音中。

第三，共鸣器官。口腔、咽腔和鼻腔被称为语音的共鸣器官。这些器官在语音产生过程中发挥重要作用。口腔和咽腔对元音的产生起到调节作用，不同的舌位和口腔形状导致不同的元音产生。辅音的产生则涉及口腔或鼻腔内部的阻碍。在语音学中，口腔中产生的音被称为口音，而在鼻腔中产生的音被称为鼻音。在某些情况下，语音可以同时在口腔和鼻腔中产生，形成鼻化音（也叫半鼻音或口鼻音）。

语音的产生基于以下过程：当个体发音时，肺部和气管吸入空气，然后在呼气时，通过胸肌和横膈膜的共同作用，将空气送入气管，进而到达喉头。气流在喉头的声带上产生冲击，会导致声带振动，产生一种蜂鸣般的声音，但这种声音通常无法被人听到。要使这种声音变成可听到的语音，需要通过口腔、咽腔和鼻腔等共鸣器官的作用。这些器官改变了声音的特性，创造出各种语音。

在口语表达中，发音的质量对于交流的清晰度和有效性至关重要。因此，语音训练应注重气息控制、共鸣调整和发音清晰，以确保语音在交流中更加流畅、准确且具有音乐美感。

一、气息控制训练

呼吸不仅是语音产生的基本动力源，还在语言表达中具有重要作用。气息在语言表达中充当了连接内在情感和外部声音的关键中介角色。它是情感和语音之间的纽带，确保语音能够随着情感的波动而变化。

气息的流动与语音的产生、调节息息相关。只有当气息与情感相协调时，语音才能反映出情感的变化。气息、语音和情感之间的这种紧密联系是口语表达中不可或缺的要素。

在口语表达的学习和训练过程中，重视气息与语音之间的关系以及它们在语言表达中的作用至关重要，这有助于更好地理解语音的产生、发展以及与情感之间的复杂互动。

（一）呼吸的方式

◎ 1. 胸式呼吸

胸式呼吸是一种主要通过胸腔来调控气息的呼吸方式。在进行胸式呼吸时，个体会抬高双肩，吸气相对较浅，因此也被称为浅呼吸或锁骨呼吸。

采用胸式呼吸时，吸入的空气主要充斥于上胸部，导致吸入的气体量较小。此呼吸方式下，喉部会过度紧张以控制呼吸。这带来了一些问题。首先，这会使声带负荷较大，可能对声带造成损伤。其次，产生的语音会较为忽高忽低，缺乏稳定的音量。最后，气息的控制变得更加困难，难以实现稳定表达。

因此，胸式呼吸在语音产生和口语表达中存在一些不利因素，可能导致声带负担加重、音量不稳定、气息控制困难等问题。相比之下，其他呼吸方式如腹式呼吸可能更适合语音产生和口语表达。

◎ 2. 腹式呼吸

腹式呼吸是一种主要通过下降横膈膜并利用腹部肌肉来控制气息的呼吸方式。在采用这种呼吸方式时，个体通常会错误地认为气体要被吸入小腹区域（实际上气体只能进入肺部，无法进入腹部），因此会进行过度深的吸气。

腹式呼吸存在一些缺陷。首先，吸气时试图下降横膈膜，导致腹部充气，同时压缩了胸腔和肋骨，限制了吸气量的增加。其次，腹式呼吸主要依赖腹部肌肉和横膈膜来控制呼吸，胸腔肋间肌肉在呼吸中的作用丧失了。最后，过度的吸气可能导致气流无法更好地对声带施加必要的压力，从而发出空洞、贫乏、音色上缺乏层次感、不够饱满的语音。在高音区域，这种呼吸方式可能尤其困难。

综上所述，腹式呼吸虽然是一种常见的呼吸方式，但它在语音产生和口语表达中存在一些明显的不利因素，可能会导致语音空洞、贫乏，难以达到高质量。因此，在语言表达训练中，通常会采用其他更有效的呼吸方式。

◎ 3. 胸腹联合呼吸

胸腹联合呼吸，又被称为深呼吸，是一种通过协调胸腔、横膈膜和腹部肌肉共同控制吸气呼气的呼吸方式。在这种呼吸方式下，吸气时，胸腔充分扩张，横膈膜下降，腹部稍微内收，实现了全面的吸气。而在呼气时，则需要通过扩展肋骨和轻微内收腹部来控制气流的释放。这种综合性的呼吸方式在语音的产生中具有显著的优势。

胸腹联合呼吸的主要优势包括：首先，充分协调了呼吸器官的各个部位，包括胸腔、横膈膜和腹部肌肉，使它们协同工作，以有效控制气息。其次，由于吸气时横膈膜下降和肋骨扩张同时进行，胸腔得以全面扩大，因此吸气量较大。再次，胸腹联合呼吸具备出色的气息控制能力，呼气均匀、有节制，并可灵活调节呼气时气的强弱，使语音的高度和强度变化得以精准掌握。最后，这种呼吸方式存在明显的呼吸支点，使音域扩展，并实现高音、中音和低音三个声区的和谐统一。

总之，胸腹联合呼吸为口语表达提供了良好的呼吸基础，其协调性和容量优势有助于实现声音的稳定和多样。

（二）胸腹联合呼吸训练

说话时的呼吸与日常生活中的呼吸存在显著差异，主要表现在呼气阶段，说话时的呼气是有意识和可控的。在口语表达中，呼气的控制至关重要，需要做到"吸气一大片、呼气一条线；气断情不断，声断意不断"。

◎ 1. 吸气训练

吸气训练对于口语表达至关重要。在吸气时，横膈膜下降，使胸腔底部向下伸展，同时胸腔的两侧扩张，从而使胸腔充分扩大，能够迅速将外界空气吸入肺部。就像在闻花时，气息是自然、柔和而深入的。在吸气过程中，需要注意以下几点：首先，应该将气息吸入胸腔下部，不可过浅。此外，要打破"气吸得越多越好，越深越好"的观念，而是在自然呼吸的基础上适度加深，具体深度根据所说语句的长度、强度、音高以及艺术表现需求而定。其次，吸气过程应该柔和平稳，以实现整个胸腔的自然扩张。各呼吸器官都不应该感到僵硬或受到逼紧的压力。最后，吸气时应尽量不发出声音，以确保吸气过程不会干扰口语表达。

在进行吸气训练时，保持良好的精神状态至关重要。同时，放松肩部和胸部也是非常关键的，以确保呼吸的顺畅和自然，达到"兴奋从容两肋开，不觉吸气气自来"的状态。通过下列吸气训练，可以提高口语表达的质量和流畅度。

（1）以衣襟中间的纽扣为标记，把气缓缓吸到最下面一颗纽扣的位置。

（2）坐在椅子的前沿，上身略向前倾，将气"沿着后背"缓缓吸入体内。这种方法排除了单纯的胸部用力吸气的可能，容易获得两肋打开的实际感觉。

（3）借鉴"闻花"的方法。此时，气会吸得深入、自然。用这种方法可以体会到降膈和开肋。

（4）调整意念，告诉自己气是从全身的毛孔被吸入体内的。这样会使两肋较充分地展开。

（5）借鉴抬重物时的呼吸方式。在抬重物时，总要深吸一口气，憋住一股劲儿，此时，腰部、腹部的感觉和胸腹联合呼吸时吸气最后一刻的感觉相近。

（6）借鉴"半打哈欠"的方式。不张大嘴地打哈欠，进行到最后一刻的感觉和胸腹联合呼吸吸气最后一刻的感觉相近。

◎ 2. 呼气训练

在呼气过程中，我们一方面依靠胸腔本身的弹性和胸腔相关肌肉用力，逐渐将肋骨拉下，使胸腔缩小；另一方面，使腹部肌肉内器官向上，横膈膜逐渐抬起（回到原来的位置）。以上部位互相配合，帮助人体控制气息的呼出。在进行呼气时，需要注意以下几点。首先，持续、平稳地控制呼气：呼气应该是连续的、平滑的，同时要有意识地控制呼气的节奏，避免呼气过于急促。其次，有调节地呼气：呼气时应该有调节，使呼气有意识地延长。再次，适度的呼气力量：呼气时的力量要适中，力量过大可能会压制气流，使气息不能顺畅呼出，而力量过小则可能导致呼吸不稳定，气息迅速用尽。应该保持适度的力量，以保持气息的流畅、自然、均匀。

呼吸训练的第一步通常以快速吸气和缓慢呼气为重点，要求呼吸控制急但不急促、快但不混乱、长而不喘。在呼吸练习中，需要确保气息与吐字配合良好，保持气息通畅而不紧张，同时确保吐字清晰利落，情感表达有起伏和扬抑有变化。

在进行呼气训练时，心理状态应是自然松弛的，不应该为了延长练习时间而憋气或紧喉。呼吸的自然流畅和控制能力对于口语表达至关重要。可以通过以下方法来体会：

（1）以叹气的方式呼气，并不带出任何语音，体会喉部的放松。

（2）缓缓持续地发出"ai"的声音。

（3）均匀、缓慢地吹去桌面上的尘土；吹歪蜡烛火苗，使其既不直也不灭。

（4）发出纯净的、音高自然一致的"a"的延长音。

（5）数数练习。以每秒两个数字的速度数"1、2、3、4……"。

（6）数葫芦练习。清晰地发出"一口气数不了二十个葫芦，一个葫芦，两个葫芦，三个葫芦，四个葫芦……"。

【快板儿书练习】

给诸位，道大喜，人民政府了不起！
了不起，修臭沟，上先儿先给咱们穷人修。
请诸位，想周全，
东单、西四、鼓楼前；
还有那，先农坛、五坛八庙、颐和园。
要讲修，都得修，为什么先管龙须沟？
都只为，这儿脏，这儿臭，政府看着心里真难受！
好政府，爱穷人，教咱们干干净净大翻身。
修了沟，又修路，好教咱们挺着腰板儿迈大步；
迈大步，笑嘻嘻，劳动人民又心齐。
齐努力，多做工，国泰民先安享太平！

——选自老舍剧作《龙须沟》

【传统曲艺经典段子练习】

蜈蚣百足，行不及蛇；灵鸡有翼，飞不如鸦。马有千里之程，无人不能自往；人有凌云之志，非运不能腾达。文章盖世，孔子困于陈蔡；武略超群，太公垂钓于渭水。盗跖年幼，不是善良之辈；颜回命短，实非凶恶之徒。尧舜至圣，反生不肖之子；瞽叟顽呆，反生大圣之儿。张良原是布衣，萧何称谓县吏。晏子身无五尺，能做齐国首相；孔明居卧草庐，作了蜀汉军师。韩信手无缚鸡之力，封了汉朝大将；冯唐有安邦之志，到老半官无封；楚王虽雄，难免乌江自刎；汉王虽弱，却有万里江山。满腹经纶，白发不第；才疏学浅，少年登科。有先贫而后富，有先富而后贫。蛟龙未遇，潜身于鱼虾之间；君子失时，拱手于小人之下。天不得时，日月无光；地不得时，草木不长；水不得时，风浪不止；人不得时，利运不通。盖人生在世，富贵不能移，贫贱不能欺。此乃天地循环，终而复始者也。

——传统评书《定场诗》

在想当初，大宋朝文彦博，幼儿倒有灌穴浮球之智。司马温公，倒有破瓮救儿之谋。汉孔融，四岁就懂让梨谦逊之礼。十三郎五岁朝天。唐刘晏七岁举翰林，汉黄香九岁温席奉亲。秦甘罗十二岁有宰相之才。吴周瑜一十三岁拜为水军都督，统带千军万马，执掌六郡八十一州之兵权，使苦肉、献连环、借东风、烧战船，使曹操望风鼠窜，险些丧命江南。虽有卧龙、凤雏之相帮，那周瑜也算小孩子中之魁首。

——传统贯口《八扇屏》

*训练提示：传统曲艺中的定场诗、贯口主要是对事物、景象等进行描绘，给人以形象的感觉，常常起到画龙点睛的作用。传统艺人在表达时常常给听众以语速较快的感觉，但在练习过程中我们决不能一味求快，应该着重体会其中的节奏变化、气息转换技巧并加以掌握。

【绕口令练习】

（1）出东门，过大桥，大桥底下一树枣，拿着竿子去打枣儿，青的多红的少，一个枣儿、两个枣儿、三个枣儿……十个枣儿、九个枣、八个枣……

（2）广场上，飘红旗，看你能数多少面旗，一面旗、两面旗、三面旗、四面旗、五面旗、六面旗、七面旗、八面旗、九面旗、十面旗……

（3）一口气数不了二十四个葫芦、四十八块瓢，一个葫芦两块瓢，两个葫芦四块瓢，三个葫芦六块瓢，四个葫芦八块瓢，五个葫芦十块瓢，六个葫芦十二块瓢，七个葫芦十四块瓢，八个葫芦十六块瓢，九个葫芦十八块瓢，十个葫芦二十块瓢，十一个葫芦二十二块瓢，十二个葫芦二十四块瓢，十三个葫芦二十六块瓢，十四个葫芦二十八块瓢，十五个葫芦三十块瓢……

二、共鸣控制训练

共鸣控制训练是为了有效地运用共鸣器官，以增加音量和改善音色，使语音更加圆润和优美。声带本身发出的音通常相对微弱，因此需要通过共鸣来增强声音的表现力。在共鸣的过程中，共鸣器官对来自声带的原声进行修饰，从而使音色更加丰富和优美。这样的科学共鸣调节可以改变声音的色彩，使其更宽厚、圆润、明亮和集中，同时还有助于保护声带，延长声带的"寿命"。

在口语表达中，如果你感到说话轻松自如、自然流畅，这通常意味着你有效地运用了共鸣器官。共鸣控制训练旨在帮助人们掌握这种技能，以改善语音的质量，增强语音的表现力。通过训练，表达者可以学会如何调节共鸣器官，使语音更富有表现力，更能够传达情感和思想。

（一）共鸣器官及其作用

共鸣器官是发声系统中的关键部分，包括了喉腔、咽腔、口腔、胸腔、鼻腔等。根据它们的位置和作用，可以将共鸣器官分为上部共鸣器和下部共鸣器，以软腭为分界线。上部共鸣器包括鼻腔、鼻窦和咽腔，而下部共鸣器包括胸腔、喉腔和口腔。

在语音的产生和调节过程中，不同调值的音会主要依赖于上部或下部共鸣器的作用。高音通常会受到上部共鸣器的主导，而低音则更多地依赖于下部共鸣器的作用。这些共鸣器的体积和灵活性在发声中起着关键作用，它们可以提高音量、改善音色，并影响音调的高低。

在共鸣系统中，声道是一个非常重要的部位，它位于声带以上，形状类似喇叭。声道的特性对于语音的共鸣有着至关重要的作用。通过调节声道的形状和大小，可以影响音质和音色，使之更加适应不同的口语表达需求。因此，对共鸣器官的认识和有效的调节训练对于口语的表达起着重要的作用。

喉腔作为共鸣系统中的首要共鸣器，具有重要的功能和影响。喉腔的形状和状态对语音的产生和质量有显著影响。当喉腔被挤扁或喉部肌肉过于紧张时，语音可能会受到不利影响，表现为呈横向发声，音色可能不够圆润和深沉。反之，当喉腔处于适当的状态时，语音可以更自然地产生，音色更加饱满，音质更加适宜。喉腔的形状变化可以通过合适的声带和喉部肌肉协调来实现，这对于语音的艺术表达至关重要。声带和喉部肌肉的协调性可以影响音调、音色和音量，因此在语音训练中，学会调节喉腔的状态是非常重要的一步。这种调节有助于实现更好的口语表达，使语音更加自然、优美和富有表现力。

咽腔的容积较大，对于扩大音量和美化音色具有重要作用。咽腔的形状和状态可以影响语音的共鸣效果，使语音更加丰满，音色更加丰富。

口腔是语音的制造场，也是人体中较主要、较灵活多变的共鸣腔体之一。口腔中发音器的形状受到舌位的高低、前后，唇形的圆展等因素的影响，这些因素可以改变口腔中发音器的共鸣效果，对音质和音色具有重要影响。

鼻腔的共鸣作用主要源于腔内空气的震动和骨骼对语音的传导。它对于高音的共鸣作用很大，可以使高音更加清晰和响亮。

胸腔在语音的高低变化中起到重要作用。胸部有一个较为集中的响点，通常称为"胸腔响点"。这一响点沿着胸骨的上下移动，引发胸腔的振动，从而扩大音量，使语音浑厚且具有力量感。

这些共鸣器的合理调节和协调对于口语表达至关重要。在语音训练中，口语表达主体学会如何调整这些共鸣器的状态，以实现更好的发音效果，是提高口语表达和传播效果的关键之一。

（二）共鸣方式

共鸣是声音产生和音质改善的重要因素。根据声音的高低，可以将共鸣分为鼻腔共鸣、口腔共鸣和胸腔共鸣三种类型，每种类型都会对声音的特性和音质产生不同的影响。

鼻腔共鸣（头腔共鸣）：鼻腔共鸣主要指声音在鼻腔中的共鸣效果。正确的鼻腔共鸣能够产生头部的振动感，因此也称为头腔共鸣。鼻腔的位置非常具体，在发音中具有至关重要的作用。它使声音变得响亮、丰满，并具有金属性的铿锵音色。

口腔共鸣：口腔共鸣包括口腔、咽腔和喉腔的共鸣效应。口腔共鸣使声音变得响亮、清晰。口腔在发音中起到了主要的作用，尤其在发音准确性方面，口腔的功能常常大于其他共鸣器官。然而，口腔共鸣相对较原始，通常需要其他共鸣方式的辅助才能改善音质和增加艺术表现力。

胸腔共鸣：胸腔共鸣涵盖了气管、支气管和整个肺部的共鸣效应。胸腔共鸣使声音具有洪亮、浑厚和有力的特点。在胸腔共鸣作用下，胸部会产生明显的振动感。

在口语表达中，人们主要运用口腔共鸣，结合中、低、高三腔共鸣的方式。为了获得更具传播力和表现力的声音效果，最佳的方法是以口腔共鸣为主，以胸腔共鸣为基础，并适度利用鼻腔的作用。许多人在发音时只关注喉咙，而忽视了胸腔和鼻腔这两个共鸣器的作用，这会导致发音单薄，音质较差。

（三）共鸣训练

◎ 1. 胸腔共鸣练习

第一，体会胸腔共鸣。用较低的声音发 xa 音，声音不要过亮。这时的声音应是浑厚的，感觉是从胸腔发出的。如感觉不明显，可以逐渐降低音高，适当加大音量，也可用手轻按胸部，用 a 音做练习音，从高到低，从实声到虚声发长音，体会哪一阶段上胸腔振动强烈，然后在这一声音阶段做胸腔共鸣练习。一般来说，较低又柔和的声音易产生胸腔共鸣。

第二，增加胸腔共鸣的适当音色后，用这一阶段的声音朗读下列含有 a 音的词（a 开口度大，易于产生胸腔共鸣）。

暗淡　反叛　散漫　武汉

计划　到达　白发　出嫁

然后用适当的低音朗读下面的短诗，注意加强韵脚的胸腔共鸣。

春晓　唐·孟浩然

春眠不觉晓，处处闻啼鸟。夜来风雨声，花落知多少。

悯农　唐·李绅

锄禾日当午，汗滴禾下土。谁知盘中餐，粒粒皆辛苦。

◎ 2. 口腔共鸣练习

第一，唇齿贴近，提高声音响亮度。发音时有撅唇习惯的人，音色大多较暗而且不够清晰。可以用收紧双唇，使其贴近上下齿的方式来改善共鸣。先用单元音做练习，然后用小的句段进行练习，比较它与习惯发音的不同。

第二，嘴角略微上抬，消除消极音色。有的人发音时习惯下垂嘴角，不善于表达积极的感情。可以结合"提颧肌"，使嘴角略微上抬，声音色彩会有变化。先用单元音做练习，然后用小的句段进行练习，比较它与习惯发音的不同。

第三，改善 u、ü、o 的音色，有的人在发带有 u、ü、o 音的字时，嘴唇突起过多，使音色过暗，带有沉闷色彩。可以将唇齿靠近，减小突起，使音色得到改善。以下列韵母做对比练习，比较音色的变化。

ao　ou　ong　iao　iou　iong　u　ua　o　uai

uan　uen　uang　ueng　üe　üan　ün

◎ 3. 鼻腔共鸣练习

第一，体会鼻腔共鸣。鼻腔共鸣过多会形成鼻音，只有适当利用才能美化声音。软腭抬起则可减少共鸣。可用 i 和 a 做练习音。利用软腭下降将元音部分鼻化，体会鼻腔共鸣。

第二，鼻腔共鸣练习。鼻腔共鸣少的人可使用这一练习，但切勿使共鸣过多形成鼻音。一般来说，a 的舌位低，鼻腔共鸣弱，软腭下降幅度可稍大些。i、u、ü 舌位高，口腔通路窄，气流容易进入鼻腔，产生鼻腔共鸣。软腭不可下降过多，否则会使元音完全鼻化。可用 m、n 开头的音做练习，体会鼻腔共鸣。然后再发其他音。

妈妈　买卖　小猫　阴谋　隐瞒　出门　戏迷　分秒

人民　姓名　朽木　接纳　奶奶　头脑　困难　万能

西宁　温暖　妇女　女奴　母亲　明媚　毛笔　能源

第三，减少鼻音色彩。鼻腔共鸣过多形成习惯性鼻音的人可用这一练习来改善音色。首先应确定鼻音是否过多。有鼻音习惯的发音常常将韵母的元音部分完全鼻化。可用手捏住鼻子，用下列音来检查是否过度使用鼻腔共鸣。如果鼻腔从元音开始就振动，表明鼻腔共鸣使用过度，应减少元音的鼻化程度。

渊源　yuān yuán　　黄昏　huáng hūn　　间断　jiàn duàn
湘江　xiāng jiāng　　光芒　guāng máng　　中堂　zhōng táng
中央　zhōng yāng　　厢房　xiāng fáng　　窗框　chuāng kuàng

三、吐字归音训练

"吐字归音"是我国传统说唱艺术中特有的一种发声技巧，也是对艺术口语清晰、优美的要求之一。它指的是一个音节（字音），要求在开始时准确而有力地发出，然后在结束时清晰而利落地完成，即所谓的"咬紧字头，归全字尾"。通过"吐字归音"的训练，可以使字音变得清晰、准确、完整，富有力量，能够远距离传达，从而更好地用声音生动地表现作品的内容和人物的思想感情。

传统说唱艺术中，对于音节（字音）结构的分析与一般语音学有所不同。它将一个字分为三个部分，分别是字头、字腹和字尾：①字头包括声母和韵头（介音）；②字腹即韵腹，主要是元音部分；③字尾即韵尾。在"吐字归音"的过程中，对于字头、字腹和字尾的处理分别称为"出字""立字"和"归音"。

练习"吐字归音"有助于感受和实现发声器官对音节各部分的精确控制。具体要求包括：①字头部位应准确，弹动轻快；②字腹部分应拉开并立起，呈现出圆润饱满的音质；③字尾应干净利索，趋向鲜明。这些技巧和训练有助于提高声音的清晰度，增强其表现力，使口语表达更加生动和精确。

（一）出字

出字是对字头的处理。字头是一字之头，它的发音对于整个字音的清晰、响亮起着关键作用。出字，要求发音部位准确，弹发有力。

声母的发音必须找准成阻部位，力量集中在成阻部位的中部，不要满口用力；持阻阶段蓄气要足，阻气要有力；除阻阶段干净轻捷，富有弹性。由于韵头对声母的影响，声母在发音时还要注意唇形合适，该圆则圆，该扁则扁。

口部操训练以唇舌练习为主，常做口部操可以有效地加强唇、舌部肌肉的力量，提高唇舌的灵活度。

（1）唇的练习。

a. 喷——双唇紧闭，阻住气流，突然放开，则发出 p 音。

b. 咧——先把双唇闭紧撅起，然后将嘴角用力向两边伸展，反复进行。

c. 撇——先把双唇闭紧撅起，然后向左歪，向右歪，交替进行。

d. 绕——先把双唇闭紧撅起，然后向左转360度，再向右转360度，交替进行。

（2）舌的练习。

a. 刮——舌尖抵下齿背。舌体用力，用上门齿齿沿从舌尖刮到舌面，反复进行。

b. 弹——先将力量集中于舌尖，抵住上齿龈，阻住气流，然后突然打开，爆发出d、t音，反复进行。

c. 咬——先咧唇，舌体后缩，舌根抬起至软硬腭交界处，阻住气流，然后突然打开，则发出g、k音，反复进行。

d. 顶——闭唇，用舌尖顶左、右内颊，交替进行。

e. 绕——闭唇，把舌尖伸到齿前唇后，沿顺时针方向环绕360度，再沿逆时针方向环绕360度，交替进行。

f. 立——先把舌自然平放在下齿槽中，然后向左、右翻立，交替进行。

（二）立字

立字是对字腹的处理。字腹是音节中最响亮的成分，也是字音的中心，对它的处理将直接影响字音的响亮度和清晰度。立字要求拉开立起，响亮实在。

在字头弹出之后，口腔随着字腹到来要拉开，其开口度比同一字音里的其他因素要大，感觉字音随上颚的提起而"立"了起来。同时，字腹发音的时值也最长，占整个音节时值的一半左右。只有做到了拉开立起，才能保证字腹响亮实在，整个字音颗粒饱满。

为了把字腹发得响亮实在，还可以注意以下几个方面：

（1）窄元音宽发。例如，i、u、ü这三个元音本来开口度较小，当它们充当韵腹时，口腔开度可适当大一些。

（2）圆唇元音不必太圆。例如，u、ü这两个元音充当韵腹时，唇形不宜太圆，更不要有意识地向前撮敛，只要将两唇角收拢即可。

（3）省写的元音发音不省。例如，iou（iu）、uei（ui）、uen（un）在与声母拼写时，中间的字母o、e要省写，但是发音时却不能省。并且，还要注意有一定的开度。

iou（iu）和uei（ui）两个韵母常受声调的影响，使音质发生细微的变化。

iou（iu）自成音节或与声母相拼时，遇到阴平、阳平，中间的元音接近消失；遇到上声、去声，中间的元音就很明显。例如，优—秋，油—牛，有—柳，又—袖。

uei（ui）自成音节或与 g、k、h 相拼时，遇到阴平、阳平，当中的元音减弱；遇到上声、去声，中间的元音就很明显。与 d、t、n、l、z、c、s、zh、ch、sh、r 相拼时，遇到阴平、阳平，当中的元音消失；遇到上声、去声，中间的元音减弱。例如，威—围，伟—卫，规—葵，鬼—会，虽—锤，腿—最。

uen（un）这个韵母常受声调影响，读音发生细微的变化，变化的规律和复韵母 uei（ui）相同。例如，温—文，稳—问，尊—轮，损—寸，昏—浑，滚—困。

【音节练习】

起动	解除	益处	嫡传	急促	积存
极度	碧空	金库	平炉	例外	细微
新闻	比武	异物	基准	衣着	批准
机遇	定局	检举	编剧	基于	交卷
戏曲	气虚	音序	竞选	讲学	心血

（三）归音

归音是对字尾的处理，指发音时要收准字尾，也就是要念好韵尾。字尾收得恰当与否，对于字音是否完整清楚起着重要作用。归音要求到位恰当、干净利索。

"到位"，是指尾音要归到应有的位置，不能只吐"半截字"，字尾不收音。普通话中的韵尾共有四种——i、o（u）、n、ng，元音韵尾应分别归到 i 或 u，辅音韵尾应分别归到 n 和 ng。韵尾的发音不能像这几个音单发时舌位那样高、那样紧，口腔闭合那样完全，而是要求舌的趋向鲜明，口腔逐渐闭合。另外，归音还要干净利索，不可拖泥带水，尾音不能拖得太长。

归音到位主要有四种不同的情况（四种方式）：

（1）展唇。凡 i 收尾的字，如 ai、ei、uai、uei（ui）韵母的字归音时应微展唇角，唇形扁平，收好 i 音。例如：

假日里我们多么愉快，朋友们一起来到郊外。天上飘下毛毛细雨，淋湿了我的头发，滋润着大地的胸怀。

（2）聚唇。凡 o(u) 收尾的字，如 ao、iao、ou、iou（iu）韵母的字归音时，应聚拢双唇，收好 o(u) 音。例如：

茅屋为秋风所破歌
唐·杜甫

八月秋高风怒号，卷我屋上三重茅。

茅飞渡江洒江郊，高者挂罥长林梢，下者飘转沉塘坳。

南村群童欺我老无力，忍能对面为盗贼。

公然抱茅入竹去，唇焦口燥呼不得，归来倚杖自叹息。

俄顷风定云墨色，秋天漠漠向昏黑。

布衾多年冷似铁，娇儿恶卧踏里裂。

床头屋漏无干处，雨脚如麻未断绝。

自经丧乱少睡眠，长夜沾湿何由彻！

安得广厦千万间，大庇天下寒士俱欢颜，风雨不动安如山。

呜呼！何时眼前突兀见此屋，吾庐独破受冻死亦足！

（3）抵舌。凡收前鼻音 n 的音节，字尾收音时要有明显的抵舌动作，舌尖稍稍回抵上牙床的位置。

七律·长征
毛泽东

红军不怕远征难，万水千山只等闲。

五岭逶迤腾细浪，乌蒙磅礴走泥丸。

金沙水拍云崖暖，大渡桥横铁索寒。

更喜岷山千里雪，三军过后尽开颜。

（4）穿鼻。凡收后鼻音 ng 的音节，收音时，气息要灌满鼻腔，穿鼻而出收 ng 音，舌根和小舌要有接感。

出　塞
唐·王昌龄

秦时明月汉时关，万里长征人未还。

但使龙城飞将在，不教胡马度阴山。

【音节练习】

把戏	板栗	宝贝	保密	仓库	草地	抄袭	达因
打击	刚毅	傻气	康熙	来去	劳力	马蹄	毛衣
渔霸	巨大	毒打	激发	立方	库房	寄放	里拉
蓖麻	出门	礼堂	碧桃	复杂	起赃	臆造	图章

难过	鼻孔	嗜好	刺客	理科	碧空	敌寇	司库
实况	余额	帝王	以往	失望	义务	比武	礼物
梗死	宫女	共事	谷雨	过眼	船次	毫厘	合理
横笛	红利	厚意	蝴蝶	抗体	考妣	可以	乌鱼

字头、字腹和字尾构成了字音的不可分割的三个组成部分，它们共同影响着整个字音的清晰度和响亮度。在训练过程中，口语表达主体必须将这三个部分有机地联系起来，形成一个连贯的整体，即从字头滑向字腹，再滑至字尾，就像形成了一个完整的"枣核儿"。通过这种滑动感和整体感，才能够真正地实现出字有力、归音得当、全字清晰、圆润动听的效果。

四、说话用声及嗓音的保护

滥用嗓音是日常发声和口语表达训练的大忌。在日常生活中，有些人无节制地用嗓，高兴时唱个不停、说个没完，生起气来争吵不休、大喊大叫，这很容易造成对发声器官的损害。特别是在睡眠不足的情况下，滥用嗓音就会出现生理上的不良反应，如不同程度的声音沙哑，失声，运动过渡性黏膜充血、水肿，黏膜下出血，发声功能失调性声门闭合不良等。这种损伤如得不到及时的治疗，可造成声带肥厚和声带息肉等病变，在发声时带有明显的杂音。另外，某些刺激性食物对声带黏膜伤害较大，会使嗓子发干、微血管充血、声带肥厚。在男性变声期和女性月经期间，还要加强营养，注意保暖和咽喉卫生，不吃刺激性食物，节制用嗓，以利于嗓音的保护。

初学者练声宜用中等音量，多练自然声区（中声区），待自然声区相对稳定后再逐步扩展音域。练习可分多次，每次控制在15～20分钟。练习时要保持精神振奋，注意力集中，以呼吸支持发声，以后可视具体情况逐步延长练习时间。练习时还要注意倾听、分辨自己发声的正误，随时调整各个器官的协调运动，使它们始终处于正常状态。练习前后，不宜吃过冷过热的食物，特别是练习或剧烈运动后，喉部血管扩张，血液循环旺盛，称为"热嗓子"，如在此时喝冷饮，喉部突然受到冷的刺激，血管骤然收缩阻碍血流，会引起咽喉肌肉的伸缩失调，导致声嘶或失声。如嗓音出现异常，应及时就医。

嗓音的保护与人的身心健康、生活规律、饮食习惯和体力锻炼等有着密切的关系。我国著名京剧表演艺术家梅兰芳先生在个人的嗓音的保护上有一套完善的方法。

他曾精练地将其概括成以下几点："精神畅快，心气平和。饮食有节，寒暖当心。起居以时，劳逸均匀。练嗓保嗓，都贵有恒。由低升高，量力而行。五音饱满，唱出剧情。"由此可见，良好的生活习惯对嗓音保健有着重要作用。在日常生活中，睡眠不足会导致血液中的酸性物质增多，引起喉肌疲劳。除了生活要有规律和保证必需的睡眠时间外，个人要根据年龄、性别、体质的差异，积极参加适当的体育运动和劳动锻炼，增强抗寒抗病能力，预防呼吸道疾病，保持身体健康。同时，体育锻炼能帮助增大肺活量，增加肌肉的弹性，有利于发声时的气息控制。

在保持身体健康的同时，要注意心理的健康。情绪变化是人心理状态的反映。如果一个人情绪稳定，心情愉快，说明中枢神经系统处于相对平衡的状态，意味着机体内各脏腑之间是协调的。整个身心处于积极向上的状态，这可以提高工作效率，增强抗病能力，使人健康长寿。反之，如果一个人情绪波动巨大，过度焦虑、生气，可引起头痛、失眠、记忆力减退等。这对嗓音的影响也是很大的。中医学常说的"暴怒失音，恸泣失声"正是最好的证明。为此，我们要加强自身的修养，正视现实、克服困难、豁达大度、保持愉快的情绪，以利于身心的健康。

在此，介绍几种常用的嗓音保健方法。

第一，喉部按摩。用拇指和食指按住喉结两旁上下移动。指压力量以感觉舒适为宜，不可用力过大，每次2～3分钟。

第二，热敷。把毛巾用热水浸透后拧干敷在颈部（温度以体感不烫为宜），反复数次。热敷可以增进喉部血液循环，消除疲劳，减少咽干、喉痛，以及练唱后喉部的不适等。

第三，吹唇练习。双唇闭合后，用微弱而均匀的气流吹动闭合的双唇，使之弹动发出清晰的嘟噜声，也称为弹嘴皮练习。

第四，哼鸣练习。牙关松开，双唇轻闭，喉肌放松，用微弱而均匀的气流发出单纯的哼音。

第五，气泡音（也称水泡音）练习。头部端正，双眼平视，张嘴松开牙关，将少量微弱均匀的气息平稳地从松弛的声带吹出，发出连贯的气泡音。

以上5种练习方法对于保持声带振动的平衡、发声器官与呼吸器官的协调，增加声带的肌肉力量有一定的作用，还可以锻炼均匀呼气的能力。这些练习对于声带闭合不良或闭合过强等病变，均有一定的预防和治疗作用。

综上所述，在播音发声训练中要注意以下几点：

（1）掌握发声技巧，注意量力而行、循序渐进，逐渐增加训练量。

（2）排除心理障碍，注意精力集中、抛弃一切杂念，专心致志投入发声训练。

（3）放松发音器官，注意正确姿势，保证声道畅通、音往外送（切忌仰头、低头、左右歪头、下巴前伸等动作，造成"压喉、挤喉、抻喉、噎喉"影响喉肌和声带的正常运动）。

（4）培养良好的生活习惯，注意锻炼身体、保证充足睡眠。

（5）养成良好的饮食习惯，切忌暴饮暴食或过度食用过热、过冷、过于刺激的食品和饮料。例如，抽烟，喝酒，吃辣椒、大葱、大蒜、芥末以及油饼、油条、大肥肉等，都会使声带黏膜干燥、充血、肥厚、粗糙、干涩、生痰、发黏、混浊，嗓子拉不开栓、不利索、不脆亮；在夏天，用声后马上喝冷饮，图一时痛快也会损坏声带。

（6）男性勿抽烟、饮烈性酒；女性在经期停止练声，注意休息（女性月经期间声带易疲劳、充血、水肿，抵抗力较差。因此，最好停止大量用声，以免引起咽炎、喉炎等，使咽喉发生病变）。

（7）练声之前（尤其晨练前）应注意活动身体，在大脑处于清醒状态、各发音器官协调运动时方可进行练声。否则，便会损伤发音器官。

第三节　朗读——口语表达中的艺术美

在语言艺术中，朗读体现为一种通过语音技巧，以清晰明了的发声方式，将文学作品中的思想与情感完美传达的艺术表现形式。朗读不仅对个体性情有一定陶冶作用，还有助于提高个体艺术品位。此外，朗读也被视为提高口语表达能力的重要途径之一。通过朗读，个体可以培养对语言细微差别的敏感，并恰如其分地运用各种语音技巧，以达到在口语表达方面引发听者共鸣的水准。

一、朗读的特征及要求

朗读是一种将书面语言转化为口头表达的有声语言艺术，其特质包括音声性、再创造性和艺术性。通过语音技巧的运用和艺术的实践，朗读者能够为文本赋予声音，并以更深刻的方式传达文本的内涵。

（一）朗读的基本特征

◎ 1. 音声性

朗读是有声语言的表现形式。它以声音为媒介，来传达文本的思想和情感，使文字得以听觉化。

◎ 2. 再创造性

在朗读过程中，朗读者需运用各种语音技巧，将书面文本重新创造成有声表达。朗读者在此过程中扮演创作者的角色，通过主观的表现力有效地传递文本的内涵。

◎ 3. 艺术性

朗读被视为一门综合艺术，其重点在于体现语音美。它既可独立成为一种艺术形式，也可渗透于其他领域，如演讲、辩论、主持、戏剧表演等。

（二）朗读训练的注意事项

在朗读训练中，需要注意以下几点：

第一，区分朗读与念读。在朗读过程中，必须明确区分朗读与念读，朗读要求具有清晰的发音、准确的语调和丰富的情感。

第二，深刻理解作品内涵。朗读的前提是对作品内容进行深刻理解和把握，只有在此基础上，才能更好地传达作品的思想和情感。

第三，追求美感。朗读不仅仅是文字的机械转述，还要追求艺术美。朗读者通过巧妙运用各种语音技巧，实现声音的优美和表达的艺术性。

综上所述，朗读需要具备口齿清晰、准确表达、深刻理解、追求美感等要素。这些要素有助于将书面文字转化为生动有趣的口头表达，并更好地传达作品的内涵和情感。

二、朗读的基本技巧

（一）停与连

停，指停顿；连，指连接。有停顿、有连接才能更好地传情达意。在口语表达实践中，语言的部分之间、层次之间、段落之间、语句之间、词组之间，总有休止、中断的地方，时间有长有短，都属于停顿的范围。有些不休止、不中断的地方，特别是文字稿件中有标点符号而不休止、不中断的地方，就是连接。停顿和连接都是有声语言显示语意、抒发感情的方法。

停与连，在口语表达中常常是同时存在的，既是生理需要，也是心理需要。

从生理上说，一口气说完一个话题不行，一口气朗读完一篇稿件也是不可能的。中间要换气，要调节声音，要休息声带、唇舌，没有停顿不成。同时，也没有必要一字一顿地说话，一句一停地朗读，有声语言的表达没有连接也不成。

　　从心理上说，停与连应该是积极的、主动的，以自如地服从思想感情运动的需要。思想感情的运动需要在哪里停顿，有声语言运动就要在哪里停顿，需要停顿多少时间就要停顿多少时间，需要在哪里连接就要在哪里连接。这样才能发挥有声语言运用以停、连表达思想感情的组织、区分、转折、呼应、回味、想象等作用，达到吸引人、感染人的目的。在停、连的运用上，生理需要必须服从心理需要，不可因停害意、因停断情。

停顿是思想感情运动状态的继续和延伸，而不是思想感情的终止、中断和空白。恰到好处的停顿，应该起到"此时无声胜有声"的作用。

为此，我们要解决停与连的位置、时间和前后衔接等问题。

文字稿件的标点符号可以帮助我们了解停顿的位置和时间，因为语言不管其形态是文字还是语音，都有语流的序列，这些序列中不同的疏密关系也有其确定性。停顿和连接才是有声语言的"标点符号"，对于这一点，必须引起足够的重视。

口语表达实践中运用停顿，是把停顿作为整体表达的一个方法，而不是孤立地、静止地、局部地进行各种关系的解剖。

（二）重音

重音在口语表达中具有重要作用，它是为了准确传达语意和情感而在词汇和短语中强调的部分。重音不仅仅是声音强度的增加，还可以通过多种方式来突出特定词汇或短语，包括重读、延长音节等。

在由多个词汇和短语构成的句子中，这些词汇和短语的地位不是平等的。有些词汇或短语在表达语意和情感时显得更加重要，而其他词汇或短语的作用则相对次要。因此，重音实际上反映了句子中词汇和短语的主次关系，需将一些部分标记为重音，而将其他部分标记为非重音。此外，重音还可以分为主要重音和次要重音，非重音也有不同程度的重要性，因此需要正确处理重音与非重音、主要重音与次要重音之间的关系，以确保语言表达的准确和有力。重音还可以分为语法重音、逻辑重音和心理重音。

◎ **1. 语法重音**

反映语句语法关系的重音，就叫语法重音。一般地，需要重读的有语句中的谓语、宾语、定语、状语、补语、部分代词等，这类重音在朗读时不必过分强调，只要比其他音节读得重些就可以了。

◎ **2. 逻辑重音**

反映语意需要的重音，叫逻辑重音。逻辑重音没有固定的位置，语句中的每一个词语出于需要，都可以处理成逻辑重音。例如：

问："谁会画鸟？"回答："他会画鸟。"

问："他会不会画鸟？"回答："他会画鸟。"

问："他会画什么？"回答："他会画鸟。"

问："他会养鸟？"回答："不，他会画鸟。"

逻辑重音要放到特定的语言环境中加以考察，认真推敲，才能确定。它同语法重音有时是一致的，有时则是不一致的。当逻辑重音和语法重音不一致时，后者必须服从前者。

◎ 3. 心理重音

根据受众情感接受的心理需要而确定的重音，叫心理重音。心理重音一般为：

（1）首次提到的人或事。

（2）重提以引起注意的词语。

（3）强调某种判断或性质。例如，"我是中国人，我有一颗中国心。"

（4）语句中的比喻词、比拟词、拟声词、摹状词。

（5）语句中的对比词、排比词。例如，"它既不需要谁来施肥，也不需要谁来灌溉。狂风吹不倒它，洪水淹不没它，严寒冻不死它，干旱旱不坏它。它只是一味地无忧无虑地生长。"（陶铸《松树的风格》）

（6）问答性呼应、领属性呼应、过程性呼应重读。例如，"用什么来表达自己的心意呢？战士们又有什么呢，他们只有一双结着硬茧的手，一颗赤诚的心。"（魏巍《依依惜别的深情》）

处理重音时注意：

（1）重音切忌过多，一是因为显示不了孰轻孰重，二是会造成朗诵者与听者的疲劳。

（2）找准重音的位置。重音的位置不当，会使语意模糊，目的不清，干扰思想感情的脉络，甚至会歪曲原意，造成听者的误会。

（3）恰当选择重音运用方法。重音运用的方法有高低强弱法、快慢停连法等。高低强弱法即为了强调某个重音，而把次重音和非重音相对放低或减弱；快慢停连法中的"快"是指把次重音或非重音快速带过去，而"慢"是用"放缓速度或延长音节"来处理重音。在强调重音时还可以在重音的前后运用"停顿"这一表达方法，也可以运用"连接"。

（三）语调

语调是指为适应思想感情表达的需要，说话或朗读时，使声音存在高低升降的状态。语调是有声语言所特有的，它是句子的语音标志，任何句子都带有一定的语调。

语调是声音的色彩。借助语调，有声语言才有极强的表现力。

例如，"我"字，语调不同，表情达意就不同。

（1）谁的书？——我。（语调平稳，句尾稍抑）

（2）小王，你的电话！——我？（语调渐升，句尾稍扬）

（3）谁负得了这个责任？——我！（语调降得既快又低）

（4）你来朗诵！——我？！（语调曲折）

语调是千变万化的，但它的基本类型只有四种。

第一，平直调。语调平直舒缓，一般用于叙述、说明。

第二，高升调。语调由低逐渐升高，句尾语势上升，常用于表示疑问、反问、设问、呼唤、号召。

第三，降抑调。语调由高逐渐降低，句尾语势下降，常用来表示肯定、祈使、允许和感叹的语气。

第四，曲折调。语调曲折变化，或先降后升，或先升后降，常用来表示夸张、强调、反语、讽刺、怀疑等较为特殊的语气。

关于语调，需要注意以下几点：首先，语调在朗读中是一个广泛而复杂的问题，上述四种基本类型只是一个大致的分类，或者可以看作对语调的基本情况的概括。这些分类只是为了提供一个框架，不能简化为一些固定的公式，因为语调的变化非常丰富。其次，不应将上述语调类型与书面语中的陈述句、祈使句、疑问句、感叹句等句子类型完全等同起来。口语中的语调变化远比书面语中的句子类型复杂多样。再次，朗读中的语调表现与许多语言表达的外在的因素密切相关，如语速、音量、音调高低、音节长度、音强度、语音的虚实等都会影响语调的表现。因此，语调是一个综合性的要素，需要考虑多个因素的相互作用。

（四）语速和节奏

语速是口语表达时的快慢变化，即说话或朗读时每个音节的长短及音节之间连接的紧松。

语速是由所要表达的内容和感情决定的，一般说来，涉及热烈、欢快、兴奋、紧张的内容语速快一些；涉及平静、庄重、悲伤、沉重、追忆的内容语速慢一些。而一般的叙述、说明、议论则用中速。另外，语速还与人的年龄、职业和性格有关。

节奏是指说话或朗读时由思想感情的起伏所造成的抑扬顿挫、轻重缓急的声音形式。节奏并不完全等于速度，但速度是构成节奏的主要内容。

节奏的类型，一般是以声音的强弱、起伏、快慢等方面的变化来划分的。

第一类，轻快型。多扬少抑，声轻不着力，语速较快，轻巧明丽，有一定的跳跃感，如朱自清的散文《春》就可用轻快的节奏朗读。

第二类，凝重型。多抑少扬，多重少轻，语音沉着有力，语速偏慢。鲁迅的《记念刘和珍君》就适用于凝重型节奏。

第三类，低沉型。声音缓慢沉重，语速较缓。史铁生的散文《秋天的怀念》就适用于低沉的节奏。

第四类，高亢型。声音明亮高昂，语速偏快，语势上扬。高尔基的散文《海燕》就适用于此类节奏。

第五类，舒缓型。声音轻松明朗，语势轻柔舒展，语速徐缓。老舍的散文《济南的冬天》就适用于此类节奏。

第六类，紧张型。声音多扬少抑，多重少轻，语速快，语言密度大。闻一多的《最后一次的讲演》就适用于此类节奏。

【诗歌朗读练习】

卖炭翁
唐·白居易

卖炭翁，伐薪烧炭南山中。满面尘灰烟火色，两鬓苍苍十指黑。卖炭得钱何所营？身上衣裳口中食。可怜身上衣正单，心忧炭贱愿天寒。夜来城外一尺雪，晓驾炭车辗冰辙。牛困人饥日已高，市南门外泥中歇。翩翩两骑来是谁？黄衣使者白衫儿。手把文书口称敕，回车叱牛牵向北。一车炭，千余斤，宫使驱将惜不得。半匹红纱一丈绫，系向牛头充炭直。

兵车行
唐·杜甫

车辚辚，马萧萧，行人弓箭各在腰。耶娘妻子走相送，尘埃不见咸阳桥。牵衣顿足拦道哭，哭声直上干云霄。道旁过者问行人，行人但云点行频。或从十五北防河，便至四十西营田。去时里正与裹头，归来头白还戍边。边庭流血成海水，武皇开边意未已。君不闻汉家山东二百州，千村万落生荆杞。纵有健妇把锄犁，禾生陇亩无东西。况复秦兵耐苦战，被驱不异犬与鸡。长者虽有问，役夫敢申恨？且如今年冬，未休关西卒。县官急索租，租税从何出？信知生男恶，反是生女好。生女犹得嫁比邻，生男埋没随百草。君不见，青海头，古来白骨无人收。新鬼烦冤旧鬼哭，天阴雨湿声啾啾。

囚歌
叶挺

为人进出的门紧锁着，为狗爬出的洞敞开着，一个声音高叫着：——爬出来吧，给你自由！我渴望自由，但我深深地知道——人的身躯怎能从狗洞子里爬出！我希望有一天，地下的烈火，将我连这活棺材一齐烧掉，我应该在烈火与热血中得到永生！

岳阳楼记
宋·范仲淹

庆历四年春,滕子京谪守巴陵郡。越明年,政通人和,百废具兴,乃重修岳阳楼,增其旧制,刻唐贤今人诗赋于其上,属予作文以记之。

予观夫巴陵胜状,在洞庭一湖。衔远山,吞长江,浩浩汤汤,横无际涯,朝晖夕阴,气象万千,此则岳阳楼之大观也,前人之述备矣。然则北通巫峡,南极潇湘,迁客骚人,多会于此,览物之情,得无异乎?

若夫淫雨霏霏,连月不开,阴风怒号,浊浪排空,日星隐曜,山岳潜形,商旅不行,樯倾楫摧,薄暮冥冥,虎啸猿啼。登斯楼也,则有去国怀乡,忧谗畏讥,满目萧然,感极而悲者矣。

至若春和景明,波澜不惊,上下天光,一碧万顷,沙鸥翔集,锦鳞游泳,岸芷汀兰,郁郁青青。而或长烟一空,皓月千里,浮光跃金,静影沉璧,渔歌互答,此乐何极!登斯楼也,则有心旷神怡,宠辱偕忘,把酒临风,其喜洋洋者矣。

嗟夫!予尝求古仁人之心,或异二者之为,何哉?不以物喜,不以己悲,居庙堂之高则忧其民,处江湖之远则忧其君。是进亦忧,退亦忧。然则何时而乐耶?其必曰"先天下之忧而忧,后天下之乐而乐"乎!噫!微斯人,吾谁与归?时六年九月十五日。

琵琶行
唐·白居易

元和十年,予左迁九江郡司马。明年秋,送客湓浦口,闻舟中夜弹琵琶者。听其音,铮铮然有京都声。问其人,本长安倡女,尝学琵琶于穆、曹二善才。年长色衰,委身为贾人妇。遂命酒,使快弹数曲。曲罢悯然,自叙少小时欢乐事,今漂沦憔悴,转徙于江湖间。予出官二年,恬然自安,感斯人言,是夕始觉有迁谪意。因为长句,歌以赠之,凡六百一十六言,命曰《琵琶行》。

浔阳江头夜送客,枫叶荻花秋瑟瑟。主人下马客在船,举酒欲饮无管弦。醉不成欢惨将别,别时茫茫江浸月。忽闻水上琵琶声,主人忘归客不发。

寻声暗问弹者谁,琵琶声停欲语迟。移船相近邀相见,添酒回灯重开宴。千呼万唤始出来,犹抱琵琶半遮面。转轴拨弦三两声,未成曲调先有情。弦弦掩抑声声思,似诉平生不得志。低眉信手续续弹,说尽心中无限事。轻拢慢捻抹复挑,初为《霓裳》后《六幺》。大弦嘈嘈如急雨,小弦切切如私语。嘈嘈切切错杂弹,大珠小珠落玉盘。间关莺语花底滑,幽咽泉流冰下难。冰泉冷涩弦凝绝,凝绝不通声暂歇。别有幽愁暗恨生，此时无声胜有声。银瓶乍破水浆迸，铁骑突出刀枪鸣。曲终收拨当心画，四弦一声如裂帛。东船西舫悄无言，唯见江心秋月白。

沉吟放拨插弦中，整顿衣裳起敛容。自言本是京城女，家在虾蟆陵下住。十三学得琵琶成，名属教坊第一部。曲罢曾教善才服，妆成每被秋娘妒。五陵年少争缠头，一曲红绡不知数。钿头银篦击节碎，血色罗裙翻酒污。今年欢笑复明年，秋月春风等闲度。弟走从军阿姨死，暮去朝来颜色故。门前冷落鞍马稀，老大嫁作商人妇。商人重利轻别离，前月浮梁买茶去。去来江口守空船，绕船月明江水寒。夜深忽梦少年事，梦啼妆泪红阑干。

我闻琵琶已叹息，又闻此语重唧唧。同是天涯沦落人，相逢何必曾相识！我从去年辞帝京，谪居卧病浔阳城。浔阳地僻无音乐，终岁不闻丝竹声。住近湓江地低湿，黄芦苦竹绕宅生。其间旦暮闻何物？杜鹃啼血猿哀鸣。春江花朝秋月夜，往往取酒还独倾。岂无山歌与村笛，呕哑嘲哳难为听。今夜闻君琵琶语，如听仙乐耳暂明。莫辞更坐弹一曲，为君翻作《琵琶行》。

感我此言良久立，却坐促弦弦转急。凄凄不似向前声，满座重闻皆掩泣。座中泣下谁最多？江州司马青衫湿。

周总理，你在哪里

柯 岩

周总理，我们的好总理，你在哪里呵，你在哪里？
你可知道，我们想念你，——你的人民想念你！

我们对着高山喊：周总理——
山谷回音："他刚离去，他刚离去，
革命征途千万里，他步步紧跟毛主席！"

我们对着大地喊：周总理——
大地轰鸣："他刚离去，他刚离去，
你不见那沉甸甸的谷穗上，还闪着他辛勤的汗滴……"

我们对着森林喊：周总理——
松涛阵阵："他刚离去，他刚离去，
宿营地上篝火红呵，伐木工人正在回忆他亲切的笑语。"

我们对着大海喊：周总理——
海防战士回答："他刚离去，他刚离去，
你不见我身上他亲手披上的大衣……"

我们找遍整个世界，呵，总理，
你在革命需要的每一个地方，
辽阔大地，到处是你深深的足迹。

我们回到祖国的心脏，
我们在天安门前深情地呼唤：周——总——理——
广场回音："呵，轻些呀，轻些，
他正在中南海会见外宾，他正在政治局出席会议……"

总理呵，我们的好总理！你就在这里呵，就在这里！
——在这里，在这里，在这里……
你永远和我们在一起。——在一起，在一起，在一起……
你永远居住在太阳升起的地方，你永远居住在人民心里，
你的人民世世代代想念你！想念你呵，想念你，
——想——念——你……

春天，遂想起

余光中

春天，遂想起
江南，唐诗里的江南，九岁时
采桑叶于其中，捉蜻蜓于其中
（可以从基隆港回去的）
江南
小杜的江南
苏小小的江南
遂想起多莲的湖，多菱的湖
多螃蟹的湖，多湖的江南

吴王和越王的小战场
（那场战争是够美的）
逃了西施
失踪了范蠡
失踪在酒旗招展的
（从松山飞三小时就到的）
乾隆皇帝的江南

春天，遂想起遍地垂柳
的江南，想起
太湖滨一渔港，想起
那么多的表妹，走在柳堤
（我只能娶其中的一朵！）
走过柳堤，那许多的表妹
就那么任伊老了
任伊老了，在江南
（喷射云三小时的江南）
即使见面，她们也不会陪我
陪我去采莲，陪我去采菱
即使见面，见面在江南
在杏花春雨的江南
在江南的杏花村
（借问酒家何处）
何处有我的母亲
复活节，不复活的是我的母亲
一个江南小女孩变成的母亲
清明节，母亲在喊我，在圆通寺
喊我，在海峡这边
喊我，在海峡那边
喊，在江南，在江南
多寺的江南，多亭的
江南，多风筝的

江南啊，钟声里的
　　江南
（站在基隆港，想——
　想回也回不去的）
多燕子的江南

【散文朗读练习】

绿

朱自清

我第二次到仙岩的时候，我惊诧于梅雨潭的绿了。

梅雨潭是一个瀑布潭。仙岩有三个瀑布，梅雨瀑最低。走到山边，便听见哗哗哗哗的声音；抬起头，镶在两条湿湿的黑边儿里的，一带白而发亮的水便呈现于眼前了。我们先到梅雨亭。梅雨亭正对着那条瀑布；坐在亭边，不必仰头，便可见它的全体了。亭下深深的便是梅雨潭。这个亭踞在突出的一角的岩石上，上下都空空儿的；仿佛一苍鹰展着翼翅浮在天宇中一般。三面都是山，像半个环儿拥着；人如在井底了。这是一个秋季的薄阴的天气。微微的云在我们顶上流着；岩面与草丛都从润湿中透出几分油油的绿意。而瀑布也似乎分外的响了。那瀑布从上面冲下，仿佛已被扯成大小的几绺；不复是一幅整齐而平滑的布。岩上有许多棱角；瀑流经过时，作急剧的撞击，便飞花碎玉般乱溅着了。那溅着的水花，晶莹而多芒；远望去，像一朵朵小小的白梅，微雨似的纷纷落着。据说，这就是梅雨潭之所以得名了。但我觉得像杨花，格外确切些。轻风起来时，点点随风飘散，那更是杨花了。——这时偶然有几点送入我们温暖的怀里，便倏地钻了进去，再也寻它不着。

梅雨潭闪闪的绿色招引着我们；我们开始追捉她那离合的神光了。揪着草，攀着乱石，小心探身下去，又鞠躬过了一个石穹门，便到了汪汪一碧的潭边了。瀑布在襟袖之间；但我的心中已没有瀑布了。我的心随潭水的绿而摇荡。那醉人的绿呀！仿佛一张极大极大的荷叶铺着，满是奇异的绿呀。我想张开两臂抱住她；但这是怎样一个妄想呀。——站在水边，望到那面，居然觉着有些远呢！这平铺，厚积着的绿，着实可爱。她松松地皱缬着，像少妇拖着的裙幅；她轻轻地摆弄着，像跳动的初恋的处女的心；她滑滑地明亮着，像涂了"明油"一般，有鸡蛋清那样软，那样嫩，令人想着所曾触过的最嫩的皮肤；她又不杂些儿尘滓，宛然一块温润的碧玉，只清清的一色——但你却看不透她！我曾见过北京什刹海拂地的绿杨，脱不了鹅黄的底子，似乎太淡了。我又曾见过杭州虎跑寺近旁高峻而深密的"绿壁"，重叠着无穷的碧草与绿叶的，那又似乎太浓了。其余呢，西湖的波太明了，秦淮河的又太暗了。可爱的，我将什么来比拟你呢？我怎么比拟得出呢？大约潭是很深的，故能蕴蓄着这样奇异的绿；仿佛蔚蓝的天融了一块在里面似的，这才这般的鲜润呀。——那醉人的绿呀！我若能裁你以为带，我将赠给那轻盈的舞女；她必能临风飘举了。我若能挹你以为眼，我将赠给那善歌的盲妹；她必明眸善睐了。我舍不得你；我怎舍得你呢？我用手拍着你，抚摩着你，如同一个十二三岁的姑娘。我又掬你入口，便是吻着她了。我送你一个名字，我从此叫你"女儿绿"，好么？

　　我第二次到仙岩的时候，我不禁惊诧于梅雨潭的绿了。

第五章

口语表达的心理与思维

SPOKEN LANGUAGE

口语表达与个体的心理状态存在密切的关联。说话者要具备良好的心理素质，必须在口语表达中能够自我控制，并培养出健康的心理特质。由于生理条件、生活环境和经历的多样性，人们在心理自我控制能力方面存在差异。这些差异，一部分是天生的，如遗传和生理方面的因素，而另一部分则是后天形成的，受到生活环境和经历的影响。因此，个体的心理自我控制能力是可以通过后天的有意识、有针对性的训练来强化的。

　　从口语表达的角度来看，个体对自身心理状态的控制主要体现在以下三个方面：首先，个体需要克服口语表达中的"恐惧症"，即对说话过程中的紧张和不安全感的克服。其次，个体需要保持稳定的情绪状态，以确保在口语表达中情感的平稳表达。最后，个体需要控制表达的欲望，不要急于求成，而要在深思熟虑后表达。这些方面的训练有助于个体培养出更强的口语表达和心理自我控制能力。

第一节 克服说话"恐惧症"

在现代社交互动中,口语表达是一项至关重要的技能。然而,许多人却面临着一个挑战——说话"恐惧症"。这种社交焦虑现象常常使人感到紧张、担忧,甚至阻碍他们与别人的有效沟通。说话"恐惧症"不仅在公众演讲、面试或社交场合中出现,甚至在日常对话中也可能显现出来。这一现象不仅限制了个人的自我表达,还可能对职业和社交生活产生负面影响。因此,克服说话"恐惧症"不仅有助于提高口语表达能力,还有助于增强个人的自信心和提高社交技能。

一、说话"恐惧症"及产生原因

人际关系研究领域的先驱——戴尔·卡耐基(Dale Carnegie)毕生致力于研究和应对口语表达中的紧张、害羞、恐惧等消极情绪反应。卡耐基的研究发现,在他的演讲培训班的学员中,100%都追求一个共同的目标,那就是克服在公众场合说话时可能产生的紧张、害羞和恐惧情绪,以便能够自如、清晰地表达思想。

在口语表达活动中,最常见的消极情绪反应包括紧张、害羞、恐惧等。卡耐基的一系列研究表明,能够引发人们恐惧心理的事件中,处于首位的无疑是当众演讲,仅次于它的是死亡这一令人生畏的主题。当众演讲所引发的紧张、焦虑、害羞等症状,统称为说话"恐惧症"。说话"恐惧症"可以进一步分为两种情况,首先是认知上的"恐惧",即内心对即将进行的"说话"活动所产生的心理"恐惧",这种情感常导致个体避免在公众场合说话;其次是行为上的"恐惧",即在说话过程中身体所表现出的多种生理反应,包括面色苍白、口干舌燥、手抖、冒冷汗等。

这些研究成果揭示了在口语表达中情感管理的关键性作用,为我们更深入地理解人类情感与口语表达之间的复杂关系提供了有力支持。同时,它们也强调了在提高口语表达自信和应对社交及职场挑战方面,情感管理训练的重要性。

说话"恐惧症"是一种常见的心理现象,其根本原因主要有以下几个:

首先,缺乏对人的正常说话心理的认知。研究表明,紧张、害羞和恐惧情绪在人们说话时常常产生,这是正常的心理反应。几乎每个人都曾经历当众说话时的紧张感，只是其程度因人而异。许多著名的演说家、演员、运动员都曾分享他们初次在公开场合发言时的紧张经历。即使一些经验丰富的政治家也会因场合、对象和环境的变化而时常感到紧张。因此，紧张、害羞和恐惧情绪可以被看作一种正常的生理和心理反应。

其次，害怕在公开场合出丑。对于许多人来说，于公开场合说话可能导致紧张、害羞、恐惧情绪的产生，因为他们担心自己犯错误或失态，从而丢失面子。这种担忧通常会导致他们避免与人交往，因为他们害怕在交往中出现尴尬的情况，也担心自己的言行无法得到别人的认可。这种拘谨和担忧可能导致说话者无法清晰地表达自己的观点和情感，从而使自己处于被动地位。紧张和害羞的人常常被他人和环境左右，这可能加重其孤独感。

最后，过分追求安全感。紧张、害羞和恐惧情绪产生的根本原因之一是对安全感的过分追求。安全感是人的基本需求，但如果为了获得安全感而过分隔离自己，结果可能是与社会隔绝。过分关注他人评价的人，无法正确认知自己的人，以及性格内向、抑郁的人更容易产生紧张、害羞和恐惧情绪。

总之，说话"恐惧症"的产生可以归结为心理认知、社交焦虑和安全感需求等多种因素的综合作用。理解和克服这些因素可以帮助个体更自信、更成功地进行口语表达。

二、克服说话"恐惧症"的方法

克服公开场合口语表达中的紧张、害羞和恐惧心理是一个多要素共同作用的过程，有以下几种方法可以帮助个体应对这些负面心理：

第一，充分准备。准备是克服说话"恐惧症"的关键。充分准备演讲或交谈的内容可以增强自信，降低紧张感。准备包括熟悉主题、整理思绪、集结材料等。对于公开演讲，反复练习可以提高自己的表达技巧，增加自信心。

第二，实践锻炼。通过积极参与交谈和演讲活动，可以逐渐减轻紧张感。实践是培养口语表达信心的有效途径。希腊演说家德摩西尼的例子表明，通过不断练习和面对挑战，一个人可以逐渐克服口语表达中的害羞和紧张情绪。

第三，模仿学习。学习他人的交往技巧和口语表达方式可以提高自己的表达能力。观察那些擅长表达和表现的人，学习他们的风格和技巧，可以帮助自己更自信地说话。

第四，克服怀疑心理。不要过分关注他人的评价或怀疑自己的能力。害羞和紧张的人往往会担心被别人嘲笑或否定。要相信自己的能力，对自己提出合理的要求，并勇敢地表达自己的观点。记住，别人的评价不一定是客观的，不要因为害怕评价而限制自己的表达。

总之，克服口语表达中的紧张、害羞和恐惧心理需要综合运用上述方法，并不断进行实践和反思。随着时间的推移，这些情感障碍可以逐渐减轻，使个体能够更自信、更成功地进行口语表达。

三、克服说话"恐惧症"训练与技巧

适度的紧张在某种程度上对口语表达是有益的。相关研究指出，一定程度的紧张状态可以激发个体的学习和表现潜力，因为它能够提高注意力和警觉性。适度的紧张可以激励个体去做好准备、集中注意力，从而更好地应对口语表达的挑战。

然而，对于一些人来说，过度的紧张可能会成为一种阻碍，影响他们的表达能力。因此，重要的是要学会如何控制紧张，使其成为一种有益的因素而不是负面影响。这可以通过练习、准备、深呼吸等方法来实现。通过适当的技巧和方法，个体可以将紧张情绪转化为更好的表现和学习机会。

（一）用心理暗示法消除恐惧

美国心理学之父威廉·詹姆斯认为，感觉勇敢起来，表现得好像真的勇敢起来，运用一切意志来达成那个目标，勇气就会取代恐惧。詹姆斯的劝告对我们非常有用，为了培养勇气，面对观众时，不妨表现得勇敢一点。现代的实验心理学家表明，由自我启发而产生动机，即使是假装的，也是导致快速摆脱恐惧的有力刺激之一。戴尔·卡耐基的经验是，你要假设听众都欠你的钱，正要求你多宽限几天，你是神气的债主，根本不用怕他们。因此，要给自己一个健康的暗示。人生最大的敌人是你自己。如果你觉得自己端庄文雅，你就会表现得端庄文雅，如果你觉得自己愚蠢怯懦，你相应地就会表现得愚蠢怯懦。

说话前积极的心理暗示即告诫自己"我能行""我准备好了，没有什么可怕的"，使自己沉住气。自我暗示可以给自己吃"定心丸"，使自己消除紧张、羞怯的毛病。

（二）实际进行脱敏训练，习惯于当众说话

尝试做不敢做的事，就像一个人需要乘坐飞机来逐步克服飞行恐惧一样。口语表达的心理障碍也只能通过实际的练习和经历来逐渐消除。

有报道指出，在距离东京 80 余千米的富士宫市，有一所经理学校，以其对学生进行严格和系统培训而著名。其中的一项训练要求每位学生都必须克服害怕当众出丑的心理，执行一些看起来非常尴尬的任务。例如，穿着正装站在富士宫火车站前的人行道上，大声唱出校歌。根据规定，他们还必须确保其他教师能够看到他们的"表演"。

这个例子强调了通过积极参与并克服尴尬和害怕的情绪来提高口语表达能力的重要性。通过面对自己的恐惧，个体可以逐渐建立自信，更自如地进行口语表达。这种实际的练习和经历可以帮助他们克服心理障碍，提高他们的口语表达技巧，让他们更加自信地与他人交流和演讲。

要鼓励学习者开口说话，并提高他们的口语表达能力，可以采取以下几个策略：

（1）鼓励学习者放大胆子，不怕犯错误。学习者应该被鼓励在学习口语表达的过程中勇敢尝试，不必担心犯错误。错误是学习的一部分，通过纠正错误，可以不断进步。

（2）营造轻松愉快的气氛。营造一个轻松、友好、愉快的学习氛围对于口语表达至关重要。学习者应该感到放松，才能更自信地开口说话。

（3）避免强硬措施。不宜采取强硬的手段逼迫学习者开口。过度的压力可能会引发学习者的抵触情绪，反而适得其反。

（4）耐心引导和鼓励。应该具备极大的耐心，善于引导学习者，鼓励他们克服语言障碍。建立信任关系，让学习者可以自由地提问和表达意见。

（5）设计适合的话题。可以设计一些与学习者兴趣相关的话题，或者与他们的日常生活经验有关的话题，这样可以帮助学习者找到更多可说的内容。同时，提供一些有趣的口语活动，如角色扮演、小组讨论等，可以激发学习者的兴趣和参与度。

总之，通过鼓励、支持、引导和创造积极的学习环境，可以帮助学习者更自信地开口说话，提高他们的口语表达能力。强调积极的学习经验和互动是培养口语表达技能的关键。

（三）认知重建

认知重建是一种有效的方法，可以帮助学习者打消口语表达中的不合理想法、克服恐惧心理。以下是一些关于口语表达的不合理想法以及针对这些想法的认知重建。

◎ **1. 不合理想法：我感到紧张，所以无法正常讲话**

认知重建：即使感到紧张，你仍然可以讲话。紧张是一种正常的生理反应，并不一定损害口语表达。许多成功的演讲者都承认在演讲前感到紧张，但他们依然能够做出高水平的演讲。紧张可以被视为一种能量，帮助你更好地发挥。

◎ 2. **不合理想法：紧张会损害我的表现**

认知重建：适度的紧张对表现是有益的。有些紧张可以成为激发你做得更好的动力。重要的是，在你开始讲话时努力驱散紧张感。很多人发现一旦开始讲话，紧张感会逐渐减弱，表现会逐渐变得自信。

◎ 3. **不合理想法：听众会注意到我的紧张**

认知重建：实际上，听众很少会注意到你的紧张。很多人都有自己的不安和焦虑，他们更关心你的演讲内容而不是你的紧张程度。认为听众会察觉到你的紧张只会增加你的恐惧感。放宽心态，相信听众更多关注的是你要传达的信息。

通过认知重建，学习者可以改变不合理的想法，减轻口语表达过程中的紧张和恐惧，更自信地进行表达，有助于提高口语表达的效果。

（四）放松训练

放松训练对于克服口语表达中的紧张和恐惧心理非常有帮助。以下是一些放松训练的方法。

第一，肌肉放松法。这种方法可以帮助学习者深度放松肌肉，使他们能够在放松状态下想象自己参与口语表达活动的情景。具体步骤为：主动紧张某一肌肉群，然后再放松它，以帮助人们分辨肌肉紧张状态和放松状态之间的差异；接下来，在肌肉处于深度放松状态时，想象自己在不同的口语表达情境中逐渐变得更加自信和镇静。最终的目标是将这种镇静感转移到实际的口语表达场景中。

第二，呼吸调节法。这是一种重要的放松技巧。学习者可以练习深呼吸来平复紧张情绪。可以尝试以下步骤：深吸气，通过鼻子缓慢吸气，让腹部膨胀；慢呼气，通过口吐气，尽量使呼气时间延长；重复几次，反复进行深呼吸，专注于呼吸的感觉，逐渐感到放松和镇静。

这些方法有助于学习者在口语表达时保持冷静和放松，减轻紧张感，提高自信，也可以帮助他们更好地控制自己的情绪和心理状态。

第二节 稳定说话情绪

在口语表达中,稳定说话情绪是一项非常重要的技能。无论是演讲、与同事讨论合作,还是与朋友交流,我们的情绪状态都会对表达产生深远的影响。当我们的情绪不稳定时,可能会导致紧张、言辞失当,甚至影响到信息传递和沟通的质量。因此,掌握如何稳定说话情绪成了有效口语表达的重要一环。

稳定的说话情绪不仅有助于确保我们的表达流畅自如,还有助于建立与听者之间的良好连接。一位冷静自信的演说者或交流者往往更容易获取听者的关注和共鸣,因为他们传递出自信和较高的可信度。然而,要在各种情境下维持稳定的情绪并不容易,因为生活中充满了各种挑战和压力,这些因素可能会影响到我们的情绪。因此,稳定说话情绪是一项需要不断练习和提高的技能,它将使我们的口语表达能力显著提升。

一、控制情绪

古人有云:"情动于中而形于外。"这句话强调了情绪与表达之间密切的联系。情绪的变化不仅会影响我们的内心体验,还会通过外部表现出来,包括面部表情、声音以及整体身体状态。

心理学研究表明,情绪波动过于剧烈会降低我们的理智思考能力,甚至可能导致失控的言行,这就是所谓的"情急失言"。

情绪的性质各异,有积极的情绪,也有消极的情绪;有强烈的情绪,也有平和的情绪;有稳定的情绪,也有波动的情绪。然而,不论情绪的性质如何,都有可能在一时之间影响我们的说话表现。因此,对于成功的口语表达来说,情绪应该是健康、稳定、可控的。

控制情绪主要有两个方面的技巧。首先是"制怒"。这意味着我们不应因他人的言辞或行为而陷入愤怒之中,而是要冷静、理性地思考问题,并以温和的声音表达自己的观点。这反映了"有理不在言高"的原则,也可借鉴林则徐的做法,将"制怒"作为一种提醒,时刻使自己保持冷静。其次是"不激动"。这意味着我们应避免情绪的极端波动，不应过于兴奋或沮丧，也不应大喜大悲，否则可能会使全身处于高度紧张的应激状态，从而以攻击性言辞表达自己的情感，甚至可能会说出让自己后悔的话，即所谓的"口不择言"。

因此，我们在口语表达中应注重情绪的控制。不论是与长辈、同辈还是晚辈交流，都应注意保持情绪的稳定，避免情绪波动过于激烈，以确保沟通更为有效和有益。控制情绪是提升口才和人际交往能力的关键一步，它有助于建立积极的人际关系，并确保我们的言辞更具深度。

二、控制表达欲望

在有效的口语表达中，控制表达欲望意味着在与他人对话时，应避免过于急切地占据话题，不以独占性的言辞行为凸显自己。有些人倾向于不耐烦地中断他人发言，过度表达自己的观点，而这种不加控制的表达欲望可能导致一系列问题。

首先，急于表达自己的观点通常伴随着思考的匆忙，思考范围受限，深度不足，易于在对话中被对方察觉到漏洞。此外，这种表达方式可能因观点不成熟而使表达者无法清晰传达自己的真实意图。

其次，急于表达自己的观点可能导致对他人的真实意图了解不足，甚至可能误解或曲解对方的言辞。这会使对话陷入混淆，容易遭到反驳，也可能让对方对说话者的言辞不屑一顾。

最重要的是，过度的表达欲望可能给对话参与者留下不良印象，他们可能认为你缺乏倾听的能力，甚至感到厌恶。这反而会损害对话的质量和效果，可能引发冲突或产生负面影响。古希腊时期有一个年轻人，去向著名的哲学家苏格拉底请教演讲术。为炫耀自己，年轻人滔滔不绝地说了许多话。苏格拉底根本没有机会说话。结果，苏格拉底要他交纳双倍的学费，理由是："因为我应该教会你两门功课，一门是怎样闭嘴，另一门才是怎样演讲。"

因此，我们在口语表达中控制表达欲望有助于营造良好的对话环境，确保对话的高质量和有效性。

三、控制急于求成的心理

在口头表达中，我们除了适当控制表达欲望之外，还需要重视控制急于求成的心理倾向。说话通常都伴随着一定的目的，然而，一些人可能过于焦虑急躁，急于达到他们所期望的表达目标，这种心态往往会产生适得其反的效果。例如，一些选手在比赛中急于吸引评审和观众的注意，便可能会快速完成自己的演讲，试图在有限的时间内传达尽可能多的信息。然而，这种急于求成的心态通常会导致他们的演讲变得混乱、难以理解，甚至丧失说服力。相比之下，那些能够控制急于求成心理的选手，可能会更加冷静和自信地进行演讲，在适当的时候停顿，强调关键点，确保观众能够理解和接受他们的观点。这种冷静和耐心通常会使他们的演讲更加引人入胜，更有说服力。

由此可见，我们在口头表达过程中一定要牢记"欲速则不达"的道理。我们应该保持冷静和耐心，理性地追求表达目标，而不是急于取得短期成就。这种控制和耐心对于有效的沟通和表达都至关重要。

第三节 口语表达思维

语言和思维之间存在着密切的关系，它们相辅相成又互为因果。语言是思维的工具，缺乏语言，思维便会陷入孤立，无法被传达或完善；思维则是语言的灵魂，为语言提供了内在的内容和深度。

当我们思考问题、形成观点或产生想法时，会用语言来整理思维，将抽象的概念和观点具体化，以便与他人交流。因此，口语表达可以被看作思维的一种外部呈现，它有助于我们将复杂的思维变成可以被他人理解的具体内容。

同时，思维也对口语表达产生深远的影响。思维的质量和深度直接影响了口语表达能力。清晰、有逻辑的思维有助于构建连贯的言辞，能够更好地向他人传达信息。相反，混乱或不成熟的思维可能导致口语表达的混乱和不清晰。

因此，口语表达和思维也是相辅相成的。在培养口语表达能力的过程中，我们需要不断提升思维的深度和质量，同时通过有效的口语表达来完善和展示我们的思维成果。这种良性互动是有效沟通和表达的关键要素，对于个人发展至关重要，也共同推动了人类社会文化的演进。

一、口语表达中的逆向思维

培养逆向思维是提高口语表达能力的关键之一。逆向思维是一种独特的思考方式。逆向思维鼓励我们从不同的角度审视问题，挑战传统的思考模式，并发掘新的见解和解决方案。在口语表达中，逆向思维的重要性不可忽视，因为它有助于我们更深入地理解主题，提出富有创意的观点，并与听众建立更紧密的联系。

逆向思维不仅可以帮助我们深入思考问题，还可以提高口语表达的质量。通过反向推理和审视问题的不同方面，我们能够更全面地准备表达的内容，确保自己的观点清晰明了。此外，逆向思维还可以激发创造力，使我们能够以新颖的方式呈现信息，从而吸引听者的注意力。逆向思维不仅可以提高我们的口才，还可以增加我们的思维深度和创造力，这对于个人取得成功至关重要。

在口语表达中，充分运用逆向思维应被视为提升口语表达说服力和影响力的重要策略之一，能够帮助我们更好地与他人交流，影响他们的观点和决策。具体表现在以下几个方面：

首先，逆向思维有助于我们洞察听众的需求和关注点。在口语表达中，了解听者的需求和关注点至关重要。通过逆向思维，我们可以站在听者的角度，想象他们可能面临的问题或挑战，进而有针对性地提供解决方案，满足听者的需求，增强说服力。例如，如果我们要向一位潜在客户推销产品，便可以通过逆向思维来思考，该产品如何满足客户的需求，这样我们的言辞就更容易说服他们。

其次，逆向思维有助于我们构建更有力的论证。在口语表达中，论证的质量对于增加说服力至关重要。通过逆向思维，我们可以深入挖掘问题，并提出更多的相关信息和证据，以支持我们的观点。充分的数据和事实，会使听者更容易接受我们的观点。逆向思维还有助于我们预测听者的质疑或反对意见，并提前准备好应对策略，进一步增强说服力。

再次，逆向思维鼓励我们从不同的角度审视问题。在口语表达中，多角度思考问题可以使我们的观点更加全面和深刻。逆向思维推动我们提出"如果……会怎样？"的问题，有助于我们探索多种可能性，为听众提供更全面的信息。例如，在辩论中，逆向思维可以帮助我们预测对手的观点，并提前准备好反驳的论据，从而更好地影响观众。

最后，逆向思维有助于我们以更深入的方式与听者建立联系。在口语表达中，建立情感联系对于提高影响力至关重要。通过逆向思维，我们可以深入思考听者的情感需求和期望，并在口语表达中有针对性地应对，更好地满足他们的诉求，从而影响他们的情感和态度。

培养口语表达中的逆向思维需要一定的训练和实践。下面将介绍一些有效的方法和技巧：

第一，解构问题和观点。逆向思维的关键是挑战和颠覆传统观点，因此在口语表达中，可以尝试解构问题和观点。这意味着不仅要思考问题的答案，还要探讨问题的根本，追问问题的出发点。例如，讨论环保问题，不仅可以讨论如何减少污染，还可以深入探讨为什么会存在污染问题，从而找到更根本的解决方案。

第二，模拟不同观点。逆向思维需要考虑多个角度，因此可以尝试模拟不同的观点。这有助于理解其他人的思考方式及问题的复杂性。通过模拟不同的观点，可以更全面地分析问题，并在口语表达中呈现更多元化的观点。

第三，思维实验。口语表达中的逆向思维可以通过思维实验来培养。这意味着尝试将问题带入不同的情境和假设中，想象可能的结果。例如，讨论一个政策实施问题，可以尝试想象如果失败会发生什么，或者如果采取不同的政策会有怎样的影响。这种思维实验可以拓宽思维的广度。

第四，讨论和辩论。口语表达中的逆向思维可以通过参与讨论和辩论来锻炼。与他人交流观点，听取不同的意见，有助于对问题的全面理解，提高口语表达的逻辑性和说服力。

通过上述方法和技巧的训练，可以逐渐提高口语表达逆向思维的能力，从而更成功地参与各种表达活动，创新思考方式。

二、口语表达中的发散思维

在口语表达中充分运用发散思维能够帮助人们更富创造性地表达自己的想法，与他人建立更深入的交流，更有效地传达信息。发散思维与传统的线性思维相对立，它强调多样性、非传统性和灵活性。

首先，发散思维在口语表达中扮演着扩展思维空间的角色。当我们面临一个话题或问题时，线性思维往往局限于固定的思维路径，而发散思维能够让我们跳出这些限制，探索多种可能性。例如，当讨论环境保护时，线性思维可能只专注于减少污染的方法，而发散思维则可能涉及可再生能源、可持续城市规划、教育意识等各种与环保相关的内容，从而丰富讨论的内容、加大讨论的深度。

其次，发散思维有助于创造性表达。在口语表达中，创新和独特性常常引人注目。通过运用发散思维，我们能够找到新颖的角度和独特的表达方式，从而吸引听者的注意力。例如，在演讲中使用比喻、幽默、故事等元素，可以让口语表达更具吸引力和创造性。

再次，发散思维有助于建立更深入的交流。当我们在口语表达中展示出多样的观点和思考方式时，可以激发听众的兴趣，引发更深入的讨论和交流。这种多元化的思维方式有助于打破沉闷的气氛，促使交流更加生动和富有互动性。

另外，发散思维还可以增强口语表达的逻辑性和说服力。尽管发散思维强调多样性，但它并不排斥逻辑性。相反，通过多角度思考，我们可以更好地分析问题，找到最合理的论据，从而增强口语表达的逻辑性。这对于说服听众支持自己的观点至关重要。

要训练口语表达中的发散思维，我们可以采取以下方法：

第一，提问和探索。在准备口语表达时，尝试提出各种问题，以拓宽思维的广度。不断追问为什么、如何、是否可能等问题，有助于训练发散思维。

第二，创造性写作。通过写作来锻炼发散思维，可以写日记、文章、故事，或者参与创意写作练习。写作是一种强大的工具，可以让我们自由表达各种想法和观点。

第三，多元化阅读。广泛阅读不同领域的书籍和文章，从不同的视角了解世界。多元化的知识和观点可以训练发散思维。

第四，思维导图。使用思维导图来将思维可视化，将各种想法串联起来，这有助于更清晰地展示思维的多样性和关联性。

总之，口语表达中的发散思维有助于拓宽思维的边界，提高表达的创造性和逻辑性。

三、口语表达中的跳跃思维

口语表达中的跳跃思维为个体在交流中更灵活、更富创意地处理信息和观点开拓了广阔空间。跳跃思维在口语表达中具有以下几个重要意义：

首先，跳跃思维是创造力的源泉。它使个体能够将不同的思维元素相互关联，产生新的、独特的观点和见解。在口语表达中，有创造性的观点和见解可以引起听者的兴趣，使演讲或交流更加生动和引人入胜。

其次，跳跃思维有助于更好地应对复杂的问题。它可以帮助个体识别问题的不同方面，从多个角度考虑解决方案，并找到更有效的方法。在口语表达中，这意味着能够提供更全面、更实际的解决方案，增强说服力。

再次，跳跃思维可以让口语表达更具吸引力。通过在讲述中突然"跳跃"到不同的观点或情境，个体可以保持听众的兴趣，使讲述更加生动有趣。这有助于传递信息和观点，同时保持听众的专注度。

最后，跳跃思维是创新的关键。它鼓励个体破除传统思维模式，尝试新的方法和想法。在口语表达中，创新性思考可以为话题注入新鲜的血液，激发有趣的讨论，并帮助个体脱颖而出。

要在口语表达中培养跳跃思维，可以采取以下方法：

第一，多角度思考。在准备口语表达或辩论时，尝试从不同的角度思考问题，列出可能的观点和立场，然后挑选其中的一些进行深入分析。这有助于提供更多元化的见解。

第二，观察周围。注意观察周围的事物和现象，随时记录下引起兴趣的点子或灵感。这些观察可以用于丰富口语表达的内容，并使其更引人入胜。

第三，与不同的人交流。与来自不同领域、拥有不同文化背景的人交流可以开阔思维，引发新的思考。听取他人的观点和经验可以激发自己的跳跃思维。

第四，创意练习。参加创意练习如头脑风暴活动，可以鼓励参与者在短时间内提出尽可能多的创意点子。这种练习还可以提升跳跃思维的速度。

第五，持续学习。跳跃思维是一个不断发展的过程。保持对新知识和新想法的好奇心，持续学习，有助于培养更强的跳跃思维能力。参加课程、研讨会或阅读各种文献都是不错的选择。

跳跃思维可以增强口语表达的创造力、吸引力和实用性。通过采用多种方法进行跳跃思维训练，个体可以不断提高这一技能，提升自己在交流和表达中的水平，不断提高受众对自身的认可度和影响力。

06 第六章
口语表达礼仪
SPOKEN LANGUAGE

第一节　礼仪概说

礼仪不仅仅是一种外在的形式，更是一种反映个体尊重、关心和理解他人的内在品质。在今天的社会，礼仪被认为是一种社交技能，对于建立良好的人际关系、提高沟通效果以及在职场和社交场合中取得成功都具有重要的影响。

一、礼仪的含义

"礼仪"一词由"礼"和"仪"两字构成。古代定义"礼"为礼法，其最初含义为祭祀神明的仪式。郭沫若指出，"礼"的本意是敬奉神明，而后延伸至多种仪式。东汉许慎也在《说文解字》中解释"礼"为"履行"，表明其目的是供奉神明以获得祝福。"礼"在繁体字中写作"禮"，其中"示（礻）"代表神明，"豆"代表祭祀的容器。因此，"礼"最初是一种尊敬神灵的行为。

"仪"的本意是规范、法度和准则，如东汉许慎所述，"仪者，度也"。随后，"仪"引申为反映礼的仪式和规范的意义。因此，"仪"与"礼"紧密相关，它代表了尊重他人的具体表现形式。当一个人表达尊重时，必须通过"仪"来展示。总的来说，"礼仪"是尊重他人的外在体现，涵盖了尊重他人的形式和方式。

在日常工作和社交场合中，"礼"和"仪"相互作用，"礼"强调尊重，而"仪"则体现了这种尊重的形式。在社交活动中，人们需要通过"仪"以彬彬有礼的方式展示自我，表现对他人的尊重。虽然一个人的形象和他人对其的印象主要取决于其品质和修养，但外在表现也是至关重要的因素。"诚于中而形于外"，这意味着一个人的品德应当与他的外在表现相一致，才能被视为君子。

从表达学的角度来看，礼仪被认为是人际交往中的一门艺术，它代表了一种表达方式，用以传达尊重、友善。礼仪也是一种在人际交往中实现沟通的技巧，一种约定俗成的行为规范，应用于人际交往和社会互动之中。

二、礼仪的特征

礼仪具备规范性、操作性、民族性、时代性和普遍性等多重特征，这些特征共同促成了礼仪在人际交往中的重要作用。

（一）规范性

礼仪是一种约定俗成的行为规范，涵盖了特定程序和方式来表达敬意、尊重和友好。在人际交往中，礼仪让行为更"适当"，指导着个体在特定情境下规范行事。礼仪的规范性确保了其在各种文化和社会背景下都能够被理解和接受。

（二）操作性

礼仪不仅是一种理念，还是一种实际可操作的行为。它提供了具体的方法和技巧，用于展示尊重、友好和善意，可谓姿态、言辞、动作等方面的"操作指南"。礼仪的操作性使人能够在社交互动中以适当的方式表现自己的态度和意图。

（三）民族性

不同国家、不同民族和不同地区具有各自的表达礼仪。它受到文化、传统、宗教信仰以及地理和社会环境等多种因素的影响。礼仪的民族性要求人们在不同文化和社会背景下相互尊重和适应，以建立有效的跨文化交流。

（四）时代性

礼仪是随着社会的发展和时代的进步而不断演变和更新的。社会的变革、科技的进步和文化的演变都会影响礼仪的内容和方式。因此，学习和应用礼仪需要跟上时代的步伐，避免故步自封和墨守成规。

（五）普遍性

礼仪是普遍存在于人类表达活动中的，不受时间、地点、社会地位或文化背景的限制。它适用于各个阶层和领域的人际交往，无论是在古代还是现代，无论是在日常生活中还是正式场合中，都有其存在和影响。礼仪的普遍性确保了社会秩序的维护和文明的延续。

三、礼仪的分类

礼仪作为中华文化传统的重要组成部分，在不同历史时期和社会背景下形成了丰富多样的内容。礼仪内容的演变反映了文化、伦理和社会关系的动态变化，具体可分为以下几个方面：

第一，传统礼仪体系。中国的传统礼仪体系根植于古代文化，如《礼记》所记载，礼仪包括冠礼、婚礼、丧礼、祭礼、相见礼等。这些礼仪在古代社会扮演了重要的角色，规范了个体在不同场合和人际关系中的行为。

第二，现代社会礼仪。随着社会的现代化和全球化，中国的传统礼仪体系经历了改变。现代社会礼仪涵盖了更广泛的领域，包括商务、政务、外交、社交等。例如，商务礼仪要求个体在商务活动中表现出专业性、尊重和合作精神，以促进商业关系的发展。外交礼仪涉及国家政府间的外交活动，强调国际礼仪和外交辞令。而个人社交礼仪则包括了社交场合中的行为准则，如握手礼仪、拜访礼仪等。

第三，服务礼仪。服务业在现代社会中占据重要地位，因此服务礼仪也成为一个重要的方面。服务礼仪包括了服务人员的仪容仪表、服务态度、沟通技巧等，以确保客户得到良好的服务体验。服务业的不断发展也推动了服务礼仪的不断演进。

第四，言谈礼仪。言谈礼仪涉及口头交流的规范。这包括了言辞的文明与尊重，不使用冒犯性的语言，尤其是在争议性话题上。言谈礼仪还包括了倾听和表达的技巧，以确保有效的沟通和理解。

第五，仪表礼仪和举止礼仪。仪表礼仪强调外表形象的重要性，涉及仪容、着装和举止。举止礼仪则关注个体在社交场合中的行为举止，涉及行走、坐姿、示意等。这些方面的礼仪要求有助于表现出个体的文明和教养。

综上所述，礼仪是多样且不断演变的，反映了社会的发展和文化的演变。现代社会要求个体在各种场合中都能够适应并遵循适当的礼仪规范，以维护社会秩序，促进良好人际关系的建立与维护以及文明交往的实现。

第二节　口语表达礼仪概说

口语表达礼仪作为一门涵盖语言和非语言因素的社交科学，对于有效的沟通和积极形象的构建至关重要。它不仅包括了语言表达，还包括了仪容、仪表、仪态等多个方面的要素。

学者研究表明，人与人之间的沟通所产生的影响力和信任度，来自语言本身、副语言和形象三个方面。然而，语言本身的作用在整个沟通过程中只占很小的比例，约为7%。这意味着，仅仅依赖于准确的措辞和语法并不能确保有效的口语表达。相比之下，副语言占据了38%的影响力。这表明语调、音量、语速等副语言要素在传递情感和表达态度方面起着关键作用。同时，视觉元素，也就是个体的形象，占据了整个影响力的55%。这说明，一个人的仪容、仪表、仪态在口语表达中占据举足轻重的地位，对于赢得他人的信任和尊重至关重要。

口语表达礼仪是一个多维度的概念，它植根于口语表达又超越了语言本身，包括了仪容礼仪、仪表礼仪、仪态礼仪、交谈礼仪等多个方面。有效的口语表达礼仪有助于建立积极的社交关系，塑造良好的个体形象，使个体在各种社交场合中游刃有余。因此，对于个体而言，培养和训练口语表达礼仪是提升社交能力和职业竞争力的重要一环。

一、口语表达礼仪的功能

在现代社会中，口语表达中的礼仪实践是我们建立和维护良好社交关系的关键因素之一，也是促进社会进步的重要一环。礼仪在口语表达中的应用不仅有助于维护人际关系，还有助于传递信息、构建信任、提升个体形象，以及促进社会文明的发展。

（一）维护人际关系

礼仪在口语表达中的主要功能之一是维护人际关系的稳定和和谐。通过以尊重、亲善、友好的方式与他人交流，个体能够避免冲突和误解，促进友好的人际互动。礼貌和尊重的言辞有助于化解矛盾，建立良好的沟通氛围，从而提高社交的质量。

（二）传递信息

礼仪有助于确保信息的准确传达。通过使用适当的言辞和语气，个体可以避免误解或引起不必要的混淆。礼貌和尊重的表达方式能够使信息更容易被理解和接受，减少误解的发生。

（三）构建信任

口语表达中的礼仪有助于构建信任关系。当个体以真诚、礼貌的方式表达自己的观点和意见时，他人更容易相信并与之建立信任。信任是良好人际关系的基础，而礼仪在这一过程中扮演着重要的角色。

（四）提升个体形象

口语表达中的礼仪可以显著提升个体的形象。一个能够以文明、礼貌的方式表达自己的人，往往会给人留下积极的印象。相反，粗鲁和无礼的表达方式可能会损害个体的形象，影响其在社交和职业生活中的发展。

（五）促进社会文明的发展

礼仪在口语表达中的实践有助于促进社会文明的进步。通过遵循社会通行的礼仪规范，人们可以共同创造有序、文明的社交环境。礼仪的实践有助于净化社会风气，推动社会向更加文明的方向发展。

二、仪容礼仪

仪容作为一个人外貌的重要组成部分，涉及发型、面容以及未被服饰遮掩的肌肤部分，如颈部和手部。仪容的整洁、卫生和端庄对于人际交往和社交互动具有重要的影响。良好的仪容不仅能够体现出个体的自尊和自爱，还能够表达对他人的尊重和礼貌。

（一）发型

发型是仪容的一部分，对于仪容的整洁和大方至关重要。头发的整洁和发型的得体是基本的礼仪要求。一个整洁大方的发型有助于塑造生气勃勃、精神焕发的形象。发型的设计应力求简洁、整齐、清新、适宜，易于梳理和保养。

（二）面容

面容是一个人仪容最显著的部分，是人体暴露在外时间最长的区域之一，也是最引人注目的地方。男性应养成修面和剃须的习惯，并保持口腔的清洁卫生。女性可以适度化妆，以优雅的淡妆突出五官的美丽，同时掩盖或修饰不足之处，特别是在日常社交场合。浓妆只适用于特殊场合，如晚宴或演出。化妆时应谨慎选用化妆品，以达到美化形象的目的。

（三）颈部

颈部是一个人身体上容易显示年龄的部位之一，因此需要给予关注和护理。颈部的皮肤护理和保养与面部类似，包括清洁、保湿、防晒等方面。

（四）手部

手部常常暴露在外，易受他人关注。因此，保护和美化手部也是必要的。保持适当的指甲长度并维护其清洁十分重要。女性在涂抹指甲油时宜选择自然色系。

总之，仪容作为一个人外貌的组成部分，在社交互动和人际交往中是自我呈现的重要部分，可以影响他人对个体的印象和态度。

三、仪表礼仪

仪表，从广义上看，指的是一个人的外在形象，包括外貌特征和整体风度；在狭义上，仅指着装礼仪，即服饰礼仪。仪表礼仪是指在特定场合，根据时间、地点、对象等因素的不同，合理选择着装并遵循相应的着装礼仪。

西方服装设计师普遍认为，服装虽不能完全塑造一个人，但 80% 的第一印象来自穿着。这反映了仪表礼仪在社交中的重要性。仪表不仅仅反映了时尚和品位，更体现了社会风尚和文化背景，因此，它在维护个人形象和社交互动中扮演着关键角色。适当的仪表礼仪有助于赢得他人的信任和尊重，给他人留下良好的第一印象，提升个体社交能力。相反，不当的仪表礼仪可能损害个人形象。

（一）服饰礼仪的原则

第一，"TPO"（time, place, object）原则。根据时间、地点和对象选择合适的着装。在正式、重大的场合，特别是涉外活动中，应按照规定的要求着装。即使没有具体规定，也应选择较为正式的服装。在休闲场合，可以选择舒适自然的服装。

第二，协调性原则。服饰应与个体从事的职业相协调，体现端庄和稳重。服饰还要与个体的肤色、体型和年龄相协调。同时，服饰的颜色搭配要协调，可以采用亲色调和对比色调来搭配。

第三，整洁原则。服装应始终保持清洁、整齐。衣物不能有污渍、绽线或破损，扣子等配件应齐全。衣领和袖口的整洁尤为重要，鞋子应保持洁净。在正式场合，衣扣、领扣和裤子扣应扣好，内衬不宜露在外面。女性应将上衣的前后下摆塞入裤内，袖口和裤腿不宜卷起，鞋袜不应有破损。

第四，适度原则。在修饰程度和饰品的选择上，要适度、自然，不过分夸张。修饰要与整体协调一致，不应过分突出或不协调。

掌握和运用服饰礼仪有助于维护自身形象、赢得他人尊重。个体根据不同的社交场合选择合适的着装，可以巧妙地体现个体的自信和尊重他人的态度，并有效地提高社交互动的质量。

（二）男士穿西装的礼仪

在正式社交和商务场合中，男士穿着西装所涉及的礼仪事项关乎个人形象，需要特别注意。西装作为一种国际性的服装，其穿着要求和礼仪规范有其独特之处。以下是关于男士穿着西装的礼仪要求：

第一，讲究规格。在正式场合，男士应穿着合身的西装。西装分为二件套和三件套，通常需要选择同质、同色的深色套装。在正式场合，不宜脱下外衣。根据传统习惯，西装内部通常不应搭配毛背心或毛衣。要确保西装整洁、平整，裤子要熨烫得整齐，以保持端庄的形象。西装上衣的驳领上通常配有插花眼，这是用来插鲜花的，通常在婚礼、葬礼或重要典礼上使用。

第二，穿好衬衫。选择单色衬衫，领子要保持挺括，没有污渍。衬衫下摆应被塞入裤子内，领口和袖口要整洁，领口要高于西装领子。衬衫袖子的长度应长于西装袖子 $0.5 \sim 1$ 厘米，以突显衣着的层次感。

第三，系好领带。领带是西装的点睛之笔，系法应正确。领带的领结要饱满，与衬衫的领口紧密相合，领带的长度应当达到下端正好触及腰带扣上缘的标准，以确保长度的适宜。

第四，使用领带夹。领带夹一般被夹在衬衫的第三和第四粒扣子之间，以确保领带下半部分保持平整而不外露。

第五，系好西装的纽扣。应根据不同的西装款式进行正确的系扣。双排扣西装应将所有纽扣系好；单排扣西装通常只需系上面的一个纽扣，但在正式场合，也可将全部纽扣系好。在休闲场合，可以选择不系扣。此外，西装应当保持干净整洁，衣袋内通常不放置物品。

第六，穿好鞋袜。男士应穿皮鞋，并确保裤子盖住部分鞋面。休闲鞋、旅游鞋、凉鞋等通常不适合与西装搭配。袜子应选择深色，避免穿花色袜子。

第七，遵循"三一律"。在国际交往中，男士穿西装时通常遵循"三一律"，即在重要、正式的场合，鞋子、腰带和公文包应该是同一颜色，首选黑色，以确保整体搭配的协调性。

综上所述，男士穿着西装的礼仪要求涵盖了服装的选择、搭配和细节处理等方面，旨在确保其在正式社交和商务场合中展现出端庄、自信和得体的形象，遵循国际社交礼仪的准则。

（三）职业女性服饰礼仪

职业女性服饰礼仪在社交礼仪中占据着重要地位，它涵盖了服装选择、面料品质、时尚度、体现个人特点、细节处理等多个方面，以确保女性在正式的社交场合中呈现出专业、自信和得体的形象。以下是有关职业女性服饰礼仪的一些关键准则：

第一，套装的选择。套装是目前被广泛接受且最为适宜的职业女性服装。套装通常包括外套和相匹配的裙子或裤子，能够展现出整洁、一致的形象，同时体现职业性质。

第二，质料的重视。质料涉及服装所采用的面料、裁剪工艺和整体轮廓等因素。女性在进入正式的社交场合前应注重选择使用高质量面料、制作精良的服装，以确保美观且舒适。

第三，避免过度时髦和暴露。职业女性应避免穿着过于时髦、暴露的服装。

第四，扬长避短。在选择服装时，女性应强调自身的优点并避免突出缺点。

第五，细节的关注。在职业女性服饰礼仪中，细节至关重要。例如，手提袋的选择应注重搭配，且尽量与衣服、鞋子的颜色相协调，以展现整体的精致感。其他细节包括配饰、发型、妆容等，都需要慎重考虑，以确保整体形象的完美呈现。

通过选择合适的服装、注重细节和体现个人特色，女性可以在正式社交场合中展现出自信、专业和令人印象深刻的形象，有助于提高现场口语表达的感染力和有效性。

四、仪态礼仪

仪态礼仪作为人际交往和社会互动的一部分，旨在通过合适的姿态、举止来表达尊重、文明和自信。良好的仪态礼仪不仅能够给人留下积极的印象，还能够反映个体的文化修养和社会积累。

（一）交谈姿势

在交谈过程中，姿势扮演着重要角色，反映了一个人的性格特质和社交修养。正式场合的交谈中，双方要保持面对面的姿势，互相正视，避免分散注意力或表现出不礼貌的行为，如东张西望、打哈欠等。

（二）站姿

站立是基本的仪态之一，涉及体态的平衡和优美。一个人的站姿应该表现出稳定、端庄的特点。正确的站姿为身体直立，双脚并拢或稍微分开，头部、颈部和肩部保持舒展的状态，双臂自然下垂。这种站姿传达出自信、精神饱满、庄重的信息。

（三）坐姿

坐姿礼仪是仪态礼仪中的一部分，它要求人们在坐下时保持端庄、稳重和文雅的形象。正确的坐姿为腰背挺直，肩膀放松，双膝并拢或适度分开，双手自然放在腿上或椅子扶手上。在正式场合，坐下和起立时要轻柔缓慢，避免突然起立给他人造成不必要的干扰。坐姿的正确呈现有助于维持职业形象和社交礼仪。

（四）蹲姿

蹲姿礼仪要求人们在蹲下时保持膝盖弯曲，臀部向下，上体直立，确保优雅而舒适。

（五）走姿

行走是人们生活中常见的动作，良好的走姿能表现出轻松、自然和自信。走姿礼仪要求步伐稳健，头部抬高，肩部放松，眼睛平视前方，面带微笑，双臂自然摆动。这种走姿传达出积极向上、自信大方的信号。

仪态礼仪是社交互动中非常重要的一个方面，它通过合适的姿势和动作来传达尊重、自信和文明。维护良好的仪态礼仪有助于开展有效的社交，提升个体形象。

五、交谈礼仪

交谈礼仪是社交互动的重要组成部分，涉及言语和非言语交流的方方面面，具有特定的社会和文化背景。遵守适当的交谈礼仪有助于建立积极的人际关系，促进有效的社交互动，并表现出个体的尊重和文化素养。因此，了解和实践交谈礼仪是建立成功社交关系的关键。

（一）体态语的应用

交谈时，非言语元素，如体态语，起着至关重要的作用。在表情和肢体语言方面，表达者需要保持表情自然，示意亲切、友好和尊重。语速应适中，避免过快或过慢，以确保有效的沟通。眼神交流也是重要的，适度的眼神交流表明对对话伙伴的重视，然而，应避免过度或不自然的眼神交流，以免造成尴尬。

（二）体现尊重

在多人对话中，应充分尊重其他参与者的发言权，不打断他人发言，不随意补充或更正他人的发言，也不主动质疑他人的发言。这有助于维持对话的流畅和和谐，表明对他人观点的尊重。

（三）积极聆听

良好的交谈礼仪还包括积极聆听对话伙伴所阐述的内容。聆听时，可以通过点头、微笑或简单重述对方的主要观点来表达聆听的诚意。赞美也是维持积极对话氛围的一种方式，恰如其分的赞美可以增进交谈的友好性和融洽性。

（四）话题的选择

选择合适的话题对于交谈的成功至关重要。话题的选择应考虑参与者的兴趣和背景，以确保"有话可说"。同时，应避免开启容易引起不适或争议的话题，如涉及个人隐私的话题、有争议的政治问题。

（五）使用敬语

在交谈中，使用适当的敬语是非常重要的。这包括向对方表示尊敬和感谢的话语，以及在询问或请求帮助时使用礼貌的措辞。适当使用敬语可以提升交谈的礼仪性和尊重度。

（六）尊重性别和文化的差异

在交谈中，应尊重性别和文化的差异，避免忽视或冒犯他人的文化传统和社会背景，在开玩笑时更要格外小心，以避免引发误解或冲突。

六、正式场合的介绍礼仪

正式场合的介绍礼仪为社交和职场中的重要内容。

（一）自我介绍

自我介绍是在正式场合介绍自己的一种行为，通常有以下几种应用场景：

第一，职场应用。自我介绍在求职面试、职业会议以及正式职场互动中起关键作用。自我介绍的内容应包括个人姓名、所属组织或单位、职务或专业领域等，以建立自身的专业形象。

第二，社交场合。在社交场合，自我介绍通常以姓名为基础，但可以根据情境适度扩展。自我介绍应当简洁、真实，避免自我夸大或虚假陈述。

第三，公共场合。在正式场合如演讲、庆典、仪式等，自我介绍需要更为正式和庄重。除了基本信息外，还可以加入适当的谦辞和敬辞，以显示对听众的尊重。

（二）介绍他人

介绍他人是一种社交礼仪，可以帮助陌生人相互认识和建立联系。以下是介绍他人的注意事项：

第一，尊卑有序。在介绍他人时，应遵循"尊者居前"的原则，即应该优先介绍年长者、职务高者或特别受尊重者。这有助于维持礼仪和秩序。

第二，征求同意。在介绍他人之前，应事先征求被介绍人的同意，并尊重其意愿。这可以避免尴尬和不适。

第三，表现尊重。介绍人和被介绍人应当起立，以示尊重和礼貌。在介绍后，双方可以通过握手、微笑、点头或言语表示问候和欢迎。

第四，注意礼仪场合。在正式场合，如宴会或会议，介绍礼仪可能会有所不同。在这些情况下，被介绍人和介绍人不一定需要起立，但仍应保持礼貌和尊重。

第五，完整地介绍。介绍他人时，内容应当完整，包括被介绍者的姓名、所属组织或单位、职务或专业领域等关键信息，以帮助听者更好地了解被介绍人。

第六，负起主人的责任。在宴会或社交活动中，主人应该负责介绍宾客，并确保没有遗漏重要内容，以维持活动的礼仪和和谐。

第七，避免指指点点。在介绍他人时，应当使用礼貌的言语而不是手势，避免用手指指人，以表现出彬彬有礼。

七、电话礼仪

电话礼仪在日常社交和公务场合中起着重要的作用，能够促进有效的沟通、维护良好的关系和提升个人形象。

（一）接听电话

◎ 1. 及时接听

电话铃响时应迅速接听，通常应在铃声响起不超过三次时接听，以体现对通话的重视。

◎ 2. 规范通话语言

接听电话时，应使用文明礼貌的语言，表现出热情、谦和的态度。语调宜平和、舒缓，音量适中，以确保清晰准确的沟通。接听电话的开场白应包括问候和自我介绍，如"您好，这里是某某单位"，并在适当时机委婉地询问对方的需求。

◎ 3. 避免不礼貌的语言

避免使用不礼貌的语言，如粗暴的问候或直接询问对方的身份或致电事由。反之，应以更加礼貌和委婉的方式与对方交流。

（二）拨打电话

◎ 1. 通报身份

在开始正式通话前，应首先通报自己的姓名和身份并礼貌地询问对方是否方便接听。

◎ 2. 选择通话时间

避免在周末、节假日、晚上8点以后和早上7点之前打电话，除非涉及紧急工作。在进行国际通话时还应注意时差问题。

◎ 3. 控制通话时长

通话应简短，在保证信息充分交流的基础上，尽可能避免冗长的交谈，尤其忌讳不必要的信息重复。

◎ 4. 挂断电话的礼仪

在挂断电话时，应注意礼仪，特别是针对公务电话。通常在对方挂断电话后，方可挂断，以表现出尊重和礼貌。

（三）代接电话

◎ 1. 告知不在者的去向

如果被寻找的人不在，应当先告知对方，然后礼貌地了解对方的身份和需求，以便进行相关安排。

◎ 2. 记录信息

在代接电话时，应准确记录来电者的信息，包括姓名、单位、电话号码、消息内容等。记录完毕后，应复述一遍以确保准确性。

（四）手机的使用

◎ 1. 不随意借用他人手机

不应随意借用他人的手机，非必要也不宜主动询问陌生人的手机号码，以保护隐私。

◎ 2. 规范使用手机

在驾驶车辆等需要注意力高度集中的情况下，应遵守相关规定，不使用手机。

◎ 3. 避免制造噪音

在会议、演出等场合，应将手机调至振动或静音模式，以避免打扰他人。同时，应谨慎选择手机的放置位置，不妨碍他人。

（五）公务电话礼仪

◎ 1. 心情和态度

在接听公务电话时，应保持良好的心情和态度。注意语音表达的积极性，即使无法看到对方，也应展现出积极的语调，以建立积极的印象。

◎ 2. 迅速准确地记录

在公务电话中，迅速准确地记录信息至关重要。应牢记"5W1H"技巧，具体指记下何时（When）、何人（Who）、何地（Where）、何事（What）、为什么（Why）

以及如何进行（How）等关键信息。

◎ 3. 了解来电目的

应在接听电话时了解来电者的目的，并妥善处理。即使无法立即满足对方的需求，也应委婉地说明原因，以维护关系。

◎ 4. 含蓄的言辞

当需要结束冗长的电话交流时，应使用委婉和含蓄的言辞，避免冒犯对方。

口语表达礼仪是日常社交和职业成功的关键要素之一。通过遵循适当的礼仪原则，我们可以在各种情境下建立积极的人际关系，树立良好的个人形象。通过了解和运用口语表达礼仪，我们可以不断改善自己在各种交往场合中的表现，使自己更好地融入社会，与他人建立更紧密的联系，更加得体地与他人交往。

第三节　跨文化口语交际礼仪

在当今全球化的时代，跨文化口语交际礼仪的重要性愈发凸显。随着全球化程度越来越高，个人和组织之间的国际交往日益频繁，我们不可避免地会与来自不同文化背景的人们打交道。因此，了解并遵守适当的口语交际礼仪成了成功跨文化交际的关键要素。

在这个通信技术飞速发展、跨境交流日益频繁的时代，口语交际不仅仅是交换信息的手段，更是文化、信仰和价值观的传递方式。然而，不同文化之间存在着巨大的差异，这些差异不仅体现在语言上，还显示在了姿势、面部表情、社交规范等方方面面。如果我们缺乏对不同文化礼仪的了解，就有可能会因为自己无意中触及了他人的文化敏感点，而在涉外社交场合引发对方的尴尬或让对方感到被冒犯。因此，我们要在跨文化环境中成功地进行口语交际，就需要更深入地了解不同文化的特点，学习如何尊重和理解不同文化，才能更加自信和成功地与来自世界各地的人建立联系，促进跨文化理解和合作。

一、跨文化口语交际中的礼仪规则

不同的文化背景带来了不同的社交习惯、价值观和信仰体系，这些要素会显著影响人们在交往中的表现和期望。在口语交际中，问候是常见也是较重要的环节之一，但在不同文化背景中问候方式可能千差万别。例如，部分西方国家会用亲吻面颊作为问候的方式，这被认为是一种直接、坦率的表达方式。而在一些亚洲国家，如日本，人们通常会鞠躬表示问候，这被视为一种尊重的表现。因此，在跨文化交际中，了解当地的问候方式至关重要，可以避免误解或冒犯。

在跨文化口语交际中，我们应该保持开放的心态，积极学习和尊重不同文化中的礼仪规则。这不仅有助于减少误解和冲突，还可以让我们更好地融入不同文化背景下的社交环境，促进文化之间的交流与理解。

二、不同文化背景中的社交距离

社交距离是指人们在社交互动中保持的物理和情感距离，可以反映出人与人之间的亲近程度。在不同的文化背景中，人们对社交距离的理解和实践各不相同。

（1）拉丁美洲。在拉丁美洲国家，人们通常喜欢保持较短的社交距离，更偏向亲近。身体接触，如拥抱、亲吻面颊，是非常普遍的社交礼仪。在社交聚会中，人们通常会站得很近，甚至可能会用手势和触碰来表达情感。

（2）亚洲。在亚洲，尤其是东亚，人们通常更注重个人空间和尊重他人的隐私。在公共场合，人们通常会保持一定的社交距离，避免身体接触。处于亲密关系中的两个人，尽管存在一些身体接触，但也相对较少。

（3）中东。在中东地区，人们通常会保持较大的社交距离，特别是在与异性交往时。握手和问候是常见的社交礼仪，但要注意避免触碰对方的脸。

（4）西方。在西方国家，对社交距离的选择相对较灵活，可以根据关系和情境而变化。

由此可见，社交距离的选择可能会影响跨文化交往。如果不了解或不尊重对方文化中的社交距离观念，可能会导致误解、冒犯或不适。例如，在一个拉丁美洲国家，拒绝拥抱或亲吻可能会被视为不友好；而在一个亚洲国家，过于亲密的接触可能会让人感到不适。

三、不同文化背景中口语表达的有效辅助手段

不同的文化背景和传统可能会导致对口语表达辅助手段的解释和接受产生差异，因此在跨文化交际中，理解和尊重这些差异至关重要。

（一）头部姿势

头部姿势在不同文化背景中有着不同的含义。例如，在一些亚洲国家中，低头、不直视对方被视为一种尊敬和谦逊的表示，而在西方文化中，直视对方通常被认为是自信和坦率的表现。

（二）手势

手势的意义在不同文化背景中有所不同。例如，竖起大拇指在西方通常表示"好"的意思，但在一些东南亚国家中，这个手势可能被认为是侮辱。类似地，做出

"V"形手势在大多数地方表示"胜利"或"和平",但在某些国家,可能被视为粗鲁或冒犯性的手势。

此外,手的位置和动作在不同文化背景中也可能产生巨大的理解差异。例如,将手放在腿上或桌子上可能在某些国家或地区被视为礼貌的行为,但在另一些国家或地区可能被认为是不屑的举止;快速挥手可能表示激情和兴奋,也可能被理解为失控或咄咄逼人。

(三)面部表情

人们的面部表情在跨文化交际中可以传递情感、意图等信息,但人们对面部表情的解读方式有所不同,这可能导致误解和交际障碍。在跨文化交际中,了解对方所处地区对面部表情的解读传统是至关重要的。

◎ 1. 微笑

微笑是一种基础的面部表情,通常表示友好、满意和愉快。然而,在一些亚洲国家,人们可能会用微笑来掩饰不适或困惑。因此,微笑并不一定表示对话是愉快的。

◎ 2. 面部表情的控制

在一些国家或地区,人们可能会被教导控制自己的面部表情,不要在公共场合过于表露情感。此时,面部表情失控过于直接地表达情感可能会被视为不成熟。然而,在另一些国家或地区中,情感的自由表达却被视为正常和健康的。

(四)示意性动作

一些国家或地区的人们可能会使用示意性动作来表示意图和交流。这些动作在不同文化背景中可能有不同的含义。例如,点头可能在一些文化中表示同意,但在其他文化中可能表示理解或尊重。

跨文化口语交际礼仪的核心原则和技巧旨在建立起相互尊重和有效沟通的桥梁,而这正是促进不同文化之间的和谐和合作所必需的。尊重和开放的心态是实现这一目标的关键,它们能够消除误解、建立信任,并促成更深入、更有意义的跨文化交际。在多元化和全球化程度日益提高的当下,掌握这些原则和技巧对于建立成功的人际关系、促进职业发展至关重要。通过尊重和开放的心态,我们可以更好地连接世界各地的人,并共同构建更加包容的社会。

07 第七章
即兴口语表达
SPOKEN LANGUAGE

即兴口语表达是指在特定语境下，为实现特定的交流和表达目标，借助语言符号和非语言符号，以迅速的思维反应和即时性的口头表达方式进行的语言沟通。即兴口语表达的特点主要体现在以下几个方面：

第一，即兴与即时性。即兴口语表达发生在即时的沟通场景中，表达者需要在瞬息万变的语境中，立即思考，构建语言，并表达观点或传达信息。

第二，口语化。即兴口语表达的语言具有口头表达的特质，具备简洁、通俗易懂的语言风格，注重用词的贴切，句子常常比较简短，语法结构相对宽松。

第三，非语言因素的重要性。即兴口语表达中，非语言因素，如语气、音调、停顿、手势、面部表情等扮演了重要的辅助角色，有助于强调情感和表达目的。

即兴口语表达的训练对口语表达能力的提高具有重要意义。首先，它提升了口语表达者思维的灵活度。在即兴情境下，表达者必须快速调整思维，合理组织语言，确保在有限的时间内实现表达目标。其次，即兴口语表达增强了表达者的语言组织能力。表达者需要在迅速构思的基础上，将思想准确、清晰地转化为语言，并以一定的语法和逻辑结构进行表达。

即兴口语表达的方式多种多样，包括但不限于复述、描述、评述、解说、抒情等基本表达方式。在不同语境和目的下，即兴口语表达可以采用多样化的表达策略，以实现不同的交际和表达需求。

第一节 复述

复述是口头语言应用的一种形式，其本质在于将已存在的语言材料内容重新表达。复述包括对他人或自身先前言语表达的重述，抑或对之前阅读、听取的文字或口头材料内容进行转述。复述的过程涵盖了信息的理解、加工，最终将记忆中的信息内容以口头形式再次呈现的一系列动作。

复述的关键在于对原始材料的忠实还原，不允许更改或遗漏主要内容、观点和情节。然而，复述与单纯的机械背诵有所区别，它要求在对材料有深刻理解的基础上，用个性化的措辞重新诠释材料的内涵。

复述训练对综合语言能力的提升具有积极作用，包括但不限于听觉接受、充分记忆、深度理解、抽象思考和有效表达。复述可以细分为以下几个类别，分别是详细复述、简要复述以及创造性复述。每种类型的复述在不同语境下都具有其独特的作用。

一、详细复述

详细复述又被称为一般性复述，指的是按照原始材料的内容、结构、顺序，以一种准确而完整的方式将材料原原本本地加以口头表达。然而，这并非简单的机械背诵，而是要求复述者在深刻理解材料的基础上，以口头方式呈现材料的要点和内在逻辑。例如，当我们需要详细复述一篇科学文章，我们要先完全理解文章的主要概念和观点；然后，记录下一些关键词句，如科学术语或重要事实；最后，以清晰而连贯的方式，用自己的话语复述文章的内容，确保不漏掉任何关键信息，同时避免使用过多的书面语言。这种详细复述有助于提高我们对文章的理解和记忆，并培养自身的口头表达能力。

要进行详细复述，需要遵循以下几个要点：

（1）深入理解材料。复述者必须仔细聆听或阅读材料，以全面把握其内容。这包括识别材料中的主要线索和各部分之间的内在逻辑关系。例如，如果复述一篇新闻报道，必须明确报道的事件、时间线和相关细节。

（2）记录关键词汇。在理解材料的基础上，复述者应该记录下关键词汇和重要概念，以保持材料的层次结构和关键信息。这些关键词汇有助于确保复述的准确性和完整性。

（3）将书面语转化为口语。很多情况下，原始材料可能以书面语言的方式呈现，而口头表达需要将其转化为口语。这要求复述者具备语言转换的能力，以确保复述的流畅性和自然度。

（4）完整、准确、流畅。复述的目标是将原始材料以准确、完整且流畅的方式再现。复述者应注意避免漏掉任何重要信息，并确保表达连贯，不出现断章取义的情况。

二、简要复述

简要复述又称为概括性复述，是在全面理解原始材料的基础上，通过分析和综合，将材料的核心、要点提炼出来，并以简明扼要的方式表达出来。在这个过程中，次要部分、过渡性语句、解释性内容和修饰性语言通常被省略，以保持复述的简洁性和突出重点。例如，当我们需要简要复述一篇关于环境保护的文章，我们要先集中关注文章的主要论点，如减少塑料污染的重要性；再省略原始材料中的次要细节，如研究案例或具体的数据，而强调环保行动的紧迫性和必要性。这种简要复述有助于突出材料的核心观点，同时确保信息的传达是简洁而有力的。

简要复述的要求包括：

（1）把握中心，突出重点。复述者应该准确捕捉原始材料的主题和核心信息，强调其中最重要的观点。这需要在保持原始材料基本结构的基础上，删减不必要的细节和次要信息。举例而言，对于一篇记叙性文章，简要复述将着重关注主要人物和事件的发展脉络，而不涉及描述性细节。

（2）保持完整的结构和条理。虽然是简要复述，但复述者必须确保表达的内容在结构上仍然保持完整和有条理。这意味着复述应该具备清晰的起承转合，以确保信息的连贯性和易于理解。

（3）保留重要语句。在简要复述中，复述者应该保留原始材料中的关键语句，这些语句通常包含了核心观点和关键信息。这有助于确保复述的准确性和完整性。

三、创造性复述

创造性复述是一种口语应用形式,其特点在于在原始材料的基础上进行某种形式或内容上的创新和扩展。这种复述方式主要包括扩展型创造性复述和变换型创造性复述。

(一)扩展型创造性复述

扩展型创造性复述是对原始材料进行内容上的扩充,以使其更加充实和丰富,同时保持原始材料的主要线索。这种方式类似于文学创作中的"扩写",要求复述者在深刻理解原始材料的基础上,通过合理的想象和联想,增加细节、情节,或者对材料进行进一步的解释和修饰。具体要求包括:

(1)完备要素。完整呈现时间、地点、人物等相关要素。
(2)丰富场景。力求完整地再现场景和事件。
(3)充实细节。增加事态进展中的细节,使情节更加生动。
(4)融情注理。可以通过夹叙夹议的方式,加入抒情和议论的元素,增强复述的表现力。

举例而言,如果原始材料是关于一次登山经历的描述,扩展型创造性复述可以包括更多关于登山队伍成员的经历、登山路线的详细描述,以及对自然景观更丰富的描绘。

(二)变换型创造性复述

变换型创造性复述是对原始材料进行形式上的变化,同时保持原始材料的主题。这种方式类似于文学创作中的"改写",要求复述者对原始材料进行形式、结构、语体、人称等方面的变换。具体要求包括:

第一,变换人称。将原始材料中的第一人称改为第三人称,或反之。
第二,变换结构。改变原始材料的叙述顺序,如倒叙或正叙。
第三,变换体裁。改变原始材料的文体,如将诗歌改写成散文。
第四,变换语体。改变原始材料的语言风格,如将书面语改写成口语。
第五,变换角度。以不同的视角重新表述原始材料。

创造性复述的关键要求在于保持主题的一致性,确保创新是基于原始材料的理解和合理的想象。例如,如果原始材料是一首诗歌,变换型创造性复述可以将诗歌的内容改写成散文,从不同的角度描述相同的主题。这种方式旨在加强表达者的创造性思维和口语表达能力,同时保留原始材料的核心观点。

第二节 描 述

描述作为一种口语表达方式，侧重于通过详细观察，用生动的语言传达人、事、物、景等表达对象的特征和形态。描述不仅帮助语言表达客体形象地理解场景，还能够体现出语言表达主体的观察深度和表达能力。

一、描述的要求

第一，基于深刻观察。描述的基础和起点在于充分的观察。观察不仅仅是通过感官接收信息，更是用心去感受和理解。观察应当具有感受性、全面性和深入性。观察者需要透过表面现象，寻找事物的本质特征。

第二，真实准确。描述的内容必须真实可信，准确反映观察对象的特征和形态。表述应该合情合理，不夸大或歪曲事实。描述要符合逻辑，以提高可信度。

第三，鲜明生动。描述要突出观察对象的特点，切中"要害"，以便给听者留下鲜明、深刻的印象。通过生动的语言，描述者应使听者能够充分地想象或感受被描述的对象。这要求描述形象要鲜活、生动、传神。

第四，形象优美的语言。描述的语言应该形象、优美，可以更好地传达观察对象的特征。修辞手法如比喻、拟人、夸张等可以用来增强形象感和表现力，但必须适度使用，以避免过度修饰。

二、描述的种类

描述是一种广泛运用的口语表达方式。根据描述对象和描述方式的不同，它可以分为不同的种类，包括人物描述、物体描述、环境描述，每一种都有其特点和应用场景。

（一）人物描述

人物描述是对个体的外貌、性格、行为等方面进行具体叙述的口语表达方式。这种描述可以分为多个维度，包括肖像描述、语言描述、动作描述和心理描述。举例而言，当描述一个人物时，可以通过详细描绘其外貌特征、生动地呈现其言谈举止、披露其思想感情等来塑造这一人物形象。

（二）物体描述

物体描述是对有形的物品、动植物等进行具体描绘的方式。这种描述涵盖了物体的形状、颜色、构造、用途等方面。举例而言，对于一幅画作的描述可以包括颜色的深浅、线条的流畅与曲折、画面所传达的情感等。

（三）环境描述

环境描述是对事物发生场所、背景、氛围的口语表达方式。这种描述分为社会环境描述和自然环境描述。社会环境描述需要考虑社会背景、文化情境等因素，以便更好地呈现人物活动的社会背景。自然环境描述涉及地点、季节、气候、风景等要素，以展现事件发生的自然情景。

三、描述的方法

口语表达中的描述是一种常见的交流方式，用于传达信息，呈现事物、场景或情感。良好的描述能够使听众更清晰地理解和体验所描述的对象，同时也能够增强交流的效果。

（一）详细描绘

详细描绘是将事物或情景的细节以生动的方式呈现给听者的方法。通过提供更多的信息，可以让听者更全面地理解所描述的对象。当描述一幅画作时，我们可以说："这幅画中有一片宁静的湖泊，湖面如镜，映出蓝天和白云的倒影，岸边有几棵高大的柳树，微风拂过，树叶发出轻柔的沙沙声。"

（二）感官描述

感官描述是通过触发听者的感官来呈现所描述对象的方式，包括对视觉、听觉、嗅觉、触觉和味觉等感官体验的描述。当描述一道美食时，我们可以说："这道菜金黄诱人，散发着香气，夹起一口，咬下去，鲜嫩多汁，让人感到满足。"

（三）比喻与隐喻

比喻与隐喻是通过将抽象的概念或情感与具体的形象进行比较，来传达更深刻的含义，使描述更具象化和生动化。例如，当描述友情的牢固时，我们可以说："友情就像一座坚不可摧的堡垒，无论何时都能给予你庇护。"

（四）对比与对照

对比与对照是将两个或多个事物或情景进行对比，以突出它们之间的相似性或差异性。这可以帮助听者更清晰地理解描述者所描述的对象。例如，当描述两种型号的手机时，我们可以说："这款手机轻巧便携，而那款则更注重屏幕显示。"

在口语表达中运用描述技巧时，我们可以根据需要选择不同的方式，更好地传达所描述对象的特点和情况。不同的描述方式能够帮助听者更好地理解和感知所描述的内容，从而丰富口语表达的形式和效果。

第三节 评 述

评述是一种言之有物、观点明确的口语表达方式。它在夹叙夹议的结构中，既包含叙述事实的要求，又包括发表观点和明确立场的需求。评述旨在将个人的思考和见解融入对特定人物、事件、主题的叙述中，以达到更深刻、更具影响力的表达效果。

一、评述的要求

（一）事实的准确性

评述的首要任务是确保所描述的事实准确无误。只有当基本事实清晰、客观、正确时，评述的观点和见解才能够建立起来。举例而言，如果对于历史事件的评述存在不准确的叙述，将会削弱评述的说服力。

（二）叙述的清晰性

评述的叙述部分是评述观点的依据和背景。因此，叙述应当清晰、简洁，确保听者可以清楚理解所述的内容。混淆不清或冗长复杂的叙述可能会分散听者的注意力，使得评述主旨难以得到传达。

（三）观点的鲜明性

在评述中，观点应当鲜明。评述不仅仅是对事实的叙述，更是一种对事实的解释和看法。观点应当清晰表达评述者的立场，包括支持、反对或强调。

（四）逻辑的严密性

评述需要具备严密的逻辑结构，以确保其合理性和说服力。评述的观点需要建立在充分的论据之上，避免模糊不清或无据可依的陈述。逻辑关系应当清晰，以确保评述的推理过程具备合理性。

评述的语言应当精确、通俗，以确保观点得以准确表达并易于理解。评述要言之有物，不偏离主题，而又要简练概括，不言而喻。只有在满足这些要求的基础上，评述才能够发挥其最大的表达效力，引导听者对特定主题进行更深层次的思考和理解。

二、评述的种类

评述是一种复杂而多样化的口语表达方式，它承载着个体对于特定主题、人物或事件的观点、看法和评论。从评述的方式和内容来看，评述可分为不同类型，包括先述后评、先评后述、边述边评，同时也可依据评述的焦点划分为人物评述、事件评述和一般内容评述等。

（一）先述后评

这一评述方式首先要求评述者对所要评论的内容进行详尽的叙述，以确保听者对该内容有充分的了解。随后，评述者针对已呈现的材料提出自己的观点、评论和见解。例如，一位新闻评论员可以先详细报道一项政治事件，然后在此基础上表达自己对该事件的看法和评价。

（二）先评后述

这种评述方式要求评述者在开始时突出自己的观点和立场，然后将观点与相关材料结合，以阐明为何持有这一观点。通过先评后述的方式，评述者能够引导听者更有针对性地理解叙述材料。例如，一位社会评论家可以先提出针对某一社会问题的观点，然后在接下来的叙述中呈现相关数据和案例以支持这一观点。

（三）边述边评

这种评述方式是在叙述过程中穿插评论和观点表达，使评述更加流畅和连贯。边述边评通常在自由的交流环境中使用，允许评述者灵活地根据对话的进展提出评论和观点。例如，在一场辩论中，辩手可以边介绍事实和论据，边提出批评或反驳对手的观点，以增强说服力。

（四）人物评述、事件评述和一般内容评述

这三种评述类型是以评述的焦点来区分的。人物评述侧重于对个人的思想、行为、性格等方面的评价，如一位文学评论家对一部小说中主要角色的评述。事件评述强调对特定事件的性质、影响、背景等方面的评论，如一名历史学家可以评述一项历史事件的重要性和后果。一般内容评述则是对广泛主题或问题的评论，如一位哲学家对伦理学一般原则的评述。

三、评述的方法

口语表达中的评述是一种在言语中对特定主题或话题发表观点和评论的方式。它不仅仅是简单的事实陈述，更是对事物、事件或思想的主观看法和见解。

（一）论证式评述

论证式评述是通过提供有力的论据和理由，来支持自己的观点和立场。这种方法强调逻辑推理和证据的合理性。在讨论环境污染问题时，我们可以说："科学研究已经明确指出，空气污染和水污染对我们的健康和生态系统造成了严重威胁。因此，我们有责任采取措施来减少污染源。"

（二）描述性评述

描述性评述是通过生动的叙述和描述，将事件或事物呈现给听者，并附带主观情感或观点。例如，主持人在描述一场音乐会时可以说："音乐家在舞台上奏响了美妙的旋律，观众沉浸在音乐的海洋中。这场音乐会真令人陶醉。"

（三）对比与对照评述

对比与对照评述是将两个或多个事物、观点或事件进行对比，以突出它们之间的相似性或差异性。在讨论两种不同的政策时，我们可以说："虽然政策A在助力经济增长方面表现出色，但政策B更加注重社会公平和环境保护，我们需要权衡其利弊。"

（四）比喻与隐喻评述

比喻与隐喻评述是通过将抽象的观点或主题与具体的形象进行比较，以强调某种特点或含义。我们在谈论创新时就可以说："创新是打开未来大门的钥匙，它将点亮前行的道路。"

（五）引用权威或专家观点评述

引用权威或专家观点评述是通过引用专业或权威人士的意见和观点，来支撑自己的观点。例如，在讨论健康问题时，我们可以引用医学专家的研究结果。

总之，评述具有多种方式。它不仅能够有效传达观点和看法，还有助于听者深入理解和分析特定主题、人物或事件。评述方式的选择取决于表达者的意图、听者的需求，以及交流的背景和环境。

第四节　解　说

解说是一种口语表达方式，其核心目标在于对客观事物或事理进行准确的说明和解释，以便听者能够理解并掌握相关的知识和信息。解说不仅在口头交流中常见，也在书面表达中被广泛运用，常被称为"说明"，其主要特点是具有明显的介绍性质，旨在帮助听者全面理解特定话题或概念。

一、解说的要求

（一）内容真实准确

解说的首要原则是真实准确。解说的内容必须基于真实的事件、可靠的数据或已验证的知识。这意味着解说者需要进行深入的研究和准确的资料收集，确保所提供的信息是可信的。例如，当科学家解说某一科学理论时，需要基于相关实验结果和科学研究，以确保解说的准确性。

（二）条理清晰明了

解说的另一个重要要求是条理清晰明了。解说必须按照一定的逻辑顺序组织信息，以便听者能够轻松地理解和记忆。例如，当教师在解说一个历史事件时，可以按照时间顺序或因果关系来组织信息，为学生提供清晰的线索，帮助学生全面了解历史事件全貌。良好的条理结构可以帮助解说者将信息呈现得有条不紊，避免混淆或跳跃的情况发生。

（三）语言简洁通俗

解说的语言应当简洁通俗，以确保听者能够理解。这意味着解说者需要避免使用复杂或晦涩的术语，而是选择通俗的表达方式，使信息更易于被接受和消化。例如，当科学家向社会公众解说一项全新的科技创新成果时，就可以用日常生活中生动的例子和比喻来解释其原理和影响，帮助公众建立直观的印象。

（四）表达深入浅出

解说的目标是传达复杂的信息，但表达应该深入浅出。这意味着解说者需要将抽象和深奥的概念转化为具体、易于理解的语言，或者借助图形、图表或模型来进行可视化解释，以帮助听者更好地理解。例如，当科学家要解说量子物理学中的超越性概念——量子纠缠时，该科学家首先可以深入研究量子物理学的原理，并确保了解量子纠缠的各个方面。然后，他可以采用简单的比喻，如"一对双胞胎星星，无论它们有多远，它们的状态都会同时改变，就像是彼此之间有一种神秘的联系"。通过这种方式，科学家就能够深入浅出地解释量子纠缠，使普通人也能够理解这一复杂的物理现象。

解说是一种旨在传达知识和信息的口语表达方式，其关键要求包括真实准确的内容、清晰明了的条理、简洁通俗的语言和深入浅出的表达。通过满足这些要求，解说者可以有效地传递信息并帮助听者更好地理解复杂的概念和话题。

二、解说的种类

解说作为一种口语表达方式，具有广泛的应用领域，可根据不同的角度进行分类。

（一）按详略划分

◎ 1. 简约性解说

这种解说注重简明扼要，主要着眼于传递基本信息和核心概念。它通常用于快速介绍事物或事理，以满足听者对基本信息了解的需求。例如，在关于地球的科学普及讲座中，主讲人可以先简要解说地球的结构和形态，让听众迅速了解这个主题。

◎ 2. 详细性解说

这种解说更加详细和全面，旨在深入探讨事物或事理的各个方面。它通常涉及更多的背景信息、案例分析和细节展示，以便听者能够获得更深层次的理解。

（二）按语言风格划分

◎ 1. 平实性解说

这种解说采用简单、直接的语言，以清晰地传达信息。它通常避免修辞的花哨、夸张，注重客观性和准确性。在新闻报道中，记者通常会采用平实性解说，以提供客观的事实和信息，展示新闻报道的公正、客观。

◎ 2. 形象性解说

这种解说通过比喻、拟人等修辞手法，以形象化的语言来让事物或事理更具体和生动。它的目标是让听者更容易理解和记忆。例如，自然保护活动的发起者可以使用形象性解说，借助人类的生活场景来描述野生动物的生活习性，以便让听众能够在情感上与之产生共鸣。

◎ 3. 谐趣性解说

这种解说注重幽默和诙谐，以吸引听者的兴趣。尽管如此，谐趣性解说仍要确保信息的准确性。

（三）按内容划分

◎ 1. 实物解说

这种解说侧重于描述实际物体的特征、性质、结构和用途。它通常用于介绍物理世界中的实际对象，如机械设备、自然景观或艺术品。博物馆讲解员可以运用实物解说，向参观者介绍展品的历史和制作工艺。

◎ 2. 程序解说

这种解说关注事物发展的过程、阶段，以及事件进展的顺序和条理。它常用于解释工程项目的实施步骤、科学实验的方法或复杂流程的运作。

◎ 3. 事理解说

这种解说致力于阐明事物内部所包含的规律、原理以及它们与其他事物的关系。事理解说通常涉及抽象的概念和理论，需要提供逻辑严密的解释。

三、解说的方法

解说作为一种知识传授和信息阐释的方式，可以借助多种方法以确保信息的准确传达。以下是一些常见的解说方法。

（一）定义说明

定义说明是通过简明而准确的语言，阐明解说对象的本质特征。它通常以"某某是什么"作为基本句式。这种方法要求概念清晰，以确保表述的准确性。在化学课上，教师通过定义说明来解释元素，如氢是化学元素周期表中的第一个元素，其原子核只包含一个质子。

（二）诠释说明

诠释说明是对定义的具体化，以全面介绍或突出某些特定方面。它允许更深入地解说对象，并可以采用比喻等形象化的语言。

（三）举例说明

举例说明是通过提供有代表性和有说服力的具体例子，来说明事物或事理的方法。这有助于将抽象或复杂的概念具体化。在经济学的课堂上，当需要解释通货膨胀的概念时，教师可以举德国在第二次世界大战后的通货膨胀的案例，加深学生的印象。

（四）分类说明

分类说明是根据事物的特征、性质、结构、功用、外形等对事物进行分类，然后对其进行详细说明的方法。这种方法要求分类标准统一和科学，需要深入了解事物的特点和本质。

（五）对比说明

对比说明是通过比较，让听者更好地理解事物或事理的方法。这种方法要求进行比较的事物具有可比性，即具有相似点或联系。例如，在文学分析中，可以通过对比两个不同文学作品的主题、风格和情感表达，来推动听者对它们的理解。

此外，还有其他解说方法，如列数字说明，即通过提供统计数据来支持解说内容。这些方法的选择取决于解说的对象和目的。

第五节 抒情

抒情，作为一种情感表达方式，不仅在文学艺术领域应用广泛，在口语表达领域也具有非常重要的作用。它是对人、事、物、景等对象的真实情感抒发，具有深刻的文学和情感内涵。

一、抒情表达的要求

第一，真情实感。抒情的核心要求之一是真情实感。这意味着抒情表达应该基于真实的情感和深刻的体验，避免虚伪、做作和夸张。当我们朗诵一首赞美大自然的诗歌时，不应仅仅从字面上机械地描述景色，而应该深入感受诗人对大自然的赞美之情，进而通过语言将自然的壮丽之美表达出来。

第二，健康情趣。抒情表达不仅要真实，还应具备健康的情感趣味。这意味着情感的表达应该积极、高尚，能够激发听者的积极情感。

第三，具体丰富。抒情表达需要具体而丰富的情感，因为情感常常是多层次、多维度的。

抒情表达是一种深刻的情感传达方式，要求真实、健康、具体、自然。它可以传达表达者的内心情感，能够触动人心，激发听者的共鸣。

二、抒情的种类

抒情作为一种口语表达方式，根据其表现方式可以分为两大类：直接抒情和间接抒情。

（一）直接抒情

直接抒情是一种坦诚而毫不保留地表达情感的方式。在这种形式中，讲话者直接倾诉内心的感受，毫不加以掩饰或修饰。这种方式通常以个人的主观情感抒发为中心，表达情感的强烈和真实。例如，在一次家庭聚会中，一位家庭成员可能直接表达对亲情的珍视，感慨道："我真的非常珍惜我们家庭的团聚时光，这是我生活中最宝贵的时刻，我爱你们！"

（二）间接抒情

间接抒情是通过巧妙运用叙述、议论等表达方式，将情感间接地融入言辞之中的方式。这种方式更加含蓄和隐晦，需要听者深入分析和体会才能领会其内涵。举例而言，在朗诵时，诗歌中有时包含着"你是我的阳光，照亮了我的生活"等比喻，以传达对爱情的赞美。这就需要朗诵者巧妙地运用停连、重音、语气、节奏等技巧营造意境，让听者品味诗歌内在的真实情感。

三、抒情的方法

口语表达中的抒情通过语言来传递个人内心的情感、感受以及思想。在不同的语境下，抒情可以采用多种方法，旨在让听者能够更深刻地体验和理解情感。

（一）比喻和隐喻

比喻和隐喻是抒情中常用的修辞手法，通过将抽象的情感或概念与具体的形象相联系，使情感更加具象化和生动化。当表达对友情的珍视时，我们可以说："友情如同一颗灿烂的明星，照亮了我生活的黑夜。"这里，用"明星"作比，强调了友情的闪耀和指引作用，增强了抒情效果。

（二）拟人

拟人是一种为非人类事物或抽象概念赋予人类特征和行为的修辞手法。通过拟人，情感可以被更加生动地呈现。当表达对自然景色的喜爱时，我们可以说："大自然在晨曦中被轻轻唤醒，草叶似乎在微风中互相耳语。"这里，草叶被赋予了"耳语"的行为，增添了情感元素。

（三）对比和排比

对比和排比是通过将不同的情感或概念进行对比或并列，突出情感的强烈和深刻。当表达对生活的矛盾和挑战时，我们可以说："生活时而像温柔的春风，时而像强烈的风暴，我们必须在其中找到平衡。"这里，对比了温柔和强烈，强调了生活的复杂性。

(四)感官描述

感官描述是通过描述视觉、听觉、嗅觉、触觉和味觉等感官体验,来传达情感的方式。当表达对美食的享受时,我们可以说:"那碗热气腾腾的鸡汤,散发出阵阵的香气,让我感到温馨和满足。"这里,通过感官描述,强调了享受美食的愉悦感。

(五)叙述故事

叙述故事是通过讲述生动的情节和角色,来引发听者的情感共鸣的方式。当表达对勇气的赞颂时,我们可以讲述某位英雄的一个故事,激发听者的敬佩之情。

(六)反问和疑问

反问和疑问是通过提出问题来引发听者的思考和情感共鸣的方式。如果想表达对社会不公的愤怒,我们可以进行反问:"难道我们能坐视不管,让不公正继续蔓延吗?"这种方式强调了事件的紧迫性和深刻性。

综上所述,口语表达中的抒情可以通过多种方法来实现,每种方法都有其独特的效果和应用场景。但无论采用哪种方法,关键在于真情实感的传递,使听者能够深刻地感受和理解表达者的情感。

08 第八章
演讲的表达艺术
SPOKEN LANGUAGE

第一节　演讲概述

古希腊留传至今的两大史诗，分别是《伊利亚特》和《奥德赛》。这两部史诗不仅规模宏大、内涵丰富，更广泛地反映了古希腊从氏族社会向奴隶社会过渡的复杂历程。古希腊人将这两部史诗视为一部百科全书，从中汲取知识、接受教育，并将其视为文化传承的重要组成部分。这两部被视为民族骄傲的伟大史诗均由一位失明的吟游诗人——荷马编写而成。传说中，荷马常年背着竖琴，游历各地，以口头演讲的方式传颂特洛伊战争中的英雄事迹。荷马因编写《伊利亚特》和《奥德赛》两部史诗，在古希腊文化史上留下了不可磨灭的印记。哲学家柏拉图曾明言，荷马教育了希腊人。因此，荷马一直受到希腊人的崇敬。而"演讲艺术"的概念，正是首次出现在荷马的史诗中。

荷马的史诗作品为古希腊文化的传承和发展做出了巨大的贡献。他的作品中不仅包含了丰富的历史、神话和道德教训，还通过叙述和表现英雄的言行，初步提出了"演讲艺术"的概念。在他的史诗中，英雄往往需要运用巧妙的口才和说服力强的演讲来处理复杂的情境。在《伊利亚特》中，荷马描写了阿喀琉斯在特洛伊战争中的演说，他通过巧妙且激情澎湃的言辞，成功地劝说了自己的战友重新投入战斗。这一场景展示了演讲艺术在军事领域中的应用，以及言辞如何能够影响人的情感和行为。同样地，在《奥德赛》中，荷马以奥德修斯为主要角色，描述了他在回到故乡的旅途中所经历的一系列冒险和挑战。奥德修斯在与怪物、女神和妖精的互动中，经常需要巧妙地运用演讲技巧来保护自己或说服对方。这些片段展示了荷马对演讲艺术的早期探讨，为后来希腊伟大的演说家如德摩斯梯尼和伊索克拉底等进一步发扬演讲艺术奠定了坚实的基础。

一、演讲的概念

演讲，又被称为演说或讲演，是一种演讲者以口头表达为主、姿态和声音语言为辅，面向听众，传达知识，阐明观点，激发听众参与某项行动的一种沟通方式。对于这一概念的深刻理解可以从以下三个方面展开。

（一）演讲是一门独立的语言艺术

不是所有形式的口头表达都能被归为演讲，因为演讲不仅仅是口头表达，还包含了逻辑演绎的成分，以严谨的语言逻辑来增强口头表达的表现力和说服力。与演员表演、朗诵、故事讲述等口语表达形式不同，演讲更着重于通过"讲"的方式传递信息，同时辅之以适度的非语言表达形式，以实现信息的最佳传达。

演讲融合了"演"与"讲"两方面的元素。"演"强调逻辑演绎，通过严密的语言逻辑增强口头表达的表现力与说服力，使听众乐于接受与信服。"讲"则是以言辞呈现演讲者的知识、思想与观点，它直接作用于听觉，启迪心灵，转变观念，引导行动。演讲者恰当地将"演"与"讲"结合，从而起到宣传、教育与激励的效果。例如，当演讲者要呼吁人们关注环境问题时，他可以使用生动的口头描述（"讲"）来传达环境保护的重要性，同时运用数据和事实（"演"）来强调其观点的可信度。

（二）演讲是一门以真实性为核心的艺术形式

演讲者站在讲台上，以自己的真实身份表达观点和情感，而非扮演角色或掩饰身份。演讲可以融合幽默、激情和故事情节，但决不能偏离"真实人物、真实事件、真实情感、真理"的轨道。任何脱离真实性的演讲都将失去其内在的价值和说服力。举例来说，一位政治领袖在一次关于社会改革的演讲中可以运用真实的案例和个人经历，来增加演讲的感人程度。然而，如果他夸大或捏造信息，那么其演讲将丧失真实性，从而丧失对听众的影响力。

（三）演讲是演讲者与听众相互沟通的过程

演讲依赖于演讲者的主体形象、有声语言和身体语言，演讲者需以有条理、有组织的方式将自己的观点和思想传达给听众。它不同于单纯的漫谈或简单地背诵稿件，而是一门涵盖广泛的综合性语言艺术。马丁·路德·金在1963年的《我有一个梦想》演讲中，以慷慨激昂的言辞和深厚的情感，呼吁种族平等与和谐，成为历史上较具影响力的演讲之一，为民权运动注入强大的动力。

总之，演讲作为一种复杂的、综合性的语言艺术形式，强调了真实性、逻辑性，是一种传递信息、观点和激发行动的有力的口语表达方式。

二、演讲的基本特征

演讲是一种真实的社会实践活动而不是虚拟的艺术表演。演讲的目的在于促使听众采取现实行动。但是，演讲作为一种综合性极强的艺术表达形式，不仅具有一切口语表达形式所具有的共同特征，而且具有鲜明个性。

（一）鼓动性

演讲具有显著的鼓动性。演讲者借助演讲来唤起听众的思考，激发其情感，鼓励其采取行动。演讲在鼓动听众方面发挥着关键作用，其成功取决于演讲者的能力以及对听众情感的触动。例如，政治演讲可以激发人们的政治热情，经济演讲可以激励商业决策，军事演讲可以鼓舞士气。

那么，演讲具有鼓动性的原因何在呢？我们可以从以下几个方面简单分析一下。首先，我们认为一切正直的人都具有追求真、善、美的强烈愿望，都有渴求知识的欲望。而演讲的目的就是传播真善美，传授知识，开启人们的智慧，陶冶人们的情操。在这一点上，演讲者与听众很容易沟通，并建立起共识。其次，演讲者在传播真善美的时候，总是饱含着炽烈的情感。感人心者莫先乎情。演讲者总是以自己的情感之火去点燃听众的情感之火，以自己炽烈的情感之手去拨动听众的心弦，从而使其动情，引起共鸣，达到影响、征服听众的目的。再次，演讲具有较强的艺术性。动听的声音、抑扬的语调、丰富的表情、多变的手势、严谨的结构、缜密的逻辑等，都容易感染听众，加强演讲的说服力。最后，演讲的直观性，也加强了它的鼓动性。任何一次演讲都是在特定的时空环境下进行的，也就是演讲的现场。在这个现场里演讲者不仅能看到所有的听众，而且听众也能看到演讲者。自始至终，双方总是在进行直接的思想感情交流。演讲者不仅随时观察着听众的情绪、反应，而且还必须根据听众的反应，及时地调整自己的演讲，使其更能说服听众、激励听众，以达到演讲最理想的效果。基于上述四个特点，演讲才更具有鼓动性。

（二）说理性

演讲是基于理性的表达方式。演讲者面对听众，提出观点、评价社会事件、分析现象或解决问题，强调以理性论证为基础，力求以理服人。演讲者通过清晰的逻辑和论证，使观点更具说服力，远离了虚浮的辞藻和贫乏的表达。强词夺理、语无伦次的演讲即使引入的故事再生动，辞藻再华丽，也难以打动听众。

（三）感染性

演讲不仅仅是理性的表达，还是感情的表达。演讲者应当具备鲜明的情感和态度，并将其巧妙地融入演讲中，以感染听众。通过言辞、声音、表情和手势，演讲者让听众感受到情感共鸣，从而更容易接受演讲的观点。古往今来，多少革命家、思想家，凭借演讲这一特殊的舆论手段使许多至理名言深入人心。例如，1946年闻一多先生在悼念李公朴先生的大会上发表了著名的《最后一次演讲》，这篇演讲词如同高亢的战鼓声，如同愤怒的号角声，令听众热血沸腾，也让今天的读者拍案而起，其感染力超越时空、经久不衰。可见，精彩的演讲必然以其说理、抒情而鼓舞人、感召人。

（四）时代性

演讲具有鲜明的时代特征，它必须紧跟时代的步伐，呈现出对社会现实的深刻观察和分析。演讲者借助演讲，表达对时代的理解，传播社会价值观念，从而在社会发展进程中发挥积极作用。时代性使演讲具备了生命力和持久性。古今中外的著名演讲家都是面对现实，应和着时代的脉搏向广大听众发表自己的看法，从而使演讲成了斗争的武器、教育的手段和传播科学文化的工具。时代性是演讲的生命力之所在。离开了时代性，演讲就失去了它存在的价值。

（五）实用性

演讲是一种实用的工具，可用于各行各业的信息交流。它是一种经济、高效、广泛应用的传播手段。演讲者可以在不同场合，将演讲作为交流思想和观点的工具。秋瑾女士在《演讲的好处》一文中阐述了演讲的五大好处：一是随便什么地方，都可以随时演说；二是不要钱，听的人必多；三是人人都听得懂；四是只需三寸不烂的舌头，又不要兴师动众，掏什么钱；五是天下的事情，都可以晓得。可见，每一个人都可以使用演讲这个工具。演讲具有很大的实用性。黑格尔的《美学讲演录》就是由他为大学开课的讲稿发展而成的。马克思的《资本论》中的某些基本思想和观点，是他先在工人中演讲过的。许多学者的学术思想也经常借助于演讲进行传播。

（六）艺术性

演讲既是一种实用性、应用性很强的现实活动，同时也是一门语言表达艺术，也就是我们平日所说的演讲艺术。演讲者通过多元的语言和非语言元素，如语调、表情、手势，使演讲更具艺术感。演讲的艺术性在于其整体的美感和审美价值，以及在不同演讲场合中的表现。

演讲之所以有较大的魅力，因为它不仅是由多系统要素构成的综合的实践活动，而且它还使这些系统要素有机结合而形成自己的特点。第一，具有统一性。这些系统要素在整个演讲活动中，既是它自己，又不是它自己。在演讲中，不仅缺少任何一个系统元素都构不成演讲，而且任何一个系统元素如果脱离了演讲的整体，就失去了它作为演讲中的一部分的意义和作用。在整个演讲活动中，只有各系统元素互相联系、互相配合、互相渗透，才能让人产生统一感及协调感。如果系统要素不能互相配合，甚至各自为政，或者过分乃至不恰当地强调、突出某一系统要素，而贬低、压抑另一系统要素，不仅不能发挥其作用，还会削弱其功能，影响整个演讲的效果。演讲的各系统要素必须在发挥各自作用的前提下互相配合、互相促进，才能给听众一种协调感，给人以美的享受。第二，富于变化。演讲的各个要素总是能根据主题和情感的需要而变化，始终给听众一种新颖感，并能扣动听众的心弦。比如，声音的抑扬顿挫，速度的快慢变化，态势语言的多样化。正因为演讲活动的各系统要素具有各自的特点并发挥着自己的作用，才得以有机、协调地组织成演讲的整体活动，演讲也才能产生巨大的魅力和吸引力，成为富有审美价值的现实口语表达形式。

（七）时限性

演讲的时间宜短不宜长。在演讲中，时限性是重要的考虑因素。过长的演讲可能使听众失去兴趣，注意力分散。因此，演讲者需要在时限内精炼、生动地传达主要观点。在演讲比赛中每人不应超过10分钟，事迹演讲最好不要超过16分钟。即使是演讲家的专题演讲最好也不要超过一个半小时。

综上所述，演讲作为一种社会交流工具，不仅具有实际应用性，还承载了丰富的艺术价值和情感价值。演讲者需要在时代的背景下，巧妙地融合理性和情感，以最大限度地影响听众并达到演讲的预期效果。

三、演讲的类型

演讲作为一种重要的交流和表达方式，可以根据不同的目的、内容和形式进行分类。这些不同类型的演讲在各自的领域中都具有特殊的意义和功能。政治演讲、生活演讲、学术演讲、道德演讲、经济演讲，每种类型的演讲都有其独特的特点和目标。

（一）政治演讲

政治演讲旨在传达政治目标和政策，通常出于政治动机，针对政治议题和与政治相关的问题进行。这类演讲包括外交演讲、军事演讲、政府工作报告、政治宣传演讲、竞选演讲、就职演讲、施政演讲等。政治演讲通常要求演讲者具备深刻的政治见解、较强的政策洞察力,以及高度的责任感。

(二)生活演讲

生活演讲涉及社会生活中的各种问题、现象和风俗。这些演讲的特点是主题广泛,形式多样,时代感强烈。无论是探讨社会中的真善美,还是揭示社会中的假恶丑,都可以成为生活演讲的话题。

(三)学术演讲

学术演讲涉及专业领域的知识传递和学术研究。这种演讲包括学术发言、学术报告、学术评论、专题讲座、学位论文答辩、学术创作经验分享等。学术演讲的特点是内容要具备科学性、论证要严密、语言要准确。学术演讲是传播知识和促进学术交流的重要方式。在中国中央电视台(CCTV)制作和播出的节目《百家讲坛》中,各领域的专家学者将自己拥有的丰富知识和研究成果,以浅显易懂、寓教于乐的讲述方式,面向社会公众讲授出来,这就属于典型的学术演讲。

(四)道德演讲

道德演讲侧重于传达人生观和精神文明,旨在对听众进行思想品德教育。这种演讲的特点是通过合理的论述来影响人的行为和态度,具有强烈的教育和启发作用。很多企事业单位举办的主题演讲比赛就属于这一类演讲。

(五)经济演讲

经济演讲旨在实现长期或短期的经济目标,通过宣传企业产品、服务等内容来影响公众的消费心理和消费行为。这类演讲通常以促进经济活动为最终目标。例如,在博鳌亚洲论坛等一系列国内外经济论坛、峰会上,各国政府、企业及专家学者等都会围绕不同的经济话题开展演讲。

四、演讲的构成要素

演讲作为一种用来传递信息和影响、激发相关行为的口语表达方式,其成功与否往往取决于其构成要素的质量。一个成功的演讲需要包括以下关键要素。

(一)主题与目标

演讲的主题是演讲的核心,是演讲者要传达的主要信息。主题必须明确,具有焦点，并与听众的兴趣相关。演讲的目标是指演讲者希望通过演讲实现的具体结果，如说服听众、传达信息或激发行动。在策划演讲时，明确定义主题和目标至关重要。

（二）结构

结构是演讲的脊梁，它决定了演讲的逻辑和连贯性。典型的演讲结构包括引言、正文和结论三个部分。引言用于引入主题，引起听众的兴趣；正文用于详细阐述主题；结论用于总结演讲并强调重要观点。在正文中，可以使用一种经典的"三点论"结构，即提出三个支持主题的论点，并为每个论点提供论据和例证。

（三）内容

演讲的内容必须准确、与主题相关且具有说服力。演讲者需要进行充分的研究和准备，以确保提供的信息可信且有力。演讲者要使用统计数据、事实、案例，引用权威论据来支持演讲的观点。此外，演讲者还应确保内容与听众的需求和背景相关。

（四）语言

语言是演讲的核心工具，演讲者需要使用清晰、生动和具有表现力的语言。注意语速、音调和音量，以确保演讲具有音乐性和吸引力。避免使用复杂的术语和难懂的词汇，以确保听众能够理解。演讲者还应注意使用修辞手法等来增强演讲的效果。

（五）身体语言

除了语言，演讲者的身体语言也非常重要。身体语言包括姿势、眼神接触、手势和面部表情。演讲者应该保持自信的姿势，与听众建立眼神接触，使用手势和面部表情来增强演讲的表现力。澳大利亚心理学家艾米·库德克在特德·托克斯（TED Talks，一个知名的英文演讲平台）的演讲中使用了肢体语言来强调她的观点。她的演讲题目是《你的身体语言如何塑造你的思维》（"Your body language may shape who you are"）。在演讲中，她讲述了自己的研究，探讨了身体姿势如何影响自信和成功。艾米·库德克在演讲中展示了"权力姿势"，这是一种自信和强大的身体姿势，包括站得笔直、双手叉腰等。她要求听众一同参与演示，摆出这种姿势，并让他们感受到状态的变化。通过这种生动的演示，她强调了身体语言对于一个人的自信和表现的影响。由此可见，当演讲者巧妙使用肢体动作和表情来增强演讲效果时，不仅可以增强演讲的生动性和吸引力，同时也让观众更好地理解和记住演讲的主要观点。

（六）节奏与时间管理

演讲的节奏和时间管理对于保持听众的兴趣至关重要。演讲者应该在规定的时间内完成演讲，并合理分配时间，避免匆忙或拖延。节奏也包括演讲的速度和停顿。适当的停顿可以用来强调重要观点或引发听众反思。

（七）互动与参与

与听众建立互动是演讲的重要组成部分。演讲者可以通过提问、引用个人经历或鼓励听众分享他们的观点来与听众互动。这有助于保持听众的参与和兴趣。演讲者还应该倾听听众的反馈，并根据需要进行调整。史蒂夫·乔布斯是苹果公司的创始人之一。在2007年第一代iPhone发布会上，乔布斯介绍了苹果的创新产品iPhone，并向观众展示了其功能和设计。在互动问答环节，观众提出了各种问题，涉及iPhone的功能、性能、定价等方面。乔布斯以他的典型风格回答了这些问题，有时候幽默风趣，有时候严肃认真。他的回答不仅解答了观众的疑问，还展示了他对产品的深刻理解和对市场的洞察力。这种互动不仅使发布会更加生动和吸引人，还为观众提供了更多关于产品的信息，加深了他们对iPhone的理解和兴趣。史蒂夫·乔布斯的演讲和互动方式在传播产品信息和建立品牌忠诚度方面取得了巨大成功，也成为后来各类高科技产品发布会纷纷效仿的经典案例。

（八）反馈与改进

演讲者应该接受反馈，并不断改进演讲技巧。反馈可以来自听众、同事或演讲教练。演讲者应该诚实地审视演讲的成功和不足，并采取措施来改进下一次的演讲。

五、演讲的作用

古往今来，演讲一直在社会生活的各个领域发挥着不可或缺的作用。从政治到商业，从学术到社交，演讲都扮演着重要的角色。

（一）演讲是一种思想传递的工具

演讲者可以通过演讲将自己的思想、观点和理念传达给听众，从而改变听众的认知。一个经典的例子是马丁·路德·金在1963年的《我有一个梦想》的演讲中，倡导民权平等，反对种族歧视。这场演讲不仅深刻地触动了听众的心灵，也成为美国民权运动的重要推动力量。通过演讲，他成功地传递了平等和公正的理念，激发了千千万万人的热情，改变了美国社会的格局。

（二）演讲是一种情感激发的工具

优秀的演讲者可以通过言辞、音调和身体语言来激发听众的情感，让他们产生共鸣和投入情感。

（三）演讲是一种信息传递的工具

在现代社会，演讲超越了面对面交流的边界，扩展到电视和网络等平台，出现了电视演讲、网络演讲等多种形式。英国华威大学的教育学教授肯·罗宾逊在 TED 大会上的演讲《学校扼杀创造力吗？》（*Do schools kill creativity*?）是一个显著的例子。这次演讲成了 TED 历史上较受关注的演讲之一，全世界约有 3 亿人次观看过这场演讲。演讲中最打动人心的是其中一个小故事。八岁的小女孩 Gillian Lynne 被老师"诊断"为学习障碍症，因为上课的时候总是动来动去无法安心听课。她的妈妈只好带她去看医生，医生说，她没病，而是个舞蹈天才。后来，她成了舞蹈家。肯·罗宾逊教授通过这个故事，唤起人们对创建一个培养（而不是破坏）创造力的教育体系的重视。这场演讲不仅突显了演讲作为传达信息和启发思考的强大工具的作用，也体现了有效沟通的三个关键要素——深入的研究支持、逻辑的严密性、富有吸引力的语言表达。

（四）演讲是一种行动启发的工具

优秀的演讲者能够激发听众的行动愿望，引导他们采取具体的行动。正是由于诸葛亮舌战群儒说服孙权联合抗曹，才有了而后的"三分天下"。而在《晏子使楚》中，晏子这位春秋时期齐国的相国，在与强楚群臣的不断争辩中，不仅维护了国家尊严，还促成了齐楚两国的联合。

（五）演讲是一种社交互动的工具

在演讲过程中，演讲者与听众建立了一种特殊的互动关系。通过言语和身体语言的交流，演讲者能够更好地理解听众的需求和反馈。

演讲作为一种强大的思想传递、情感激发、行动启发和社交互动的口语表达方式，其作用也多种多样。演讲能够启发人心，让人们更好地理解和应对复杂的问题。

第二节　演讲稿

演讲承载了人类的思想和情感，是交流、启发、鼓舞的强大工具。无论是在政治舞台上直抒胸臆，还是在学术领域中阐述观点，演讲都具有独特的力量，能够深刻影响听众。演讲艺术自古至今一直在不断发展与演进，它既是一门科学，需要研究心理学、社会学、语言学等多个领域的知识，又是一门技术，需要不断地实践和提高。然而，演讲不仅仅是文字的背诵，更是情感的传达、思想的碰撞、观点的阐释。

演讲稿是演讲的书面依据。演讲稿的撰写是演讲过程中不可或缺的一环。一篇精彩的演讲稿可以为演讲增色不少，它是演讲者思想的结晶，是逻辑的呈现，是情感的表达。然而，撰写一份出色的演讲稿并不容易，需要深入思考、精心设计、用心雕琢。

一、演讲稿的特点

◎ 1. 针对性

演讲稿的撰写必须充分考虑听众的情况，包括其年龄、职业、文化水平、心理状态等多个方面。只有通过精确的听众分析，演讲者才能确定演讲内容，确保其与听众的需求和兴趣相契合，避免无效冗长的叙述。

◎ 2. 情感性

演讲艺术的精髓在于情感共鸣，正如白居易所言，"感人心者，莫先乎情"。因此，演讲稿必须充满激情，能将演讲者内心的热情融入其中，意在将情感传递给听众，引发情感共鸣，实现言传身教的效果。

◎ 3. 传声性

由于演讲是书面语言向口头语言的转化过程，因此演讲稿的句子应简洁明了，内容要生动有趣，以便于演讲者在演讲过程中调整声音技巧，让听众更容易理解和接受演讲内容。

◎ 4. 鼓动性

在内容方面，演讲稿要与听众息息相关；要多运用修辞手法，如设问、反问、比喻、对比、排比、反复等，以增强感情色彩，让听众产生情感共鸣。通过这些手法，演讲稿能够具有较强的鼓动性，引导听众深入思考和行动。

◎ 5. 宣传性

演讲稿承载着宣传的任务。它需要通过言辞的力量，有效地传递信息、观点和主张，引导听众对特定议题产生兴趣和认同，能够在演讲过程中有效地传播所要表达的信息。

总之，演讲稿在演讲活动中具有重要地位，其特点包括针对性、情感性、传声性、鼓动性和宣传性。这些特征相辅相成，共同构成了一篇成功的演讲稿。

二、演讲稿的类型

演讲稿可以从内容和表达方式两个维度进行分类，这有助于更全面地体现演讲稿的多样性和灵活性。

◎ 1. 依据内容分类

第一类是根据演讲的主旨和目的而书写的演讲稿。这类演讲稿的内容是根据特定的主题或事件，经过深入研究和准备而构建的。这种演讲稿的目的是清晰地传达信息，引导听众对特定议题产生认同或采取行动。

第二类是以个人经历和见闻为主要内容的演讲稿。这类演讲稿通常包括个人故事、经验分享或见解表达。成功的企业家可以准备一份演讲稿，分享自己创业的经历，以启发听众追求自己的梦想。这种演讲稿的核心在于介绍个人的亲身经历，旨在激发听众的情感共鸣，使听众受到启发。

◎ 2. 依据表达方式分类

第一种是叙述型演讲稿。它以讲述事实、事件或故事为主要特征。这种演讲稿的目的是向听众传达信息，通过清晰的叙述帮助听众理解和记忆演讲内容。

第二种是议论型演讲稿。它以陈述和支持特定观点为主要特征。这种演讲稿的目的是说服听众接受演讲者的立场或观点。在环保活动中，我们可以准备一份议论型演讲稿，阐述环境问题的严重性，并呼吁听众采取行动来保护环境。

第三种是抒情型演讲稿。它以情感表达和充满感染力为主要特征。这种演讲稿的目的是引发听众的情感共鸣和共情，通常通过故事、修辞手法和个人情感来实现。

综上所述，演讲稿的多样性体现在其内容和表达方式上。不同类型的演讲稿适用于不同的场合和目的，演讲者可以根据需要选择合适的类型，并充分发挥其特点以实现演讲的效果。

三、演讲稿的结构

（一）结构的定义

从整体的角度看，演讲稿的结构代表着演讲材料的有序组织，是演讲者根据演讲的主旨和意图，对材料进行精心编排和组合而形成的框架。从形式来看，演讲稿通常由多个部分组成，每个部分具有特定的功能和目的。从内容来看，每个部分需要明确其要传达的信息和主题。

（二）结构的实质和作用

结构的实质在于将不同来源的材料有机地整合在一起，创造出一个新的完整体系。这种整合使得原本分散的构成要素得以集中、突出，并在新的整体框架下升华出全新的意义和信息，以传达给听众。举例来说，鲁迅的著名演讲《娜拉走后怎样》中包含了外国剧作、中国实际情况、自己要阐述的问题和主旨等多方面的元素。在演讲稿的结构下，这些原本分散的材料得以有机组合，形成一个新的整体，被赋予了新的意义和功能。这正是结构的作用所在。

（三）一般的结构模式

演讲稿的一般结构模式遵循了古希腊哲学家亚里士多德所提出的"三一律"。这一结构模式包括三个主要部分，即开头、正文和结尾。这种结构模式被认为概括了演讲稿在形式上的特点，同时也使内容具有统一性，因为这三个部分都围绕着同一个主题展开，旨在实现相同的传达目标。

开头部分的任务是迅速吸引听众的注意力。在此过程中，演讲者应避免拖延、冗长和过于客套的表述，而要采用具有吸引力的手法，使听众对演讲感兴趣并投入其中。正文部分是演讲稿的核心，用于详细阐述主题和内容。结尾部分的目标是为听众提供一个清晰而完整的总结，强调主题的重要性，并鼓励听众深思熟虑。因此，结尾部分的文字不宜过于冗长，应力求简洁明了。

这一结构模式反映了演讲稿在形式和内容上的一贯特点，旨在确保演讲的有效传达，使听众能够理解和记住演讲的要点。

(四) 特殊的结构模式

一般说来，演讲稿的开头和结尾的形式、意义、作用是一致的。但正文则不尽相同，至少有两种特殊模式。这里介绍的就是正文的两种特殊模式：议论式结构模式和叙述式结构模式。

◎ 1. 议论式结构模式

议论式结构模式采用普通论文的方式来组织演讲内容。它包括提出问题、分析论证和得出结论这三个主要部分，表现为"问题→分析论证→结论"。通常，采用这种结构模式的演讲稿只会提出一个问题，并通过详细的分析论证最终得出结论。在顺序上，首先引入问题，接着进行分析论证，最后得出结论。

这其实是大"三一律"中的小"三一律"。这个模式前加开头，后加结尾，就是演讲稿特殊的结构模式之一：开头→问题→分析论证→结论→结尾（1）。

由于这种特殊结构模式处于整个演讲稿的正文（主体）部位，就影响和决定整个演讲稿的结构。鲁迅《娜拉走后怎样》的开头和结尾两部分很简单，各用一句话："我今天要讲的是'娜拉走后怎样？'""我这讲演也就此完结了。"正文用的是结构特殊模式（1），即提出问题，分析论证，最后得出结论。

◎ 2. 叙述式结构模式

叙述式结构模式以听众的心理线索为导向，采用一种故事叙述的方式来组织演讲内容。它主要依赖趣味性和情感来吸引听众，类似于小说或故事的开头。在这种模式下，问题、论证和结论不会被明显分割，而是以夹叙夹议的方式呈现，主旨会在叙述中逐渐显露。

这一模式中的每一小段夹叙夹议都可以构成一个段落。一篇演讲稿可能由几个段落组成，并按时空顺序排列，不分先后。把它放在演讲结构的一般模式中则为：开头→夹叙夹议（往复）→结尾（2）。

结构特殊模式（2）是这类演讲稿的主体，是展现演讲稿主旨的主要部分。它的材料取舍、安排与记叙性文章相似。它可以通过"议"衔接，可以有较大的跳跃性，议论和抒情的成分可以多一些。

长篇演讲稿的开头和结尾仍不能太长，正文的结构常常是特殊结构模式（1）和（2）的结合：开头→观点→夹叙夹议中提出例证并进行分析→结论→结尾。

运用演讲稿的特殊结构模式安排结构，首先要认识材料的本质和意义，才能有效阐释或引出论议或抒情、下结论；其次要认清几种材料间的关系，使之在安排时或相同，或相反，或并列，或主从，或包容。

四、演讲稿的题目

演讲稿的题目,通常被视为演讲文体的名称或标识,是演讲内容、风格和语调的有机组成部分。题目与演讲的内涵密切相关,旨在准确、鲜明地反映演讲的主题和特性。

(一)演讲稿题目的作用

首先,演讲稿的题目具有概括性,能够全面地概括出演讲的主题、内容和意图。

其次,题目具有指向性,它在一定程度上引导听众了解演讲的关键问题,为听众提供关于演讲内容的信息,帮助他们确定是否愿意倾听。

总之,题目是演讲稿中的关键元素,其设计需要考虑到概括性、指向性,以便为听众提供清晰、具有吸引力的预览,引导他们更好地理解和参与演讲。

(二)演讲稿题目的选择标准

选择演讲稿的题目受到一系列严谨的标准和考量的影响。

首先,演讲稿的题目应能揭示主题。这意味着题目应当明确、精准地传达演讲的核心思想和主题。例如,曲啸的演讲题目《心底无私天地宽》直截了当地反映了演讲的核心思想,使听众能够迅速理解演讲的主要内容。

其次,题目应当能引发思考,具有启发性。马丁·路德·金的演讲题目《我有一个梦想》明确表达了演讲的核心主题,同时也是一个极具启发性的题目,能激发听众对这一重要主题的反思。这个题目的鲜明特点在于,它将演讲的焦点和愿景传达给了听众,使他们能够更深入地理解和感受演讲内容,同时也激发了广泛的社会讨论和行动。

最后,题目应当能限定范围。例如,演讲题目《大学生的任务》和《美术略论》清晰地提示了演讲的范围,使听众能够选择是否聆听演讲。

由此可见,选择演讲稿的题目需要符合揭示主题、引发思考和限定范围的标准,以便确保能够有效地引导听众,并为演讲者提供清晰的指导。这些标准有助于确保演讲稿的题目在多个层面上充分满足信息传达和吸引听众的要求。

当然,要选择一个好的题目,除了按上述三条标准外,还应注意以下问题。

第一,题目要有积极性,即要选择那些光明、美好、有建设性的题目,使听众一听就有无限希望。

第二,题目要有新颖性。只有"新"和"奇",才能像磁石一样吸引听众。司空见惯、屡见不鲜的事物、人物，人们是不易关注的。不妨看看鲁迅的演讲题目，《老而不死论》《伟大的化石》《老调子已经唱完》《象牙塔与蜗牛庐》，这样新奇的题目怎会不引起人们注意呢？

第三，题目要有情感色彩。演讲者的演讲总是充满强烈的情感色彩，如果把这种强烈的情感注入题目里去，对于听众便有一种情感的导向作用和激发作用。如鲁迅的《流氓与文学》、马克·吐温的《我也是义和团》等，其情感色彩都是很鲜明的。

第四，题目要有生动性。演讲题目生动活泼，就能给人一种亲切感、愉悦感。像前面列举的《老而不死论》《象牙塔与蜗牛庐》等，都非常生动活泼。当然，生动活泼与否主要由主题和内容而定，若是严肃的主题和内容就不宜用活泼的题目。

（三）演讲稿题目选择的常见误区

选择一个好题目并非一件容易的事，需要长期锤炼，反复琢磨，久而久之就会找到规律。在选择演讲稿题目时，演讲者应避免以下误区，以确保题目的质量和吸引力。

第一，冗长。冗长的题目不仅不易引起注意，还难以记忆。例如，《祖国儿女在为中华腾飞而拼搏》就显得过于冗长。

第二，深奥怪异。使用过于深奥或怪异的词汇和短语会使题目艰涩难懂，让听众感到困惑。

第三，宽泛不切题。过于宽泛的题目无法明确演讲的范围和内容，使听众难以理解演讲的重点。例如，《我自信》《理想篇》《责任》等题目过于宽泛，听众便难以捕捉演讲的核心。

值得注意的是，有一些演讲的题目是根据发表时间、地点或会议名称而确定的，通常由著名的政治家、社会活动家等发表。这些题目具有特殊的历史和文化背景，不同于一般演讲题目的选择方式，因此需要特殊对待。

第三节 演讲的技巧和要点

演讲不仅仅是简单地将言语传达给听众,还是为听众提供一种能够启发、改变自身思想的力量。因此,掌握演讲的技巧和要点至关重要。

演讲的技巧和要点涵盖了多个方面,包括肢体语言运用、声音控制、眼神接触、紧张和压力处理等。这些技巧和要点旨在帮助演讲者更好地表达自己的观点、吸引听众的注意力、与听众建立情感联系,并让信息更容易被听众理解和记住。

一、肢体语言和声音控制

演讲是一种复杂的口语表达形式。通过巧妙运用肢体语言、控制声音,演讲者能够更好地与观众建立联系,传递信息,引发情感共鸣,以及提高演讲的吸引力和说服力。

(一)肢体语言的意义和作用

肢体语言是演讲中的一种非言语沟通方式,包括姿势、手势、面部表情等。下面是肢体语言的一些重要作用。

(1)增强表现力。通过适当的肢体语言,演讲者可以更生动地表达自己的观点,使演讲更具有吸引力。

(2)强调重点。手势和面部表情可以帮助演讲者强调重要观点或信息,吸引听众的注意力。

(3)建立信任。自信的姿态可以建立信任感,使听众更愿意接受演讲者的观点。

(4)传递情感。肢体语言可以用来传达情感,让观众更深刻地理解演讲者的感受和态度。

(二)姿势、手势和面部表情

(1)姿势。演讲者的姿势应该表现出自信和坚定,站得笔直,挺胸抬头,树立起一种坚定和自信的形象。避免使用过于僵硬或松弛的姿势,以免给观众留下不专业的印象。

（2）手势。手势可以用来强调观点、解释概念或配合演讲的节奏。然而，做手势应该适度，不要过于夸张，否则容易分散观众的注意力。

（3）面部表情。面部表情是演讲中情感表达的关键。嘴角的上扬与平展、眉毛的起与伏等都可以传递出演讲者的情感和态度。面部表情应与演讲的内容和情感相一致，以增强说服力。

（三）音调、音量

声音是演讲的核心工具之一。音调、音量都可以影响演讲的效果。以下是声音控制的要点：

（1）音调。音调是声音的高低。在演讲中，适当的音调可以帮助演讲者表达情感和强调重点。变化丰富的音调可以使演讲更生动有趣。当演讲者谈论令人兴奋的计划时，音调可以高昂而充满激情；而在谈论严肃的问题时，音调可以低沉和稳重。

（2）音量。音量是声音的大小。演讲者应该根据演讲场地大小和听众数量来调整音量。声音太小会导致听众听不清，声音太大则可能令人不悦。

（四）眼神接触

眼神接触是演讲中与观众建立联系的关键。通过眼神接触，演讲者可以传达自信和真诚，同时也能感知听众的反馈。

（1）建立联系。眼神接触是演讲者与观众之间建立联系的重要方式。当演讲者直接看向听众时，听众会感受到被关注和尊重，从而更容易投入演讲氛围中。演讲者在演讲时可以轮流与坐在不同区域的听众进行眼神接触，使每个人都获得参与感。

（2）传递信任。通过眼神接触，演讲者可以传达出自己的真诚。观众更愿意相信那些看上去真诚和可信的演讲者。

（3）掌握观众反馈。眼神接触可以帮助演讲者了解观众的反馈。通过观察听众的表情和姿态，演讲者可以调整自己的演讲策略，以确保信息的传达和理解。如果演讲者注意到听众中有人表现出困惑或不满意的表情，可以及时做出反应，澄清观点或解决问题。

总之，肢体语言和声音控制是演讲中不可或缺的要素，它们可以增强演讲的表现力和说服力，同时使演讲者与听众建立联系，传递情感。演讲者应该认真练习和掌握这些技巧，以提高演讲能力和表现力。

二、演讲的音乐性

（一）维护好演讲的节奏感

演讲的节奏感是指演讲中信息传递的速度和节奏。一个恰当的节奏可以帮助听众更好地理解和吸收演讲内容。以下是一些维护好演讲节奏感的技巧：

（1）改变语速。演讲者可以通过改变语速来吸引听众的注意力。在强调重要观点或情感时，可以放慢语速，让听众有时间消化信息；而在介绍事实或提供支持性信息时，语速可以适度加快，以保持听众的兴趣。例如，在关于环保的演讲中，演讲者可以放慢语速来强调气候变化的紧迫性，然后加快语速来介绍可持续能源解决方案。

（2）使用停顿。适当的停顿可以为听众提供思考的时间，同时增加演讲者戏剧性。停顿可以用于引起注意，分隔不同的演讲部分，或者强调关键信息。

（二）使用音乐性的元素

使用音乐性元素可以使演讲更加生动和引人入胜。以下是一些使用音乐性元素的技巧：

（1）重复和平行结构。通过重复特定的词语、短语或句子，演讲者可以营造出韵律感，增强表达力。奥巴马（Barack Obama）在2008年当选美国总统和2012年成功连任时，都以"Yes, we can"这一口号作为他的演讲中的重复部分。这个口号强调了希望、团结和积极行动的重要性，成了他的竞选口号和政策宣言的一部分。通过反复强调这一口号，奥巴马试图激发选民的热情，传达他对美国未来的信心，以及他相信美国人民可以共同创造更美好的未来。这个口号也在演讲中营造出韵律感，使其更具吸引力，更容易被记忆。

（2）修辞手法。使用修辞手法如排比、对仗、比喻可以为演讲增添诗意和音乐性。例如，在关于母亲节或母爱的演讲中，我们可以使用比喻句来描述母亲的温柔和伟大，从而营造出感人的氛围。

通过赋予演讲以音乐性，演讲者可以更好地吸引听众，保持他们的兴趣。

三、与听众建立联系的技巧

（一）建立情感联系

在演讲中，建立情感联系是与听众建立深厚联系的关键。演讲者需要让听众感受到他们对演讲主题的热情和真诚。以下是一些建立情感联系的技巧：

（1）分享个人故事和经历。演讲者可以讲述与主题相关的亲身经历，让听众更容易产生共鸣。例如，当演讲的主题是战胜困难时，我们可以分享自己在面对挑战时的经历，并强调如何坚持不懈地克服困难，让听众感同身受。

（2）制造情感高潮。演讲者可以运用修辞手法、情感化的语言，引导听众在演讲中经历情感高潮。

（二）感受听众的需求和反馈

与听众建立联系不仅包括表达自己的观点，还要关注听众的需求和反馈。演讲者需要积极倾听听众的反馈，并根据反馈调整演讲内容和方式。以下是一些感受听众需求和反馈的技巧：

（1）提问与回答。演讲者可以向听众提问，以了解他们的观点和需求。这可以通过让听众举手回答问题或在线投票等方式实现。演讲者还可以在演讲结束时留出时间，回答听众提出的问题，以满足他们的好奇心。

（2）调查和研究。在演讲前，进行调查和研究可以帮助演讲者更好地了解听众的兴趣和需求。如果演讲的主题是健康生活，我们可以通过调查提前了解听众在健康方面的关注点，然后在演讲中针对这些关注点提供信息和建议。

（三）增强共鸣和参与感

演讲者需要通过增强听众的共鸣和参与感来建立更深厚的联系。以下是一些增强共鸣和参与感的技巧和例子：

（1）使用个人化的语言。演讲者可以使用与听众相关的个人化语言，如使用"我们"而不是"我"来表达共同体验。例如，演讲者可以说："我们都经历过挫折，但我们只要努力便可以克服它们。"

（2）提供具体的案例和实例。通过提供具体的案例和实例，演讲者可以帮助听众更好地理解演讲主题，并增强主题的代入感。

在演讲中，与听众建立联系是成功的关键之一。演讲者需要运用肢体语言、情感联系、听众反馈等技巧，确保自己的演讲不仅传达了信息，还引发了听众的共鸣和参与感。这种深厚的联系有助于提升演讲的效果和影响力,使听众更愿意接受和行动。

四、处理紧张和压力的技巧

(一)紧张的原因和应对方法

在演讲中,许多演讲者都会面临紧张和压力。了解紧张的原因以及应对方法是提高演讲信心和优化表现的关键。以下是一些紧张的原因和应对方法:

(1)原因一:不熟悉演讲主题或材料。

应对方法:充分准备演讲,深入了解主题,熟悉材料。通过研究和练习,提高对主题呈现的自信。

(2)原因二:担心出现错误或失误。

应对方法:接受事前训练和排练,降低出现错误的可能性。同时,要明白在演讲中出现小错误或失误是正常的,不必过分担忧。

(3)原因三:过于关注观众的反应。

应对方法:听众通常是支持和鼓励演讲者的。演讲者要更多地将注意力集中在传达信息和与听众建立联系上,而不是过于关注他们的反应。

(二)提高自信和保持镇定

自信和镇定是成功演讲的关键因素。以下是一些提高自信和保持镇定的技巧:

(1)肯定自己的准备工作。相信自己对演讲主题的准备工作是充分的,将增强自信。

(2)深呼吸和自我放松。深呼吸和自我放松可以帮助演讲者在演讲前保持冷静和镇定,减轻紧张和焦虑。

(3)实践和经验。每次演讲都是一次学习的机会,通过反复练习积累演讲经验,可以帮助演讲者不断改进和成长。

五、舞台表现技巧

舞台表现技巧可以大大提升演讲的吸引力和影响力,使演讲更加生动和令人难忘。以下是一些关键的舞台表现技巧:

(1)使用空间。舞台上的运动和空间利用可以吸引观众的注意力。演讲者可以在舞台上自信地移动，但要确保动作自然和有目的。适时的移动可以帮助演讲者与台下不同区域的观众建立联系。

（2）创造视觉效果。图像、道具和幻灯片等视觉辅助工具可以增强演讲的效果。演讲者可以使用适当的视觉元素来支持演讲内容，但要确保它们与主题相符，不会分散听众的注意力。

（3）创造戏剧性。讲述故事、引用例子或使用戏剧性的元素可以使演讲更引人入胜。演讲者可以运用戏剧性的表达方式来吸引听众，让他们更深入地参与演讲。

在实际演讲中，这些技巧和要点的综合运用将帮助演讲者更好地传达信息，与听众建立联系，保持听众的兴趣，并最终实现演讲的目标。需要强调的是，演讲艺术没有固定的模式或公式可循，每位演讲者都可以根据自己的风格和需求来灵活运用这些技巧和要点。

09 第九章
辩论的表达艺术
SPOKEN LANGUAGE

第一节　辩论概述

辩论作为一种古老而又深刻的交流方式，一直以来都扮演着重要的社会角色。它不仅是一种言辞表达的技巧，更是一个思辨的过程，双方通过争辩、讨论和分析，达成共识或阐明各自立场。在辩论的舞台上，辩手们运用逻辑、说服力和口才，竭力为自己的立场辩护，同时也借此机会刺激思考、提升听众的意识水平。

辩论的起源可以追溯到古希腊，古希腊哲学家苏格拉底便以其高超的辩论技巧和巧妙的问题提出而著称。而亚里士多德则详细探讨了辩论的原则和规则，奠定了辩论艺术的基础。随着时间的推移，辩论成为政治、法律、教育等领域中不可或缺的一部分。

在现代社会，辩论依然具有重要的意义。它不仅可以帮助个人提高沟通能力和思维能力，还可以培养人们对多样性观点的尊重和理解。辩论的过程需要辩手们深入研究问题，积极倾听对方观点，用事实和逻辑来支持自己的立场。这种探讨和争论的氛围有助于打破思维的局限，促进知识的传播和交流。

辩论是一种复杂而又有趣的交流方式，它贯穿了人类历史。从古希腊哲学家的哲学讨论、春秋战国时期的百家争鸣，到现代的各种辩论赛、竞选辩论，辩论也在致力于推动社会的发展和进步。

一、辩论源远流长

辩论是一种以思辨为前提的、具有对抗性和互动性的语言表达方式。辩论是人类文明的衍生物，与人类社会相生相长。人类有了语言，有了不同见解后，为了说服别人，就有了辩论。

春秋战国时期，社会处于由奴隶制向封建制转变的大动荡之中，社会矛盾尖锐，诸子百家纷纷著书立说，说辩之风盛极一时。这一时期，诸子百家为了使自己的观点被王者所采纳，同时证明其他诸家观点不足为训，崇尚用睿智的语言去表达观点，通过相互的辩驳来领悟人生，甚至出现了一大批辩士、说客。刘勰在《文心雕龙·论说》中曾对春秋战国时期的辩论之风有精彩的描述："战国争雄，辩士云涌，从横参谋,长短角势,转丸骋其巧辞,飞钳伏其精术。一人之辩,重于九鼎之宝;三寸之舌,强于百万之师。"

另外,春秋以后"学在官府"的局面逐渐改变,民间私学悄然兴起。各学派也都兴学论战,除倡导本学派的思想体系外,还传授辩论之法,为辩论的兴盛和发展提供了必要条件,如《墨辩》《说难》《问辩》等经典中都有不少关于辩论研究的文字。

秦始皇统一六国之后,诸侯国之间的外交天地也随之消亡,谋官之道逐渐由地方官推荐发展到隋唐后日渐完备的科举考试,更多的学子以笔代口,文言其声。再加上"焚书坑儒""罢黜百家,独尊儒术",政治与思想的高度统一使得辩论的黄金时代一去不复返了。

但是,先秦的辩论传统并没有因此而中断,西汉刘向编撰的《说苑》一书共二十卷,其中《善说》一卷对演讲与口才进行了专门的论述。随后,魏晋的"言意之辩"、佛教的禅辩、明清以来的中西学术之辩等,无不对后世产生深远影响。

二、辩论的意义

在现代社会,人们的表达范围日渐扩大,辩论活动也更加频繁。辩论作为一种重要的人际交往的方式,已经渗透到了政治生活、经济生活、文化生活、社会交往的方方面面,被赋予了新的意义和价值。

(一)辩论有助于认识真理

辩论源于对事物本质和现象的多元解释,反映了人类对于真理的不断追求。一方面,人类社会和自然界的复杂性使得真理的发现不是一蹴而就的,而需要经历持续而曲折的探索过程。另一方面,人们的主观认知能力又受到社会科技水平,个人文化知识储备、宇宙观、价值观和心理素质等诸多因素的影响,因而人们对客观世界的理解和看法会产生分歧。当人们将这些分歧诉诸语言的交锋,也就产生了辩论。

辩论作为一种思辨的方法,有助于人们分辨优劣、辨别真伪、判定是非,最终发现真理。正如墨子所说:"夫辩者,将以明是非之分,审治乱之纪,明同异之处,察名实之理。处利害,决嫌疑焉。"人类历史也充分证明,凡是一种新的正确的思想推倒旧的不符合社会发展的思想,一种更加科学的更加完备的理论体系取代陈旧的不合时宜的理论体系,无不伴随着一场激烈的辩论。可以这样说,辩论与科学实验、科学考察一样,都是人类认识真理的重要途径。

（二）辩论有助于社会变革，促进民主意识，激发社会责任心

社会的变革常伴随着不同观点和利益的冲突，而辩论为思想的交锋提供了公开、公平的平台。辩论也体现了民主的原则，要求通过理性辩论和论证来解决冲突、形成决策，这有助于培养公众的民主意识和社会责任感。通过公开的辩论，公众能够更好地理解和回应各种复杂的问题，推动社会向更加公正和民主的方向发展。

辩论不分阶层，无论辩论氛围如何激烈，都遵循以理服人的原则，这是辩论的真正意义所在。在这个意义上，辩论是一种平等和民主的活动。同时，辩论还具有社会性、开放性和时代性的特点，它聚焦社会生活，体现辩论者的责任意识，引发相关人群的思考和关注，进而有助于培养公众的社会责任感。

（三）辩论有助于提升人际交往的能力，促进人际沟通和理解

辩论是一项社会性、公众性的交流活动，呈现出参与者之间以及参与者与观众之间不同观点和见解的交锋。这种交锋可能归于一致和认同，也可能引发矛盾和对立，从而形成不同类型的人际关系，包括合作、支持、反对、斗争等。

无论是激情澎湃的辩论，还是文雅平和的探讨，都是辩论者在寻求理解他人观点的同时，展现自己观点的过程。因此，辩论可以在诚实相待的基础上，促进思想的交流，促使人们在一起寻求共识，同时也接受和尊重不同意见，取长补短，以改善人际关系。这种能力在社交和职业生活中都具有重要价值，有助于建立良好的合作关系，增进相互理解，提高团队协作效率，从而推动个人和社会的进步。

（四）辩论有助于培养科学思维模式，促使辩论者吸收和整合多元知识，提高语言表达能力

辩论的本质是通过辩论者之间的逻辑推理和论证，达到论题的辩证分析和真理的探求的目的。这种过程要求辩论者具备较强的逻辑思维能力，能够清晰地陈述和捍卫自己的观点，同时也需要具备扎实的知识基础，以便能够从不同领域的知识中汲取支持自己观点的证据和例证。因此，辩论可以帮助参与者培养科学的思维方式，锻炼逻辑思维和批判性思维。

辩论还鼓励辩论者积极学习和吸收多元化的知识。在辩论过程中，辩论者需要准备和研究各种各样的观点和论据，这促使他们广泛涉猎不同领域的知识，丰富自己的认知。这有助于拓宽个人的知识视野，提高综合素养，增强综合分析和判断问题的能力。

辩论还能够显著提高辩论者的语言表达能力。在辩论中，辩论者不仅需要清晰、有力地陈述自己的观点，还需要有效地反驳对方的论据。这锻炼了他们的口头表达技巧、措辞能力和说服力，使他们能更好地适应现代社会中复杂多变的交流环境。

（五）辩论有助于展现语言之美

语言交流是人类最古老且最重要的交流方式。辩论展示了语言交流的多种特点，如直接性、对抗性、华美性、智慧性、灵活性、多样性、亲切性等。这些特点使辩论语言充满了张力和魅力。尤其在这个信息爆炸的时代，人们往往被大量的文字和符号所淹没，因此，辩论活动成为一个珍贵的机会，让人们欣赏口头语言的丰富和美妙之处。

尽管辩论在现代社会中具有重要的意义，但并不意味着应该提倡漫无边际、毫无节制的社会大辩论。如果辩论超出一定的限度，变得过于激烈或恶化为无秩序的争吵，它将无法发挥应有的作用，反而可能对社会造成危害。辩论应该是一种有建设性的讨论和交流方式，旨在推动真理的发现、思想的进步和社会的积极变革。当辩论演变为纯粹的口水战、攻击性言论或破坏性的争执时，它就失去了原本的价值。

因此，在推广辩论的同时，需要强调辩论的原则和道德准则，包括尊重对方意见、以事实和逻辑为基础、保持冷静和理性、不恶意攻击等。只有在这种有秩序和建设性的辩论环境中，辩论才能够充分发挥其在社会生活中的正面作用。

三、辩论的类型

按照不同的标准和范畴，辩论可被分为不同类型。在我国古代，荀子曾根据道德准则将辩论分为"圣人之辩""士君子之辩"和"小人之辩"。此外，根据参与辩论的人数，辩论可划分为一对一辩论、一对多辩论、多对多辩论；依据辩论的预备程度，辩论可分类为有备辩论和即兴辩论；而根据具体活动形式，辩论则可以分为竞技辩论和实用性辩论；等等。以上是一些常见的辩论类型，每种类型都有其特点和用途，大家可以根据具体情境选择适合的辩论形式。

（一）学术辩论

学术辩论作为一种常见的辩论形式，被广泛运用于学术界，亦可视为电视辩论的前身。其核心目的在于针对相互对立的学术观点进行深入讨论和辩证对话，以展示并验证个体所持学术观点的正确性。这一形式被看作学术界的"百家争鸣"，旨在推动科学的发展和文化的繁荣。中国先秦诸子百家的辩论、古印度的宗教争辩，以及古希腊先哲们的哲学论辩，皆属于此范畴。

学术辩论在性质上与其他辩论类型存在明显差异。首先，学术辩论具备非功利性质，且不受限制。参与学术辩论的各方应本着纯粹的学术探讨和追求真理的态度，而非追求"胜利"。此外，任何形式的干预、禁止、制约均应被杜绝，以确保学术辩论的文化性和纯粹性。其次，在学术辩论中，每一位参与者，无论社会地位或文化水平高低，都应秉持谦逊与审慎的态度，奉行实事求是的原则。尽管应尊重学术权威，但决不能一味崇拜，将权威观点视为绝对标准，而应以实践来检验真理。此外，学术辩论中的辩论者应该对自己的观点和见解负起责任，以理性和诚实的态度进行辩论。他们必须清楚地陈述和论证自己的观点，反驳对方观点，提供充分的证据和事实，以确保对方和听众能够明晰地理解争议的核心。辩论双方不仅要坚守真理，还要有勇气承认自身的局限性，将理性辩论与知识传播相结合，从而实现学术辩论的真正目标。

（二）学术答辩

答辩中的"答"即回应和解释，"辩"即辩论。学术答辩是学术领域中一种高度专业化的辩论形式。学术答辩的核心过程涉及答辩者对自身学术观点和主张的论证与辩护，同时包括对对立观点和主张的反驳。它是一种具有辩论性质的问答型活动。学术答辩广泛应用于多个领域，包括学位论文答辩、竞选答辩、议会答辩、经济领域的招标答辩等。

学术答辩的典型类型之一是学位论文答辩，主要分为两类：一是为获取特定学位而进行的学位论文答辩，二是高等教育机构的毕业论文（或毕业设计）答辩。该答辩活动的主要参与方为答辩者本人以及答辩委员会成员。其常规程序通常为：答辩者首先详细阐述其学术论文内容，对个人学术观点进行说明，然后由答辩委员会的成员提出问题，答辩者则以回答问题的方式进行反馈。学术答辩不仅仅是对答辩者学术能力的考核，还为答辩者提供了进一步深化和阐述个人核心观点、弥补论文不足之处的机会。因此，答辩者需高度重视此项活动，并在答辩中充分展现自己的学术水平和思考深度。

（三）法庭辩论

法庭辩论，是法律诉讼过程的重要组成部分，旨在确保诉讼程序的公平与公正。诉讼活动涵盖了控告（诉）和争议解决（讼）两个主要方面，而法庭辩论作为法庭审判程序的法定关键环节,其目的在于通过有序的辩论过程,为法院提供关于案件争议的合法解决方案。

在法庭辩论中,主要参与方通常为当事人的辩护律师以及法官(在西方法院中则包括法官和陪审团)。辩护律师在法庭辩论中主要关注以下三个方面:首先,关于罪刑实体的辩论,包括罪与非罪的辩证,不同罪名之间的比较,重罪与轻罪的区分,单一罪名与多重罪名的讨论,以及刑罚类型的辩解等;其次,关于证据的辩论,包括证据的客观真实性,与案件事实之间的相关性,证据之间的潜在矛盾,以及证据的合法性等问题;最后,关于法律程序的辩论,包括在刑事诉讼的各个阶段是否存在违反法定程序的行为,是否涉及刑讯逼供、引诱供述、虚构供述或其他违法情节等。

辩护律师的任务在于通过合法的辩论手段,尽力使法官(或合议庭)认同并接受其观点。这不仅是官司胜负的决定性因素,同时也是评估律师是否达到合格水平的重要标准。

(四)竞选辩论

竞选辩论是西方国家领导职务产生程序的一部分。它作为候选人一对一的辩论环节,在选举过程中扮演着重要的角色。竞选辩论的主要特征在于参与方事先未设定必须遵循的特定观点,而是以事实为基础进行辩论。在竞选辩论中,候选人需要根据主持人提出的各种问题,以事实为依据向对手提出疑问,或解释自己的政策主张,或指出对手政策的不合理性,以争取公众的支持和认可,从而在选举中获得更多选票。

美国总统竞选辩论具有典型代表性。它不仅是选民了解候选人立场和政策的关键机会,同时也是评估候选人才能和领导能力的重要方式。这一辩论形式通过公共传媒广泛传播,成为选举过程中的重要信息来源,对选举结果产生深远影响。

(五)会谈辩论

会谈辩论,是各方为达成一定目标和满足特定需求而进行的口头磋商活动,以期形成一致或相近的观点,解决涉及各方关切的问题。这一形式广泛应用于经济、政治、军事、文化等多个领域,并可涉及双方或多方之间的交流。

相对于学术辩论,会谈辩论具有明显的实用性质,其核心目标在于通过言辞争论获得其他方式难以获得的利益。鉴于各方追求最大利益的倾向,会谈常呈现出竞争性质,因此,参与会谈辩论的人需具备竞争意识,善于把握时机及主动权。然而,会谈的最终目标是达成一致,以解决存在争议的问题。因此,仅具备竞争意识还不足够，会谈辩论的参与者还应具备合作精神和全局观念。

（六）竞赛辩论

竞赛辩论是一项组织有序的活动，具备明确的活动目标以及规范的活动流程，对参与单位和个人有一定的限制要求。它是一种正式的竞赛，具有竞技性质，强调辩手的辩论技巧，而非立场或观点的正确性。竞赛辩论明确地追求胜利，因此具备一定的功利性和局限性。

竞赛辩论被视为一种富有表演性质的竞赛活动，涉及辩手、主持人、评委、计时员以及观众等多个角色。某些比赛可能还包括公证员等具有特定职责的人员。辩手的观点往往是通过某种随机方法事先决定的。因此，参与者必须在比赛前进行充分的准备工作，包括信息的搜集、辩论稿的撰写、对策的制订、模拟演练以及团队阵容的确定等。在比赛过程中，全队需要密切协作，确保协调一致，并严格遵守比赛规则，以期取得最终胜利。

（七）日常辩论

日常辩论是指在日常生活和工作中，由突发的意见分歧而引发的辩论活动。其特点表现为辩论内容的随机性和流动性，缺乏事先准备和明确的结论，有时甚至无法确定胜负。在日常辩论过程中，我们需要注意以下几点：

第一，要进行论题的必要性评估。在日常辩论中，许多争论往往缺乏实质性的意义和价值，有时辩论的起因和目的也模糊不清。因此，我们应该审慎评估辩论是否有必要展开，避免陷入毫无意义的口角，以免浪费时间并破坏人际关系。

第二，维持适当的态度和分寸。无论是在同事、朋友还是亲人之间，因不同意见而引发的日常辩论都需要保持开诚布公、温和谦逊的态度，应避免过于认真、过于争强好胜、情绪激动，以免将辩论升级为争吵，甚至导致肢体冲突。

第三，运用辩论策略和技巧。由于日常辩论通常是即兴的，缺乏事前准备的机会，辩论者需要灵活应对，抓住辩论的核心问题，运用策略和技巧，合理利用时机，以幽默的语言和多样的表达方式，巧妙地传达自己的观点，争取他人的认同和问题的解决。

四、辩题与辩手

（一）辩题

辩题是指辩论的主题，是辩论的核心组成部分。辩题是否恰当直接影响到辩论能否顺利展开和参与者发挥的好坏。

并不是所有的问题都能引起辩论，进而成为辩题的。一个问题只有具备了以下特征，才能成为辩题。

◎ 1. 具备社会意义和辩论价值

辩题要对社会生活、对人生有意义，有教育作用，具有辩论的价值。例如，"社会秩序的维系主要靠法律（道德）""地方保护主义是（不是）防伪制劣的最大障碍"等涉及国计民生的题目，"烟草行业对社会利大于弊（弊大于利）"等社会普遍关注的热点型题目，"人性本善（恶）""真理是（不是）越辩越明"等社会生活中普遍存在而又容易引起争论的哲理型题目，"青春偶像崇拜利大于弊（弊大于利）""应先成家后立业还是先立业后成家"等探讨改善生活方式、提高生活质量的生活型题目。综观这些辩题，我们不难发现它们对于提高人们的认识，帮助人们探寻社会生活的真谛都具有普遍意义。

◎ 2. 清晰明了

辩题应当表达清晰，确保参与者和观众都能明白其含义，不会引发误解或混淆。辩题要让辩论双方对题意、范围、要点、概念等核心问题有一致的认定，分清双方的分歧所在，以便做到有的放矢。

◎ 3. 具有可辩性

可辩性指的是辩题应当具备明确的、可供辩论双方和观众在讨论中操作的要素和维度。一个具有可辩性的辩题能够激发更具体、更深入的讨论，使辩论双方能够在辩论中提出有针对性的论据和观点。辩题必须包含相互否定的两个（或两个以上）观点，且各观点都有一定的理论基础。辩题中只有包含了"是"或"不是"或"不一定是"等争论的焦点，才能产生针锋相对、互相否定的辩论。

辩题作为辩论的核心元素，对于辩论的结果产生直接而深远的影响。一个出色的辩题必须具备多重特质，除上述三个特点外，还包括时代性、准确性、生动性、平等性、理论性等，这些特点旨在既激发辩论参与者的思考和创造能力，又引发广泛公众的兴趣与共鸣，推动其积极采取相应的行动。

（二）辩手

在各类辩论活动中，辩手、辩论员、辩士等称谓都是指参与辩论的个体。然而，不同类型的辩论对于辩手所需素质与能力有着特定的要求。我们以常见的竞赛辩论为例，探讨辩手所需具备的品质和技能。

◎ 1. 优良的辩论风范

（1）良好的道德操守。在辩论中，辩手应当秉持良好的道德操守。这包括尊重对手的人格尊严，遵循公平竞争的原则，以合理的辩论方式推动辩题的探讨。辩手必须遵守比赛规则和相关纪律，确保公平竞争。此外，他们应当展示文明礼貌，不仅要尊重评委和评审结果，也要尊重观众，通过高尚的道德情操和人格魅力来感染和打动观众。

（2）独特的辩论风格。辩手的成功在于其独特的辩论风格，这要求他们以与众不同的方式表达思想。无论是演绎人情事理，以个人独特的思维方式呈现观点，还是通过自身独特的观察视角描述人生百态，或是以个人的人生经历感悟人性的善恶，辩手都应该在辩论中展现出与众不同的风采。这种独特性能够让辩手的思想呈现更具吸引力。

◎ 2. 丰富的文化知识

在辩论中，文化知识的积累是至关重要的。语言作为思想的直接表现形式，承载着丰富的文化内涵。辩手应当掌握丰富的文化知识，以更充分地表达观点和思想。这里的文化知识不仅包括科学文化，还包括对社会生活的深刻理解和丰富的生活经验。此外，辩者应当时刻注重学习和知识的更新。正如俞吾金所指出的，一个人如果知识很薄弱，参加辩论就如同一位没有足够资本的创业者，成功的机会将会非常有限。因此，丰富的文化知识是辩手成功的基石。

◎ 3. 严密的逻辑思维

辩论作为对立思想之间的较量，要求辩手具备很强的逻辑思维能力。在辩论过程中，辩者必须准确、深刻地把握问题的本质，从多角度审视问题，而这都离不开严密的逻辑思考。

为了在辩论中能够有力地支持自己的立场，辩手需要不断培养和提高自己的逻辑思维能力。这包括克服单一思维定式，学习并掌握科学的、具有创造性的思维方法，以及熟练地运用逻辑方法和规律。逻辑思维的高级形式，如归纳、演绎、综合、分析等，都是辩手需要掌握的工具。

此外，辩手还应具备辨别逻辑谬误的能力，能够识别对手的论点中可能存在的逻辑漏洞，并善于利用这些漏洞来反驳对方的观点。通过逻辑思维的运用，辩手能够更加有力地捍卫自己的立场，并在辩论中取得优势。因此，严密的逻辑思维是辩手成功的必备要素之一，直接影响着辩论的表现和结果。

◎ 4. 深厚的语言素养

语言在辩论中是辩手的主要工具，辩手需要具备深厚的语言素养，这要求其能够巧妙地运用语言，以精准、生动、感人的言辞表达思想。

首先，辩手需要关注语言的各个方面，包括正确的发音、清晰的吐字、恰当的选词和句法结构的构建。这些要素都直接影响着辩论的效果和可理解性。此外，辩手还应善于以修辞手法将情感和理性有机地融合在语言表达中，能够运用修辞手法增强语言的表现力。

总之，深厚的语言素养是辩手在辩论中有效传达思想、打动听众的重要素质。通过精湛的语言运用技能，辩手能够达到感动人、征服人、震撼人的效果，从而在辩论中取得成功。

◎ 5. 良好的心理素质

辩论赛的激烈程度和紧张氛围不言而喻。因此，辩手必须具备良好的心理素质，以应对各种挑战和压力，确保正常发挥和取得成功。

在辩论的情景中，良好的心理素质包括自信、冷静、耐压和情绪管理等。首先，自信是稳定心理素质的重要组成部分，辩手需要对自己的知识储备和表达能力充满信心。其次，冷静是指辩手在面对紧张局势时保持冷静思考和应对的能力。耐压则是指辩手能够在高压下保持稳定的表现，不受外界干扰。最后，情绪管理是指辩手能够有效管理自己的情绪，避免情绪爆发对辩论造成不利影响。

事实上，辩论的目标不是说服对手，而是通过说服观众和评委来获得胜利。张蔼珠曾经说："在辩论场上，辩手和辩论队在心理上应该把评委和观众放在第一位，而不应该把辩论的对手放在第一位。因为在辩论中对手是不可能被说服的，即使他（她）本意并不认同正在维护的立场，也绝不可能被说服。"因此，辩手需要将观众和评委放在首要位置，以确保他们能够理解和接受自己的观点。这需要辩手具备强大的心理素质，能够在激烈的辩论环境中保持冷静、自信，以取得竞赛中的优势。

总之，良好的心理素质对于辩手在竞赛中的表现和成功至关重要。通过培养和发展良好的心理素质，辩手能够更好地面对挑战，从而在辩论中取得胜利。

◎ 6. 高超的应变能力

辩论环境常常充满不确定性，辩手需要具备高超的应变能力，以迅速适应各种意想不到的情况和挑战。这种应变能力实际上是一种创新能力，要求辩手在辩论过程中能够灵活应对、巧妙应变，确保自己的立场和论据在变化的局势中保持优势。

首先，辩手需要具备在瞬息万变的辩论场上灵活调整自己的论述安排的能力。这包括根据对手的反驳迅速做出反应，改变论证的顺序或方式以应对新情况，以及调整辩论风格以迎合观众和评委的期望。

其次，应变能力还需要表现为辩手能够提出新的论点或角度，以应对对手的挑战。这可能涉及重新思考问题，发掘未曾考虑的论据，采用创新的论证方法等。

再次，在辩论中，辩手需要在应变中保持主动，而不是被动应对对手的"攻击"。这包括能够快速做出决策，采取主动措施来影响辩论的发展，以及化被动为主动。

最后，在团队辩论中，团队成员需要密切协作，以共同应对各种情况。这要求团队成员之间建立有效的沟通渠道，能够迅速传递信息和决策，以保持团队的整体竞争力。

总之，高超的应变能力是辩手在竞赛中取得成功的关键因素之一。通过培养和发展这种能力，辩手能够更好地应对不确定性和挑战，保持竞争优势，从而在辩论中立于不败之地。

第二节　辩论技巧与运用

辩论技巧是辩论活动的精华和灵魂，它直接决定了辩手在辩台上的表现，同时也在辩论的胜负中发挥着关键作用。

辩论技巧的运用可以帮助辩手更好地组织和表达自己的观点，有效地反驳对手的观点，同时也能够吸引观众的注意力，使辩论更具说服力和吸引力。在辩论中，口才与语言运用是辩手与观众之间建立联系的桥梁，逻辑与论证是确保辩论观点的合理性和权威性的基石，策略与战术则是帮助辩手在辩论中占据优势地位的有力工具。

一、口才与语言运用

（一）发音准确与清晰表达

发音的准确直接影响着听众对辩手观点的理解和接受。发音错误或含糊不清可能会让观众产生误解或导致观众对辩手的认可度下降。

辩论中，辩手还应该使用简单明了的语言清晰表达观点，避免使用过于复杂或模糊的措辞。此外，适当的语调、语速和停顿都能帮助听众更好地理解和记住辩手的观点。

（二）选词与修辞

在辩论中，选用适当的词汇可以增强观点的表达力和说服力。辩手应该选择与主题相关、能准确表达观点的词汇，并避免使用易产生歧义的词汇。恰当的词汇选择有助于建立信任，使听众更容易接受辩手的观点。

修辞手法是语言运用的艺术，可以增强辩手的表现力。在辩论中，辩手可以运用比喻、排比、反问等修辞手法，以增加言辞的吸引力和情感色彩。这些手法有助于激发听众的情感共鸣，并使观点更具说服力。

二、逻辑思维与论证

（一）有效的逻辑思维

在辩论中，逻辑思维是确保观点连贯、合理和有说服力的关键。辩手应遵循以下基本原则：

首先，前提和结论的一致性。辩手的前提和结论应该保持一致，避免出现自相矛盾的论述。例如，如果辩手辩论的前提是"环境保护对未来至关重要"，那么结论应该与之一致，如"我们应该采取更多的环保措施"。

其次，避免非因果关系。辩手应确保所提供的因果关系是合理的，不要将不相关的事件混入其中。例如，不能简单地将"天空乌云密布"与"交通拥堵"作因果关联。

辩手应该警惕各种逻辑谬误，因为这些谬误会削弱论证的力度和信服力。常见的逻辑谬误有两种：一种是情感谬误，辩手不应该只凭情感来支持观点，而应该提供合理的论据；另一种是人身攻击谬误，辩手不应该攻击对手的人格，而应该专注于观点的辩论。

（二）强有力的论证

◎ 1. 构建有力的论证结构

有力的论证结构是确保观点有组织且易于理解的关键。辩手应该遵循以下结构原则：

引言，清晰地陈述观点并提出论证的主旨。
论据，论据应该有层次，从强到弱排列，并且清晰地连接到观点。
反驳，针对对方可能的反驳提前进行反驳，强化观点的可靠性。
总结，重申观点并强调为什么该观点更有说服力。

◎ 2. 提供可信的证据支持

为了增强论证的说服力，辩手应该提供可信的证据。这些证据可以包括统计数据、专家观点、科学研究结果等。提供来自多个独立来源的证据可以进一步加强观点。

通过有效的逻辑思维和强有力的论证，辩手可以更好地构建自己的观点，增强说服力，并在辩论中取得成功。

三、策略与战术

（一）攻守平衡

◎ 1. 主动出击
辩手可以通过主动出击增强己方的说服力：

（1）提出反例。举出与对手观点相反的案例或证据，以削弱其立场。例如，如果对手主张减税会促进经济增长，辩手可以提出一个国家减税后经济表现不佳的案例。

（2）提出疑问。提出疑问，迫使对手解释其观点的不明确之处。这可以揭示对手观点的薄弱之处。

◎ 2. 防守的有效手段
辩手防守的有效手段包括：

（1）提供证据和案例。提供支持自己观点的可信证据和案例，以增加观点的可信度。

（2）回应对手攻击。针对对手的攻击或质疑，提供有力的反驳和解释，以维护己方立场的稳固。

（二）转移注意力

◎ 1. 将辩论焦点引导到有利的话题
辩手可以尝试将辩论焦点引导到有利的话题，以增加自己的优势。例如，如果辩论是关于健康食品的，而对手专注于某种具体食品的安全性，辩手可以试图将话题转移到整体饮食习惯的重要性，这可能更符合自己的立场。

◎ 2. 避免被对手引导话题
辩手应该小心避免被对手引导话题，特别是当对手的立场更有利时。保持对辩论焦点的掌控对于维护自己的立场至关重要。在能源领域，存在一场长期的辩论，涉及可持续能源（如太阳能和风能）与传统能源（如石油和煤炭）之间的竞争。支持可持续能源的人强调环境保护和可再生资源的可持续性，而支持传统能源的人强调其可靠性和成本效益。这个案例凸显了转移注意力的策略，双方都试图引导辩论焦点，以突出各自观点的优势，避免被对方牵制。

（三）反驳与反击

◎ 1. 有效反驳对手的论点

辩手需要具备有效反驳对手论点的能力。这包括：

（1）指出逻辑错误。发现对手论点中的逻辑错误，并指出这些错误。

（2）提供相反证据。提供证据和案例，反驳对手的观点，强化自己的立场。

◎ 2. 妥善反击对方反驳

对手可能会对己方的观点进行反驳，辩手需要准备好妥善的反击言辞。

（1）提供更多证据。如果对手的反驳有漏洞，辩手可以提供更多的证据来支持自己的观点。

（2）强调已提供的证据。辩手可以再次强调之前提供的证据，并解释为什么这些证据支持自己的观点。

通过攻守平衡、转移注意力以及反驳与反击等策略，辩手可以更好地开展辩论，增强己方的说服力，并维护己方立场。

四、心理准备

（一）应对紧张和压力

在辩论中，紧张和压力是常见的情绪反应。为了应对紧张和压力，辩手可以采用深呼吸、冥想或渐进性肌肉松弛等放松技巧。

（二）保持专注与冷静

◎ 1. 保持专注

在辩论中，保持专注是至关重要的，因为辩论通常是快节奏和高压力的。辩手可以通过专注于当前的辩论环节，如对方的观点或评委的问题，来保持专注。辩手在对手发言时要专注倾听并做笔记，以准备自己的回应。这有助于辩手在以后的辩论中更好地反驳对方的观点。

◎ 2. 冷静应对突发情况

在辩论中，突发情况随时可能会发生。如对手提出意外论点或评委提出令人意外的问题，辩手需要保持冷静，迅速应对。这可以通过预先准备一些通用的反驳论点或练习应对各种情况来实现。

第九章
辩论的表达艺术

这些心理准备的技巧有助于辩手在辩论中提高表现水平。通过放松技巧，辩手能够更好地处理紧张情绪，并在辩论中自信地陈述观点。同时，保持专注和冷静应对突发情况也有助于辩手在辩论中取得成功。

辩论技巧不仅在日常生活、商业活动和科学研究中至关重要，还在塑造个体的学术、职业、人际关系中起着关键作用。它不仅仅是一种竞技能力，更是一种终身受益的技能。通过掌握辩论技巧，我们能够更好地思考、表达、批判、合作和沟通，从而取得更大的成功。

第三节　辩论赛的应对策略与步骤

辩论赛，是一项集思想之战、知识之战、谋略之战于一体的竞技。在辩论的战场上，辩手们不仅需要运用精湛的口才和广博的知识，还需要有睿智的战略眼光和灵活的战术手段。辩论赛并不仅仅是简单的"口舌之争"，还是一场智者的较量，需要辩手在限定的时间内，巧妙地运用各种技巧和策略，来争取评审和观众的支持，最终达到击败对手的目标。

要在辩论赛中取得胜利，策略是至关重要的。策略是赛前的思考与准备，是规划战局的关键。在辩论赛场——这个竞争无处不在的舞台上，辩手的每一个决策都可能影响竞争局面，需要精心策划、周密部署。

一、剖析辩题，总结底线

在辩论竞技中，双方的对抗集中于为支持各自观点而提供的事实材料，因此，首要任务是对辩题进行解构，辨析其类型，并准确把握关键概念的定义，以确立一致性的逻辑架构和底线，为接下来的材料搜集和整理工作奠定坚实基础。

（一）区分辩题的类型

辩题日益呈现出多样性和复杂性的特征。以逻辑性质划分，我们可将辩题划归为两大类：矛盾性辩题和对立性辩题。矛盾性辩题指的是辩手所陈述的观点在逻辑上呈现为绝对矛盾，表现为"……是（不是）……"的形式。典型案例如"网络经济是（不是）泡沫经济"等。对立性辩题则表现为双方的观点处于平等的对立状态，典型案例为"艾滋病主要是医学问题（社会问题）"等。按表现形式，辩题可划分为判断型辩题、比较型辩题和利弊型辩题。判断型辩题要求辩手对命题进行分析并做出明确判断，如"仁者无（有）敌"或"成功的影视作品应该（不应该）拍续集"等。比较型辩题则要求辩手在对两个或多个事物进行比较后得出结论，如"是男人比女人更需要关怀，还是女人比男人更需要关怀"等。利弊型辩题则涉及对事物的利弊进行权衡，如"发展旅游业利大于弊（弊大于利）"等。

不同类型的辩题要求辩手采用不同的处理方法。对于矛盾性辩题，辩手主要需为己方观点提供充分的证据和阐述,而无须过多关注对方观点的论证,因其在证明己方观点的合理性时已自然而然地反驳了对方观点。相较之下,对立性辩题则要求辩手在论证己方观点的同时,积极证明对方观点的不正确性,实现辩证破立。判断型辩题需要辩手在分析事实的基础上做出明智的判断,或基于事实分析进行前瞻性展望,以明确方向。而比较型辩题和利弊型辩题则要求辩手首先明确比较或权衡的标准,通过正反双方的辩证分析,得出具有说服力的结论。

(二)界定辩题中的概念

在辩论赛中,对辩题中的关键概念进行定义明确和区分具有至关重要的作用。概念在辩论中是思维的基本单位,它包括内涵和外延两个方面。概念的内涵指的是所反映的客观事物的固有本质属性,而外延则是包括了拥有这些本质属性的具体事物。这两个方面密不可分,内涵的扩大会导致外延的缩小,反之亦然。

在辩论中,辩手需要对辩题中的关键概念进行准确的界定和分析,以确保论证的清晰性和逻辑性。例如,一场高校联合辩论赛的题目是"五四反传统弊大于利(利大于弊)"。单就辩题而言,反方的难度较小。但在辩论中正方极力渲染五四反传统的情绪化与激进主义色彩所造成的影响,并指出这是最大的流弊,不是任何小利可以比拟的。当遭到反方攻击时,则以反传统不等于反封建先做抵御,再大谈五四运动与五四反传统的区别、一般反传统与五四反传统的区别,从中转换到自己对五四反传统特性的解释,回过头来再大谈延续性后果所造成的各种弊端,这样不仅避开了否定"五四"的嫌疑而且显得辩驳精确,游刃有余。而反方在历数一大堆有利的事实之后,被正方简单的一句"这是五四运动的利,而不是五四反传统的利",或者被正方指出这些事实是反封建本身的利,而不是五四反传统的特性,而轻易化解。最终,反方陷于被动局面,有力使不出,导致在辩题有利的情况下反而失败的结果。

综观整场辩论,反方的失误首先在于没有准确定义"五四运动""五四反传统""反传统"这些概念,被正方利用了概念之间的模糊空间。另外,反方没有注意到辩题中"五四"与"反传统"之间的联系,说明"五四反传统"的主要特性是反封建特性,"五四反传统"是五四运动最重要的组成部分,将辩题引向否定五四反传统实际上是在否定五四运动这个思路上来,使辩论向有利于自己的一面发展。反观正方则在辩题中区分了三组概念:反传统与反封建,反传统与五四反传统,五四运动与五四反传统。从而摆脱了最不利于正方的五四运动本身的重大意义,以反传统并不等于反封建为铺垫,在区分反传统与五四反传统、五四反传统与五四运动上大作概念文章，把五四反传统的情绪化与激进主义作为突破点，最终取得了本场辩论赛的胜利。

概念明确和逻辑分析在辩论中扮演着关键的角色，它们有助于辩手更精准地引导辩论方向，提高论证的逻辑性和说服力，避免陷入对方的反驳。因此，在辩论赛前的战略准备中，辩手需要认真分析和界定辩题中的关键概念，以确保辩论的成功。

（三）构建理论框架

构建一个严密的理论框架是确保一场辩论赛成功的关键步骤。严密的理论框架有助于组织辩手的思想、引导辩论的发展。通过准确定义辩题并基于普遍接受的预设，我们可以建立一个逻辑紧密、简洁明了的理论框架，为辩论提供坚实的基础。例如，在一场辩题为"是否应该采用新的医疗技术来治疗一种罕见的疾病"的辩论赛中，一个严密的理论框架可以帮助辩手明确关键点，如新技术的成本和疗效。然后，我们可以构建主要论点，支持这些论点的可能是临床试验结果、专家意见和患者反馈。这个理论框架有助于辩手在辩论中有条理地陈述他们的观点，同时准备好反驳对方可能有的观点，如新技术可能导致更高的医疗费用而不一定提高疗效。

由此可见，严密的理论框架有助于辩手在辩论中组织思想、阐明观点并应对对方"攻击"。它提供了一个坚实的基础，使辩手能够更有效地传达自己的观点，并在辩论中占据有利位置。

（四）明确逻辑底线

所谓逻辑底线指的是以简练、富有表现力的方式概括出的本方观点，通常为一句话或几个简明扼要的词语。这一做法的目的在于为辩手提供一种有效的工具，使其能够在辩论中更加自信地应对对方对己方核心论点的质疑。同时，以生动的表达方式呈现的逻辑底线有助于吸引评审和观众的注意，从而在辩论现场产生更加积极的影响。在某场大学生辩论赛上，正方的主张是"根除盗版软件的关键在于提高加密技术水平"。正方辩手采用了一句十字的顺口溜作为逻辑底线："想盗，盗不了；盗了，用不了。"这一幽默而生动的表述方式巧妙地传达了他们的核心观点：通过提高加密技术水平，盗版软件的破解将变得极为困难，即便被盗版，也无法正常使用。这一逻辑底线不仅回应了对手的挑战，还给观众留下了深刻的印象，从而提升了正方的辩论效果。

逻辑底线在辩论中扮演着重要的角色，它不仅有助于明确本方观点的核心，还通过生动的表达方式增强了信息的传达效果，为辩手在辩论中取得更好的表现和影响力提供了有力支持。

二、换位思考，兼容对方观点

在辩论中，"换位思考与兼容对方观点"被视为智慧决策的一部分，旨在建立一种全面的思维方式，以应对评委与观众多元化的思维模式和复杂的情感态度。正如《孙子兵法·谋攻篇》中所说："知彼知己，百战不殆；不知彼而知己，一胜一负；不知彼不知己，每战必殆。"为了在辩论中有效运用这一策略，辩手需要更深入地理解对方的观点，并设身处地考虑对方可能采用的论证路径，以及其可能的"攻击点"。

换位思考的关键在于以对方的观点为出发点，试图理解其观点的基本假设和逻辑。这种过程需要比对方更深入地了解对方所持的立场，以及其对辩题的认知。通过换位思考，辩手能够预测对方的论证方向，更好地准备和应对。

然而，仅仅了解对方观点并不足以取得辩论的胜利。在此基础上，辩手还需要兼容对方的观点，这意味着承认对方观点中的合理性和可取之处。兼容对方观点并不是放弃己方立场，而是为了构建更为稳固的理论框架。通过包容对方的一些元素，辩手能够呈现出更全面、更具包容性的立论。这种包容性的立场既有助于辩手在辩论中保持稳定，不容易被对方攻击，也能够更好地满足多元化世界的要求。

在辩论中，过于坚持己见和对对方的过分攻击常常会导致辩手的立场受损。相反，采取一种兼容对方观点并通过有力的论证来支持自己观点的策略，通常更有助于取得辩论的胜利。换位思考与兼容对方观点要求辩手超越简单的二元思维，更全面地理解和回应辩题。这种方法不仅展示了辩手的逻辑思维和辩论技巧，还证明了辩手具备处理复杂问题的能力。

三、搜集材料，准备辩词

"事实胜于雄辩。"辩手如果在辩论中仅以抽象的推理和理论来阐述己方观点，是远远不够的，还需要运用丰富的事实材料来论证己方观点，反驳对方的观点。丰富的事实材料会给观众和评委留下深刻的印象，进一步加强他们对己方观点的认同感；而事实材料的灵活运用，也会使对手忙于应付，从而陷于被动。

面对海量的信息和有限的时间，辩手对事实材料的收集、利用要注意以三个原则：第一，典型性原则。事实材料应具有典型性，即反映事物本质规律并具有代表性。

这些典型的材料能够更有力地论证己方观点，因为它们能够代表更广泛的情况和趋势。第二，真实性原则。材料必须具有真实性和可信度，以确保辩手的论据不容易被质疑或反驳。辩手应仔细核实材料的来源，确保其真实性。第三，新颖性原则。新颖的事实材料通常更引人注目，具有更强的说服力。辩手应时刻关注当前的事件，以寻找新颖的、有趣的材料，进而在辩论中引起观众和评委的兴趣。

在构建逻辑框架、搜集必要材料之后，我们就可以准备辩词了。在准备辩词的过程中，我们不仅要注意语言的准确性、逻辑性，还要注意到口语化、形象化、情感和气势的表达等一系列问题。

第一，口语化表达。辩词应具有口语化的特点，以确保辩手在辩论中能够清晰、流畅地表达观点。辩手要尽量使用简短的句子和通俗易懂的语言，避免复杂的语句结构和术语。另外，辩手在写辩词时还要注意谐音等问题，以免产生歧义。

第二，形象化表达。辩词可以借助形象化的比喻和描述来使观众更容易理解和记住论点。通过生动的描绘和形象的比喻，辩手能够让观众更深刻地体验到论点的意义。

苏轼评价王维的作品是"诗中有画，画中有诗"。在辩论中，虽然辩词以文字为主要表现形式，但同样可以借用类似的原则，清晰表达道理并赋予其生动的形象。通过生动的比喻和形象的描述，辩手可以将抽象的概念变得更具体、更容易理解，从而增加辩词的说服力和可感性。

第三，情感与气势表达。辩手在辩词中可以适度地加入情感元素，以引起观众的共鸣。同时，要展现出自信和气势，以增强辩词的说服力。

四、时间管理与流程管理

在辩论赛中，辩手管理时间和流程的能力非常重要。有效的时间管理和流程管理可以提高辩手在比赛中的表现力和说服力。

（一）时间管理

首先，合理分配时间。辩手应该在比赛前制订一个时间分配计划，确保每个辩论环节都有足够的时间来阐述观点、反驳对方，并做出总结。合理分配时间有助于避免在比赛末尾赶时间的情况，使辩手保持冷静并清晰思考。如果辩论赛规定开场陈词时间为6分钟，反方辩手就可以合理规划开场陈词的时间和内容。例如，开场立论用时2分钟，反驳对方观点用时3分钟，总结和回应可能反驳的观点用时1分钟，以确保在规定时间内完成每个环节。

其次，控制每个辩论环节的时长。在辩论中，每个环节的时长通常是固定的，因此辩手需要严格控制时间，确保不超时。辩手可以使用计时器或同伴的手势提醒来帮助自己掌握时间。如果一场辩论规定每位辩手的发言时间为5分钟，那么辩手可以在赛前训练时设定一个计时器，通过控制语速和修改稿件来确保在5分钟内结束发言，而不会被迫中断。

（二）流程管理

首先，提前规划辩论流程。这包括明确定义、提出主张、列出主要论据和预测对手可能的反驳。

其次，有条不紊地展开辩论。辩手应该按照事先规划的流程，有条不紊地展开辩论。清晰的逻辑和结构更容易帮助观众理解辩手的观点。在辩论中，辩手可以首先引出问题的重要性，然后提出主张，并逐一陈述主要论据，确保每个论据之间的流畅过渡，以建立起紧密的逻辑关系。

由此可见，辩手在辩论赛中合理分配时间、控制辩论进程的时长以及科学进行流程管理，有助于优化辩手的表现，让其在竞赛中不违反比赛规则，取得更好的成绩。

五、团队协作与角色分工

在辩论赛中，团队协作和角色分工是取得成功的关键因素。一个默契的团队能够更有效地传达观点、反驳对方，获得出色表现。

（一）团队合作原则

首先，沟通与协调。团队成员之间的有效沟通和协调是团队合作的基础。辩手应该保持开放的心态，分享观点和想法，确保团队成员"同频共振"。团队成员之间的协调包括在辩论中的流畅过渡和衔接，以确保辩论内容连贯。在一场团队辩论中，主辩手可以通过与副辩手的密切合作，确保主张和论据之间的过渡自然。

其次，互相支持。团队成员之间应该互相支持和鼓励，以增强团队凝聚力。在紧张的辩论环境中，情绪稳定和士气高昂对于取得胜利至关重要。辩手可以通过积极的言辞和鼓励性的肢体语言来表达支持。

（二）不同角色的职责与贡献

在一个辩论队中，各个角色有不同的任务和职责。主辩手通常负责提出主张和主要论据，副辩手则负责反驳对方观点和辅助主辩手，总结辩手则负责在辩论结束时对整场辩论进行总结和强化观点。

辩论队教练在团队中扮演着关键的指导和辅导角色。他们可以提供专业的意见和建议，帮助辩手改进表现，调整策略，并确保整个团队在比赛中充分发挥实力。教练可以通过模拟辩论、提供反馈和建议，以及分析对手的策略来帮助团队准备比赛。他们的专业知识和经验对于团队的成功至关重要。

辩论赛是一项充满挑战的活动，要在其中脱颖而出，需要深入的思考、精湛的口才、优秀的团队协作和明智的战略决策。辩手要在整个比赛过程中综合运用上述策略，同时保持冷静、自信，灵活应对，才能取得胜利。辩论赛可以培养思辨、表达和团队合作的能力，这些技能不仅在辩论赛中有用，对于未来的学习生活和职业发展也将有所助益。

第十章
日常交谈的表达艺术
SPOKEN LANGUAGE

第一节　交谈艺术概述

交谈是指两个或两个以上的个体之间进行的口头表达和沟通活动。这种常见的口语表达形式具有广泛的应用领域，如思想交流、工作洽谈、学术探讨、决策制定、社交互动、咨询建议等。交谈的重要性在于它不仅仅是信息传递的手段，更是人际关系和社会互动的核心。

在交谈中，每个参与者都扮演着特定的角色，有时是倾听者，有时是发言者，有时则需要同时扮演这两个角色。在这个过程中，有效的交谈有时需要我们具备瞬间思考能力，有时需要我们做到深思熟虑，有时要求我们善于表达自己的观点，认真倾听并理解他人的立场。这就需要我们同时具备沟通技巧、情感智慧和逻辑思维。

交谈不仅仅是一种常见的口语表达方式，也是一门综合性的艺术。我们需要在各种场合中灵活运用，实现有效的沟通，以建立良好的人际关系。可以说，交谈艺术在工作、学习和社交等方面都发挥着关键作用。因此，深入探讨交谈艺术及其技巧对于提高个人综合素质具有积极意义。

一、交谈的种类

交谈作为一种社交互动和信息传递的方式，可以根据其形式和功能进行分类。这有助于我们更好地理解和应对不同类型的交谈，并根据具体情境和目的选择合适的策略和技巧，以实现有效的交流和互动。

（一）依据交谈的形式分类

◎ 1. 主动性交谈和被动性交谈

主动性交谈和被动性交谈的区别在于交谈主体的态度和动机，反映出交谈双方不同的互动方式和意愿。

主动性交谈是指交谈主体都怀有与对方交流的愿望和积极性的交谈情景。这种类型的交谈通常发生在友好、积极的社交情境中，如对亲密关系、友谊和共同兴趣爱好的讨论。在主动性交谈中，交谈主体通常会轻松自如地分享想法、观点和情感，而不需要特别的激励或引导。这种类型的交谈更注重有效的表达和信息共享。

被动性交谈可能出现在一些特殊情境下，如司法交流、医疗咨询和冲突解决。在被动性交谈中，至少有一方感到担忧、紧张或不愿意与对方坦诚交流，这可能需要更多的引导和沟通技巧来鼓励他们参与。

◎ 2. 单个交谈和群体交谈

以参与交谈的人数来划分，交谈可分为单个交谈和群体交谈。单个交谈是指仅有两名交谈参与者的情境，语言交流仅在这两名参与者之间进行。这种情形通常相对简单，双方能够更专注于彼此之间的交流，较少受到外部因素的干扰。举例来说，教师与一个学生的私下对话或一对情侣在公园里的交谈都属于单个交谈的范畴。在这种情况下，交流的重点主要在于双方之间的互动，而其他因素相对次要。

群体交谈则是指在交谈中涉及多名参与者的情况，其中至少有一方以群体形式出现。例如，政府领导与群众或其代表进行交谈，或外交会谈中，双方各自派出多名代表组成代表团进行会谈。在群体交谈中，语言交流形式相对复杂，而交流结果不仅受到参与者个体素质的影响，还会受到环境因素的干扰，这些环境因素包括但不限于场地的设置、光线、气味、座位安排等。

◎ 3. 多种选择式交谈和单一抉择式交谈

从决策角度来看，交谈可以分为多种选择式交谈和单一抉择式交谈两种。在多种选择式交谈中，一方会就某一问题列举出多种可行方案，并对这些方案逐一进行分析和讨论，以供对方参考和选择。例如，父母与高中毕业的子女就其毕业后的职业选择进行交谈时，父母可能会提出多种职业选择，并对每种选择的利弊进行全面分析，然后提供倾向性意见，但最终决策权通常由子女掌握。

多种选择式交谈和单一抉择式交谈之间存在明显差异，主要体现在一方是否向对方施加压力以及交谈主体是否保持平等协商关系。如果应当采用多种选择式交谈而使用了单一抉择式交谈，可能会导致不必要的压力和不满，甚至引发冲突。反之，如果应当采用单一抉择式交谈而采用了多种选择式交谈，也可能产生负面影响。例如，在竞争性磋商时，如果一方将自己与其他竞争者并列，并表示"我方不错，其他竞争者也不错"，可能引发对方的怀疑和反感。

多种选择和单一抉择是交谈中的两种不同决策方式，具有各自的特点和应用场合。了解这些差异有助于更好地应对不同交流情境，并采用适当的沟通策略，以实现有效的交流和理解。

（二）依据交谈的功能分类

根据功能和目的的不同，交谈也可以分为多种类型，每种类型都在特定的情境和场合中发挥着不同的作用。以下是一些常见的交谈功能分类。

◎ 1. 聊天式交谈

聊天式交谈作为一种非正式的口头交流方式，其特点在于轻松、随意，通常没有明确的目标或议题。这种形式的交谈旨在通过自由流畅的言语互动，促进人际关系的建立、情感联系的加强。聊天式交谈通常不需要事先准备，可以涵盖多种话题，而参与者可以自由选择交谈对象，无论是熟悉的朋友还是陌生人。

在聊天式交谈中，有时会出现一些不良倾向，我们需要注意并加以避免：

首先，以自我为中心。以自我为中心的交谈者倾向于将话题集中在自己感兴趣的领域，不顾及对方的兴趣和观点。他们可能会滔滔不绝，不给予对方足够的表达空间。

其次，随意抢夺话题。有些人可能在交谈中不顾及他人，总是试图主导话题，将交流焦点完全集中在自己身上，忽略了对方的参与和贡献。

再次，人云亦云。有些交谈者倾向于随波逐流，只会附和他人观点，缺乏个性和提出独立见解的能力。

在聊天式交谈中，交流者应该积极倾听对方讲话，尊重彼此的兴趣和观点，避免以自我为中心和随意抢夺话题的行为。此外，表达个人观点和见解也是交谈的重要组成部分，应该鼓励在交谈中提出独立见解，以促成有意义的互动。

◎ 2. 迎合式交谈

迎合式交谈是指在交谈过程中，一方以迎合对方为交流原则，不仅在言辞上表示迎合，还可能在行为上表现出一定的迎合倾向。这种迎合通常是为了维护和促进与对方的关系，而非出于真实的一致或认同。例如，在恋爱关系中，一方可能会在交谈中过于迎合对方，以取悦对方。

值得注意的是，迎合式交谈也在一些特定的职业领域中广泛存在，如公关活动、餐饮服务等。在这些领域，维护客户关系被看作一项关键任务，相关职业人员需要秉承"客户是上帝""顾客永远是对的"的服务理念，故在交谈中往往采取迎合策略，以确保客户满意。

然而，在迎合式交谈中，人们也存在一些不良倾向，包括：

第一，有褒有贬。在迎合式交谈中，应该避免对对方的某些方面发表否定的言论。例如，服务员不宜公开否定顾客的洁癖，而应使用褒奖的方式表达看法。

第二，迷失目标。迎合应当有明确的目标，即维护关系或实现特定目标。迎合过于偏离目标或变得虚伪失真时，将失去其原本的意义。

第三，回声式应答。在迎合式交谈中，应保持积极主动的思维，即使表达与对方相同的观点，也可以选择不同的语言形式，而不是简单地重复对方的话语。

需要指出的是，尽管迎合式交谈可能在表面上与"拍马屁"相似，但它们的本质是不同的。"拍马屁"通常意味着放弃原则立场，而迎合式交谈不一定涉及原则的放弃，而更多地关注于维护关系和有效沟通。然而，在实际应用中，迎合式交谈需要谨慎使用，以避免失去自己的原则和目标。

◎ 3. 求助式交谈

求助式交谈，作为一种特定的交流形式，旨在寻求他人的协助和支持。在日常生活中，这种类型的交谈可以分为两种情境：一种是向熟悉的人寻求帮助，另一种是向陌生人请求协助。前者通常更容易成功，因为在熟悉的人际关系中，互信和合作更为普遍，而后者则具有一定的挑战性。

在与陌生人进行求助式交谈时，被求助的一方会存在三个心理障碍：无关心理、害怕受骗心理、害怕陷入心理。面对这些心理障碍，求助的一方需要采取一系列策略来克服：

第一，建立信任，使对方确信求助者真正需要帮助。

第二，说服对方采取行动。这是求助成功的关键步骤，需要巧妙地激发对方的积极性。

第三，尽量减少对方的付出。减少对方的付出，谨慎地请求对方的支持，可以提高求助成功的概率。

这些策略可以使求助式交谈有效，同时也有助于建立积极的社交互动。

◎ 4. 求合式交谈

求合式交谈和求助式交谈虽然在形式上有相似之处，但它们的目标和动机却存在显著区别。求助式交谈的主要目标是寻求对方的帮助和支持，而对方通常不直接参与或介入自己的目标追求过程。与之不同，求合式交谈旨在建立一种合作伙伴关系，以共同追求特定的合作目标。

然而，在进行求合式交谈时，我们需要避免以下三种不良倾向：

第一，以权势威胁对方。求合式交谈的关键在于协同合作，因此应该考虑双方的优势互补。如果双方的优势相同，可能不容易实现合作。此外，还需要准确评估对方的心理承受能力，以免因过分展示自己的优势而引起对方的反感。

第二，傲慢自大。尽管一方可能拥有较强的优势，但谦虚和尊重仍然是建立合作关系的重要条件。自大和傲慢的态度通常不利于建立积极的协作氛围。

第三，使用虚假信息欺骗对方。诚实在求合式交谈中至关重要。虚假的优势或信息最终可能导致失败，并破坏信任关系。因此，求合式交谈应该以务实为基础，真实地展示自己的实力和资源，避免夸大或误导对方。

总之，求合式交谈强调双方的合作和互惠，因此应该建立在诚实、平等和尊重的基础之上，以建立持久和稳定的合作伙伴关系。

◎ 5. 劝服式交谈

劝服式交谈是一种通过劝说和教育的方式与对方进行的交流，常见于思想和情感交流、司法和民事调解等场景。其基本模式通常包括将对方的原始观点或立场分为"是"和"非"两个部分，然后从肯定对方的"是"开始，逐渐引导对方认识到"非"的问题和局限性。

然而，在劝服式交谈中，人们经常会出现以下三种不良倾向：

第一，逼迫式劝说。逼迫式劝说意味着使用强迫性词语，如"必须""不得不"等，试图迫使对方接受自己的观点，而不允许对方自由选择。这种方式破坏了平等交流的基础，通常难以成功。

第二，压力式劝说。压力式劝说涉及将压力施加在对方身上，通过强调某种选择的后果来影响对方的决策。与逼迫式劝说不同的是，压力式劝说更侧重于向对方展示选择的后果，而不是直接迫使对方接受某种观点。

第三，欺骗式劝说。欺骗式劝说包括轻率地做出承诺，但实际上并不打算兑现。这种方式的目的是诱使对方接受自己的意见，但其信誉和真诚性常常受到质疑，从而降低交流的有效性。

劝服式交谈应该建立在平等、诚实和尊重的基础上，避免使用逼迫、施压和欺骗等不当手段。只有在相互理解和信任的基础上，劝服式交谈才能够取得成功，并促使对方更好地理解和接受不同的观点或决策。

◎ 6. 肯定式交谈

肯定式交谈是一种通过使用带有夸赞和褒奖性质的语言，来表达对对方言行的积极肯定，以鼓励和促使对方继续做出好的表现的交谈方式。

肯定式交谈有时与表扬相似，但二者之间存在一些区别。表扬通常可以在两个人之间进行，但更常见的是公开进行，涉及事情或行为。相比之下，肯定式交谈主要在私下进行，其重点在于对个体的积极评价，以期对个人产生积极影响，进而影响其行为和态度。

在肯定式交谈中，可能存在以下不良表现：

第一，言辞空泛。肯定的言辞过于笼统，仅仅夸赞个人而未提及具体的行为或事例。这种模糊的夸赞难以产生实际的影响，因为它不够具体，缺乏鼓励性。

第二，言过其实。夸赞的言辞过于夸张或与对方的实际表现不符。这种夸张可能导致对方怀疑夸赞的真实性，从而降低交谈的有效性。

第三，言不由衷。有些人可能并不是真诚地想要表达积极评价，而只是出于某种目的或动机，才使用夸赞的语言。这种不真诚往往会被对方察觉，从而产生适得其反的效果。

成功的肯定式交谈应该真诚、具体，基于实际的表现和行为，以鼓励和激励对方继续取得出色的成就或表现。

◎ 7. 否定式交谈

否定式交谈是说话人采用一种带有批评和贬低性质的语言，对对方的言行进行否定，以促使对方改变其行为或观点的交谈方式。

否定式交谈有时与批评相似，但二者之间存在一些区别。首先，否定式交谈通常更加委婉。批评往往强调针对特定事情的评论，有时可能将事情与个人联系起来以强调其严重性。相比之下，否定式交谈更侧重于对事情本身的评价，然后通过对个人某些方面的肯定来平衡，以鼓励对方主动改进。其次，批评的主要目的通常是惩罚或警告，尤其是在公开场合；而否定式交谈的目的是帮助对方改变其心态和行为。例如，某团队领导在公开场合批评某人后，可能会在私下与被批评者交谈，旨在改变其思维方式，以增强其改正错误行为的主动性。

在使用否定式交谈时，有两点需要特别注意：首先，在交谈中要密切关注对方的反应，随时调整言辞和表达方式，以避免对方情绪激化，防止对抗情绪的产生。其次，当对方表现出拒绝和对立情绪时，可以及时调整策略，采用肯定式交谈来缓和对立情绪，从而有助于实现交谈的目标。

否定式交谈中可能出现的不良现象包括：

第一，全盘否定。全盘否定对方的观点或行为，可能会降低对方的自信心，使其失去改进的积极性，不利于达到交谈的目标。

第二，简单否定。只是对对方的观点或行为进行简单的否定，而没有提供关于对方言行和评价的逻辑联系的分析。这种方式不仅不会促使对方深刻反思，更不会增强其改进的积极性。

第三，硬性否定。不管对方提供多么详尽的解释，都坚决拒绝接受。

在进行否定式交谈时，我们应该以更加委婉和具体的方式表达批评意见，并允许对方提供解释或辩解，以促使对方更好地理解和改进。

二、交谈的特点

交谈是一种复杂而多样化的语言交流活动，具有双向配合、灵活性强、口语性强、多样性强、即时性强等特点。通过充分理解和利用这些特点，我们可以更好地建立联系、分享信息和解决问题，参与和引导有效的口语交流。

（一）双向配合

交谈的核心特点之一是双向配合。在交谈中，至少有两名参与者，他们互相交换信息、观点和感情。这种互动性质决定了交谈需要双方积极参与，共同构建对话，确保信息的传递和理解。

（二）灵活性强

交谈具有很高的灵活性，因为它的内容和形式可以根据需要和情境随时变化。与一般单向性的演讲或报告不同，交谈的主题和方式可以根据参与者的兴趣、需求和话题的变化而变化。例如，在商务会议中，与会者可能会在会议的不同阶段进行不同主题的交谈，根据讨论的方向调整内容。

（三）口语性强

交谈是口语表达的形式之一，因此具有口语性强的特点。这包括以下几个表现：

首先，简明而清晰。因为交谈需要实时的沟通，所以说话人通常使用简短、直接、清晰的语言，以便听众理解和回应。

其次，生活化。交谈中常常使用方言、俚语、流行语等。这些语言元素可以增强交谈的亲切感和亲密性，更加贴近日常生活。在家庭聚会中，家庭成员之间可能会使用家庭内部的俚语来表达彼此之间的亲密情感。

再次，连贯性差。与正式的演讲等相比，交谈的连贯性通常较差。因为交谈中允许更多的中断、补充和反馈，所以交谈可能包含许多零散的句子和观点。这种信息链的断裂有时可以通过上下文和语音语调来弥补。

（四）多样性

交谈的多样性表现在多个方面。首先，交谈可以发生在各种不同的情境和场合中，包括商务会议、家庭聚会、朋友小聚等。其次，交谈可以涉及各种主题，从日常生活琐事到复杂的专业问题，无所不包。再者，交谈可以采取不同的形式，如面对面对话、电话交谈、视频会议等，每种形式都有其独特的特点和规则。

（五）即时性

交谈是一种即时性的交流形式。信息的传递和反馈是即时发生的，没有时间延迟。这种特点使得交谈成为解决问题、做出决策和建立人际关系的重要工具。例如，在一个项目推进会议上，项目组成员可以立即就项目的各个方面进行交流和讨论，以便做出及时的决策。

三、交谈的原则

交谈具有一系列原则。是否遵循这些原则不仅影响着信息传递的有效性，还涉及人际关系的建立和维护等。

（一）沟通合作原则

沟通合作原则是交谈的基础，它强调双方的互动和合作。它要求在交谈中双方要做到以下几点：

首先，互相尊重。交谈的双方应尊重彼此的观点、意见和感受。

其次，诚实坦率。诚实和坦率是成功交谈的关键。双方应该避免隐瞒信息或伪装自己的观点。

再次，建立信任。信任是交谈的基础，双方应该努力建立和维护信任关系。

（二）听说并重原则

交谈包括说话和倾听两个方面。在交谈中，双方应平衡地参与这两个方面，确保信息的双向流动。以下是听说并重原则的关键点：

首先，积极倾听。倾听是有效沟通的关键。双方应积极倾听对方的观点和意见，而不是仅关注自己的表达。

其次，平衡表达。双方应平衡地表达自己的观点和需求，不应由一方"垄断"交谈。

再次，反馈和确认。在交谈中，双方应提供反馈和确认，以确保信息的准确传达。

（三）主旨明确原则

主旨明确原则强调在交谈中要清晰明了地表达观点和意见。主要应做到两点：首先，清晰的语言表达。说话人应使用清晰、简明的语言表达自己的思想，避免使用含混不清的词汇。其次，合理的逻辑。交谈的内容应该有合理的逻辑，以便听者理解和响应。

（四）随机应变原则

交谈是灵活的，因此需要随机应变。双方应根据情境和需求调整交谈的内容和方式。以下是掌握随机应变原则的关键点：

首先，适时的调整。在交谈中，双方应根据对话的发展和对方的反应适时地调整自己的表达方式和内容。

其次，巧妙处理窘境。有时交谈可能会陷入尴尬或涉及敏感的情况。双方应学会处理这些窘境，避免冲突和紧张的升级。

再次，灵活应对不同情境。不同的情境可能需要不同的交谈方式。双方应根据情境的性质和要求来选择适当的交谈方式。

交谈是一项需要不断练习和改进的口语表达艺术。通过学习和运用以上原则，我们将更自信、更有效地参与各种类型的交谈，并达到更加理想的效果。

第二节 日常交谈的技巧

在日常生活中，交谈是一项不可或缺的活动，无论是与家人朋友相聚，还是在职场社交中，掌握有效的交谈技巧都至关重要。通过合理运用交谈技巧，我们能够更加自如地与他人互动，建立良好的人际关系、解决问题，以及传递信息。

在交谈中，我们通常扮演着不同的角色，包括听话人、说话人、问题提出者以及场面控制者。这些角色在不同情境下交替出现。具备相应的技巧，才能在各种情境下应对自如，确保交谈的顺利进行。

一、倾听技巧

倾听是与人沟通的重要技巧。通过有效的倾听，我们能够建立信任、深化理解、解决问题，使交流更加丰富和有意义。通过端正倾听的态度、主动并及时反馈、正确理解对方的意图以及避免岔话，我们可以提高自己的倾听能力，更好地理解对方的需求和情感，在交谈中巧妙地建立信任、产生共鸣。

（一）端正倾听的态度

作为听话人，首先要端正倾听的态度。无论在日常生活还是专业领域中，端正的倾听态度都是成功交流的关键。

同时，这还包括了对他人的尊重，不论对方的讲话水平如何，都要给予耐心，不要分心或心不在焉，而要全神贯注地倾听对方的言辞。端正的倾听态度可以让对方感受到尊重和重视，有助于建立良好的交流氛围。

（二）主动并及时反馈

在倾听过程中，主动且及时地做出反馈对有效的交流至关重要。这包括通过点头、微笑以及诸如"您说得对""应该是这样""您讲得真有趣"等肯定性语言回应，来展示对对方言辞的关注和理解。这种反馈有助于激发对方的积极性，使交谈更加愉快和顺畅。

（三）正确理解对方的意图

倾听不仅仅是接收信息，还涉及理解对方的意图。我们应该对对方的言辞进行分析、归纳和概括，同时也要能够洞察"弦外之音"。例如，当有人以隐喻或比喻的方式表达观点时，我们应该友好地对待，与对方建立更深层次的连接。若说话人用借喻的方式，含蓄地表达了他的看法，听者也应友好地回应言外之意，尽可能应和说话人的话语，说出自己的看法。

（四）避免岔话

在倾听过程中，应该避免随意打断或中止对方的讲话。这不仅是一种礼貌，还有助于完整地听取对方的阐述，正确判断对方的意图。美国著名的作家、社会活动家玛雅·安吉洛认为，人们会忘记说过的话、做过的事，但永远不会忘记自己所感受到的东西。这强调了倾听的情感维度，即理解对方的意图和情感状态。有了完整的表达，信息的传递才更加准确，沟通才更为流畅。

二、提问技巧

在有效的交谈中，人们提问的方式多种多样，包括正向提问、侧向提问、反向提问、设问和追问等。然而，我们在运用这些提问技巧时，需要谨慎考虑语气和用词，避免因采用过于生硬或审讯式的提问方式，而导致交谈的失败。

此外，在交谈中，我们对语言的选择和表达也需要精心斟酌。其中，一种常见的提问技巧是"借别人之口，问自己之意"。

（一）借权威者或高地位者之口来问

在交谈中，一种巧妙的提问技巧是通过权威者或高地位者之口来提问，使对方必须认真回应。这种方法特别适用于与不愿合作或固执的人交流。利用这种方式不仅能够确保得到准确的回答，还能避免对方的施压和干扰。

（二）借亲戚、朋友之口来问

在某些情况下，为了避免尴尬或直接的沟通，可以通过亲戚或朋友向对方提出问题。这种方法能够以迂回的方式处理敏感问题。

需要注意的是，这种方法最好用于相对轻松或友好的话题，以免给亲戚或朋友带来麻烦，或让对方感到不快。

（三）借不相关的事件来问

在某些情况下，可以借用不相关的事件来发问，即以一种更加渐进和不直接的方式提出问题，用于处理敏感或紧急情况。例如，秘书小李陪同总经理前往南京谈一个重要项目。谈判已经进行了六天，但没有取得任何进展，总经理为此感到沮丧和焦虑。小李不确定总经理是否考虑放弃谈判，但又不敢直接提出这个问题。因此，他找机会询问总经理是否推迟两天后的公司例会。总经理思考片刻后回应："不用推迟，你去预定一下后天的机票。"这个间接的发问使得小李的疑虑得到解答，而不会引发紧张或尴尬的局面。相比之下，如果采用了直接的方式，比如询问："我们是否已经谈崩了，是否考虑结束谈判并预订返程机票？"这可能会导致不必要的紧张和不愉快。

三、回答技巧

在交谈中，提问和回答是相互关联的，而且回答通常比提问显得被动。因此，口才出色的人不仅仅要懂得如何提问，还需要懂得如何回答问题。回答问题时，关键在于巧妙地应对，而不是盲目地回应。

巧妙的回答意味着要考虑回答的方式和时机，以达到最佳效果。这包括根据问题的性质选择是否直接回答，以及在回答中运用适当的语言技巧，比如陈述、解释、引用权威观点或提供具体的例子，以便更好地传达信息和观点。

怎样进行妙答呢？下文总结了一些技巧：

（一）认清问题的实质，使回答具有针对性

在交谈中，不是所有问题都需要直接而正面的回答。有些问题可能包含批评、讽刺或挑衅成分。因此，我们在回答问题时，需要仔细分析问话人的态度、动机，问题的内容以及背景，以便准确理解问题的实质。然后，我们可以根据问题的性质，选择回答的方式。例如，《波斯趣闻》一书中有这样一个小故事：

古时候，一位国王问身边的大臣："王宫前边的水池里一共有几杯水？"大臣回禀："这种问题只要问一个小孩就能得到正确答案。"

于是一个小孩被召来了。"王宫前边的水池里共有几杯水？"国王问。"要看是怎样的杯子"，小孩不假思索地应声而答："如果杯子和水池一样大，那就是一杯；如果杯子只有水池的一半，那就是两杯；如果杯子只有水池的三分之一大，那就是三杯；如果……"

"你说得完全对！"国王奖赏了这个小孩。

上述故事中的小孩通过设定"杯子和水池一般大"等条件，便巧妙地达到了回避对方"水池里共有几杯水"这一莫名其妙的问题的目标。

（二）掌握对接的技巧，使回答具有艺术性

问与答在交谈中犹如抛球与接球，是一种相互呼应的艺术。妙答的技巧可以视作对问话的精准对接与应答的艺术性展现。妙答要求回答者在回应问题时兼顾信息的准确传达和艺术性的展现。

◎ 1. 词语对接

词语对接是指在回答问题时，回答者巧妙地接过提问者的词语或句式，稍加改动，使回答更有利于实现自己的目标。例如，一个记者问某公司总裁："你是怎样一下子成为公司总裁的？"这位总裁答道："我是先创办这家公司，然后才成为公司总裁的，所以不是一下子，而是两下子。" 这位总裁将记者的词汇融入回答中，通过巧妙的词语对接实现了更好的表达效果。

◎ 2. 李代桃僵

李代桃僵是一种常见的委婉拒绝回答或回避问题的方式，通常会选择一个与问题相关但不直接回答问题的话题来回应。在一次中外记者招待会上，一位外国记者问陈毅同志："贵国最近打下了美国制造的U—2型高空侦察机，请问陈毅先生，你们用的是什么武器？是导弹吗？"像这种涉及国防机密的问题，风趣的陈毅同志举起双手在头顶做了一个动作，俏皮地说："记者先生，美国飞机经不起导弹打，我们是用竹竿把它捅下来的呀。"[1]

当某国颁布了一项新的产业政策时，有记者向一位跨国公司的总裁提问："先生，请问您是否支持这项新政策？"这位总裁回答道："这个新政策确实引起了广泛的讨论，不过让我想起了一件相关的事情。前几年，我们也曾经面临类似的挑战，当时我们采取了一些策略，看起来取得了一些成果。这让我认为，我们在面对这个新政策时应该认真考虑各种因素，包括过去的经验，以做出明智的决策。"总裁并没有明确回答是否支持新政策，而是选择了一个相关的话题来进行回应。这种方式可以用来回避敏感问题或者在不愿透露立场的情况下回应问题。

---

[1] 陈辉：《陈毅元帅：胆略超人的共和国外交部长》，《党史博采》（上）2023年第1期。

四、控场技巧

交谈往往面临复杂多变的形势,需要交谈者具备一定的控场能力,以确保交谈的顺利进行。控场技巧是指在交谈中,交谈者通过合适的言行举止,有效地引导、管理和影响交谈的进程,以达到自己的交流目标。

(一)控制话题

话题的控制有助于确保交谈有重点和有效。在交谈过程中,有时话题会偏离中心,或者需要转换到其他相关话题,这时候掌握一些控制话题的技巧尤为重要。

◎ 1. 控制话题的方法

(1)阻挡法。阻挡法是一种直接提醒对方的方式,以使谈话重新回到中心话题上来。

(2)引导法或暗示法。这种方法通过表示肯定的方式来引导或暗示对方继续谈论符合话题的内容。在交谈中,如果有人开始偏离话题,你可以用眼神或微笑示意他们回到主题,或者用简短的应答来引导。

◎ 2. 转换话题的方法

(1)注意时机。转换话题的时机至关重要。在谈话的自然间隙进行话题转换,可以确保交流的流畅性。

(2)渐进转换。如果需要将话题从一个领域转移到另一个领域,可以使用渐进转换的策略。在引入新的话题时,将其与当前话题联系起来,然后逐渐深入讨论新话题。

(3)礼貌方式。转换话题时要使用礼貌和尊重的方式,以避免使对方感到突然或不舒服。可以使用过渡性语言,如"这个话题我想暂时放一放,咱们先谈谈另一个相关问题吧"。

(二)控制场景

在交谈中,掌握控制场景的技巧也很重要,因为交流过程中常常会面临各种出人意料的情况。在这些情况下,冷静、灵活的反应可以确保交流的顺利进行。

◎ 1. 引申转移法

在交谈中,尴尬情绪和僵局时常会出现,这时候引申转移法就成为一种有效的应对策略。这种策略的核心思想是通过巧妙的话语引导对话方的注意力,使其从当前的话题或情境转移到其他更为轻松或积极的方向,以化解尴尬情绪、打破僵局,从而保持良好的交流氛围。

◎ 2. 模糊应答法

模糊应答法是一种应对复杂问题时采用的巧妙技巧。它通常在需要回避或暂不明确回答的情境下得以应用。这一方法的核心思想是寻找一些具有较大解释空间，表述相对模糊、不太具体的措辞，以便暂时回避问题。这种技巧在外交、政治、商务等领域中经常被使用，以保持灵活性。在记者招待会上，新闻发言人在面对一个棘手问题时可能会回答："我们将在适当的时候考虑这个问题。"这种回应既未明确表态，也未拒绝对话，为未来的行为和决策留下了更多的余地。同样，当涉及一些不便直接回答的问题时，如商业谈判中的价格议题，一方可能回应："我们将认真研究这个议题。"这样的回答既不透露立场，又表现出合作的诚意，为进一步的商谈创造了机会。

模糊应答法在复杂的交流情境中有其合理之处，有助于维护双方的关系，避免冲突和尴尬局面。同时，我们一定要把握好时机，在合适的语境使用这种方法，以确保不会引起对方的误解或不满。

◎ 3. 即兴回敬法

即兴回敬法是一种即时应对的技巧，通常表现为在交流中以幽默或戏谑的方式回应对方的言辞，增强交流的趣味性或缓和对话的紧张气氛。这一技巧的核心思想是通过模仿或回应对方的语言风格或言辞，以一种诙谐或调侃的方式回应，从而调动交谈的轻松气氛或迫使对手退却。解放战争时期，在国共两党谈判期间，国民党代表理屈词穷，进而恼羞成怒，气急败坏地叫嚷，说这场论战是"对牛弹琴"。周恩来同志当即灵机一动，利用对方抛来的语词，反驳道："对……牛弹琴！"他巧妙地利用断句技巧将成语曲解，把对方比喻为牛。这样既痛击了对方，又使自己摆脱了窘境。

当对方有意挑衅时，如果不愿意忍让，也可以借对方的话题加以渲染发挥，以"反击"对方。例如，有个老大爷骑着毛驴进城赶集，路上遇到一个调皮鬼。调皮鬼冲着骑毛驴的大爷喊："喂，来块面包吧！"大爷非常礼貌地说："谢谢你，我已经吃过了。"不料调皮鬼却说："我没问你，我问的是毛驴呀！"大爷一听，照驴脸上"啪啪"打了两巴掌，骂道："你这个不懂事的东西，出门时我就问你在城里有没有朋友，你明明白白地说没有，这会儿怎么又来了个朋友请你吃面包呢？"说完便扬长而去。老大爷表面是训斥毛驴，实际上是嘲讽调皮鬼。这样的回应既显得风趣幽默，又具有很强的反击力。

即兴回敬法能够帮助我们改变对话的节奏。特别需要指出的是，我们要根据具体的情景、对象谨慎使用即兴回敬法，以确保不会引起更大的冲突。

良好的交流技巧是个人生活和职业发展中不可或缺的一部分，有助于建立更良好的人际关系，解决问题，取得成功。我们要在日常生活工作中积极实践这些交谈技巧，不断提高自己的沟通能力。

第三节　正式场合的交谈技巧与应对策略

在社交互动中，正式场合的交谈扮演着重要的角色。正式场合包括商务会议、学术研讨会、政府会议以及其他具有正式性质的场合。与日常交谈相比，正式场合的交谈更加需要精心准备，因为它通常涉及重要的议题、较强的专业性、严肃的氛围，以及较高的目标期望。

一、正式场合交谈的准备

正式场合的交谈前准备是说话者在正式场合中表现出色、取得成功的关键步骤。这个过程可以被看作一个精心策划的舞台，其中每个元素都是为了确保说话者能够在其中充分展示自己的专业知识、说服力和自信。我们需要充分的信息搜集、策略制定，以确保自己能够有力地传达信息，影响他人并实现交流目标。

（一）了解背景

了解背景是确保在正式场合的交谈成功的关键一步。需要深入了解的背景包括以下两个方面：

◎ 1. 目的和议程

在参加正式会议或活动之前，我们必须详细了解其目的和议程。这不仅有助于我们更好地理解会议的整体框架，还能为自己后续在会议上的出色表现奠定基础。

◎ 2. 参与人员的信息

了解参与人员的身份、职务、责任等信息对于确定如何定位自己的交谈至关重要。事先获取参与人员名单，可以帮助我们识别其中的关键决策者或主要利益相关者，以便在随后的交谈中满足他们的关注点，避免谈话内容在无意中冒犯对方。例如，你将在一次业务会议上与高级管理人员交谈，提前了解他们的关注点和禁忌将有助于你更好地定位自己的交谈。如果其中一位高级管理人员负责财务，你可能需要提供与成本控制或资本投资相关的信息。如果一位高级管理人员有特定的宗教信仰，你可能需要重新审视交谈内容，避免有可能触犯对方禁忌的话题。

（二）主题准备与知识储备

在正式场合的交谈前，我们必须充分收集与自己要讨论的主题相关的信息。研究数据、事实案例和专家意见等信息可以为我们提供可靠依据，以支持我们的观点。假设你要在一次学术研讨会上介绍自己的研究成果，主题是关于可再生能源的可持续性。你可以做如下准备：首先，通过文献综述了解可再生能源领域的最新研究和发展趋势；其次，收集能源生产和消耗的相关数据；再次，引用国际能源机构的报告，以强调可再生能源对气候变化的重要性；最后，咨询能源政策专家，以获取有关政策和市场趋势的见解。这些信息可以为你的观点呈现提供丰富的支撑论据，并容易使听众信服。

（三）制定交谈策略

一个有效的交谈策略可以帮助我们在正式场合中充分发挥自己的潜力，确保自己的交流目标得以实现。

◎ 1. 确定交流目标

在交谈前，明确自己的交流目标至关重要。首先，我们要明确交流的定位，是启发、说服、教育、娱乐，还是提供信息。其次，我们要确定交谈的成功标志，是达成决策、获得支持、引起兴趣，还是提供解决方案，要以自身期望的结果作为确定交流成功的标志。再次，我们还要充分考虑受众的需求、期望和反应，以制定有针对性的谈话策略。

◎ 2. 制订清晰的沟通计划

制订一个清晰的沟通计划有助于确保交流有逻辑、结构良好并能够有效传达信息。首先，明确信息结构。我们要确定开场白、主体内容和总结等信息传达结构，这有助于确保交流有序。其次，选择适当的交流媒介。我们可以根据场合选择适当的交流媒介，如演讲、演示、报告、讨论或会议。每种媒介都有其独特的优势和相应的限制。再次，我们还要考虑时间管理。只有合理分配时间，才能确保交流在规定的时间内完成，避免拖沓冗长或虎头蛇尾的情况发生。如果要在一次股东大会上介绍公司的业绩，沟通计划可以设置为：先简要介绍公司的发展历程，然后详细分析财务指标，最后总结公司的战略和未来规划，可以选择使用演示文稿来辅助，并在会后安排充足的时间回答股东的各种问题。

◎ 3. 考虑可能出现的问题与反驳意见

在交谈中，经常会遇到问题和反驳意见。提前考虑这些情况并准备应对策略是至关重要的。首先，我们要尝试预测可能出现的问题或质疑，并为其准备清晰的回应，这有助于在问题出现时保持冷静和自信。其次，我们要使用可靠的数据、事实和案例来支持自己的观点和回应，以增强说服力。再次，我们要学会倾听和回应。然后以理性和尊重的方式回应，避免情绪化或带有攻击性。

二、正式场合交谈的技巧

在现代社会中，不论是商务会议、学术研讨会、高级管理层会议还是其他正式聚会，都要求参与者在与他人互动时展现出较高的专业素养和有效的沟通能力。正式场合的交谈不仅仅是信息传递，更是一种展示自己的机会，以影响他人、获得支持、解决问题。

（一）陈述清晰而有条理

◎ 1. 使用简洁、明了的语言

使用简洁、明了的语言来表达自己的想法，避免模糊或不必要的术语，确保听众能够准确理解自己的观点。例如，在项目汇报中，汇报人使用"我们计划在第四季度推出新产品"就比"我们可能会在未来几个月内考虑推出新产品"表达得更为明确和有力。

◎ 2. 逻辑清晰

在交谈中，要确保自己的观点按照逻辑顺序有条不紊地展开。使用适当的结构，如问题陈述、信息支持和总结，以便听众能够跟上汇报人的思路。

（二）听取与尊重他人的意见

◎ 1. 主动倾听与回应

倾听是成功交谈的关键。要主动倾听他人的意见和观点，并用恰当的方式回应。例如，在团队会议上，当同事提出反对意见时，我们可以说："谢谢你的观点。你能详细说明一下你的担忧吗？"

◎ 2. 尊重不同的观点

尊重不同的观点，若不赞同它们，再以合作探讨的方式处理分歧。在一次讨论会上，如果你和另一位同事在某个决策上存在分歧，你可以说："我理解你的看法，我们可以探讨一下如何找到一个平衡的解决方案吗？"

（三）控制与自信

◎ 1. 保持冷静与专业

在正式场合，特别是在紧张或高压力的情况下，保持冷静和专业是至关重要的。应避免情绪化的表现，以免干扰交流。

◎ 2. 体现自信与建立信任

体现自信和建立信任是有效交流的基础。维持良好的姿态、眼神接触和声音控制，可以传递出自信。例如，在新生家长见面会上，老师可以通过站姿、语气、面部表情的控制，让学生家长感到自己是自信且值得信赖的好老师。

（四）应对突发情况

正式场合的交谈不仅要求我们表现出高水平的专业素养，还需要我们在发生突发情况时保持冷静、灵活应对，并确保沟通的顺畅和有效。无论是在领导团队、解决公司内部冲突，还是在与合作伙伴、客户建立积极的合作关系时，我们都要具备处理各种突发情况的技巧与能力。

◎ 1. 处理争议与冲突

首先，强调双方的共同利益是解决争议和冲突的有效方式。通过强调合作可以促进共赢的结果。其次，了解各方的需求和关切是解决冲突的关键。这需要我们积极地倾听和尊重对方的观点。如果两位团队成员在工作任务分配上发生争执，团队负责人可以主动倾听双方的需求，并提供一个平衡的解决方案，以最大限度地满足双方的期望。

◎ 2. 适时化解紧张情绪

首先，我们要确保冷静沟通。当紧张情绪出现时，冷静和理性的沟通是关键。我们要尽力避免情绪化的反应，以免加剧双方的紧张情绪。其次，我们要学会寻求中立第三方的帮助。如果内部冲突难以解决，可以请教中立的第三方，如仲裁人或中介人，来协助解决争议。

◎ 3. 突发事件的处理策略

第一，信息透明。在正式场合的交谈中，尤其是在学术会议、研讨会或商务谈判中，保持信息的透明度至关重要。我们要及时向相关方通报情况，提供准确信息，以避免出现谣言和不确定性。如果在重要的业务会议中突然发生技术故障，我们应立即通知与会者，并提供关于故障原因和解决方案的详细信息。

第二，制订紧急计划。在正式场合的交谈中，特别是在高级管理层会议或重要客户谈判中，制订紧急计划是维护稳定的关键。这包括明确责任和行动步骤。

（五）形成积极的交流氛围

在正式场合的交谈中，营造积极的交流氛围有助于促进有效的沟通、建立良好的关系，并实现交流的目标。

◎ 1. 鼓励积极互动

首先，在正式场合交谈中，我们要多提出开放式问题，这样可以激发参与者的思考和讨论。例如，团队负责人在战略规划会议上可以问："大家认为我们在未来五年内应该优先考虑哪些市场机会？"这样的问题能够鼓励参与者分享他们的见解。其次，我们要鼓励对方积极参与互动，并及时给予积极的反馈和鼓励。

◎ 2. 有效的会议主持与引导

首先，在正式场合的会议中，会议负责人应提前制订并与参会者沟通议程，以确保每个议题都能得到充分讨论。其次，会议负责人应做好时间管理，确保每个议题都在规定的时间内得到讨论。如果某个议题讨论时间过长，负责人可以引导参与者进行总结，并决定是否需要进一步讨论。

◎ 3. 赋予每位参与者发言的机会

首先，在正式场合的交谈中，负责人应该轮流给予每位参与者发言的机会，确保所有人都有机会表达自己的观点。我们也可以提前设立一个轮流发言的制度，以便每个人都能有平等的发言机会。其次，负责人还应鼓励那些较为保守的人发言。如果在团队会议上有一位新员工较为内向，团队负责人可以明确邀请他/她发表意见，以确保各种观点都能被听到。

三、结束交谈与总结

正式场合的交谈不仅要通过巧妙的方式来结束以给对方留下积极的印象，还要通过交谈后的总结及感谢等，确保未来的交流效果，维护良好的人际关系。

（一）重申主要观点与结论

首先，我们要善于总结关键信息。在结束正式场合的交谈前，我们可以通过重申主要观点和结论，确保参与者明确了讨论的重点。其次，强调共识。如果有达成共识，我们可以强调这些共识，这有助于进一步巩固双方的合作关系。例如，在供应商谈判中，我们可以在结束时强调双方在利润、渠道、产品质量等方面的共识点，以便为未来的合作奠定基础。

（二）鼓励进一步行动与合作

在结束交谈时，首先，我们可以鼓励参与者提出下一步行动或合作的建议。其次，强调长期合作。例如，在商业合作伙伴谈判中，我们可以通过表达己方愿意与对方建立长期合作伙伴关系的意愿，以推动双方合作项目的进一步落实。

（三）表达感谢与尊重

在结束交谈时，一方面，我们要感谢参与者的贡献，以示尊重。另一方面，我们要表达出尊重不同观点的态度。如果存在不同的观点或意见，我们要表达出尊重对方自由表达的权利。例如，在针对政治或社会议题的讨论中，结束时可以强调尊重多元化的意见。

四、后续跟进与反馈

（一）会谈后的跟进行动

首先，发送会议纪要或总结。在会议结束后，我们要及时向参与者发送会议纪要或总结，包括讨论的要点、决策和行动项。这有助于确保大家对会议内容有清晰的把握。其次，约定下一次会面。如果需要进一步讨论或合作，我们一定要与参会者约定下一次会面或跟进的时间。

（二）收集反馈与改进交流技巧

首先，我们要主动索取参与者的反馈，了解他们对交流过程的看法和建议。这有助于改进未来的交流。其次，在结束交流后，我们可以从语言表达、沟通技巧和会议组织等方面开展自我反思，总结交流的效果，并考虑哪些方面可以改进。

正式场合的交谈是事业成功的关键组成部分。在正式场合的交谈中，我们需要充分准备，以更自信、更专业的状态应对各种挑战，确保我们的声音在竞争激烈的环境中被听到，为自己和团队创造更多成功机会。

第十一章
特殊的口语表达艺术

SPOKEN LANGUAGE

第一节　发言人的口语表达艺术

发言人作为政府、非政府组织或企业的信息发布者和与媒体沟通的主要渠道，负责向媒体和公众传达信息、解答疑问。他们的口语表达艺术至关重要，因为言辞的精准和表达的方式不仅能够影响信息的传播，还能够维护并塑造其所代表组织的声誉和形象。语言是发言人与外部利益相关者进行交流的基本工具，承载着发言人意欲传达的信息。通过精准运用口语表达技巧，发言人可以丰富表达信息，并通过语调和语气的调整来强化或弱化特定信息，以达到更好地传递组织立场和政策的目的。曾有学者总结道："外交语言的独特在于：它或讲究委婉，或着意含蓄、或注重模糊，或力求折衷，或废话连篇，或编织谎言，或粗暴鄙俗，可谓上乘和低下兼而有之。曾在联合国担任过美国代表的弗兰克林·罗斯福总统的夫人就曾感叹地说：同样的一些话，在正常情况下是一种含义，但在外交文件中却是另一种含义，'这像是学习另一种语言'。"[1]

一、影响发言人口语表达的因素

在人际交往领域形成的个人交际风格，往往受到多重因素的综合影响。发言人的口语表达风格是主观因素和客观因素相互作用的结果。因此，在研究和理解发言人口语表达风格时，我们需要综合上述因素，以全面把握其形成过程和表现机制。

（一）影响发言人口语表达的主观因素

主观因素包括个人素养、职业要求等。个人素养涵盖了政治素养、新闻素养、文化素养等，这些都对发言人的交际方式和效果产生深远影响。职业要求也是主观因素之一，不同职业领域对于口语表达技能和风格可能有不同的要求。

◎ **1. 个人素养是基础**

在新闻发布会这种特殊的场合，发言人需要以直接与媒体互动的方式，发布政府或非政府组织的信息并回应记者的提问。这要求他们能够快速领会记者的意图，

---

[1] 金桂华：《杂谈外交语言》，《外交学院学报》2003 年第 1 期。

并以合适的语气和措辞做出回应。因此，无论是政府发言人，还是非政府组织的发言人，都需要具备较高的个人素养，以确保言辞表达得当。

首先，政治素养最为重要。发言人需要具备坚定的政治立场和敏锐的政治意识，以全面掌握并应对各类政治问题。外交部发言人必须熟悉我国对不同国家和地区的外交政策，自如回应复杂的国际问题；企业发言人则需要熟悉各种政府监管政策以及企业与政府机构的互动。对国内外政治局势的了解是各类发言人进行有效的口语表达的关键因素之一。

其次，新闻素养是必不可少的。无论是政府还是非政府组织的发言人都需要具备较高的新闻素养，了解新闻行业的规则和趋势。这有助于他们理解提问者的需求和期望，以更好地回应提问和传达信息。

再次，文化素养是发言人不可或缺的素质。发言人需要具备广泛的知识，包括经济、法律、历史、文化、社会习俗等方面。例如，跨国企业的发言人需要及时了解不同文化背景的人对企业产品和服务的看法，根据发布会受众群体的需求及时调整其口语表达方式和内容。

最后，心理素养也是发言人成功表达的重要保障。发言人需要具备较强的心理素质，能够从容应对媒体的压力和各种挑战。这可以通过心理训练和自我调节来培养。

由此可见，不论是外交部门的发言人还是非政府组织的发言人，个人素养都是塑造其口语表达风格的基石。这些素养包括政治、新闻、文化、心理等多个方面的素质，它们共同构成了一个成功发言人的关键要素，有助于他在新闻发布会等场合中有效地传达信息并与媒体互动。

◎ **2. 职业要求是重点**

职业要求是发言人在不同领域中的核心考量因素。不论是政府部门的发言人，还是非政府组织的发言人，他们在面对媒体和公众时都必须满足特定的职业要求，这些要求不仅关系到其个人表现，也直接影响所代表的国家或组织的声誉和形象。

外交部发言人在国际舞台上扮演着维护国家形象的重要角色。他们的言论直接影响着国际社会对本国的看法和认知。因此，外交部发言人需要极为谨慎和规范地表达。每一句话都必须经过精心考虑，以确保不会引发误解或争议。以我国外交部发言人为例，在涉及国家领土主权的问题上，主要使用强硬的言辞——"完全不能接受""坚定维护""坚决应对""严正立场"等，表明我国领土主权不容侵犯的坚定立场；在涉及多方国家利益的问题上，则多站在中立的角度，表明我国的和平外交政策，呼吁其他国家用和平的方式处理国际问题。

发言人代表组织与媒体进行沟通，其言辞和行为直接关系到组织的声誉和听众的信任度。发言人需要具备良好的职业道德素养，确保信息的准确性。当组织面临负面事件或危机时，发言人需要坚守道德原则，提供真实信息，以建立信任。

总之，职业要求是发言人在不同领域中必须遵循的基本准则。无论是哪类组织，发言人都要遵循职业道德、熟练运用语言技巧、灵活运用语用策略，确保有效传达信息，维护组织声誉和形象。

（二）影响发言人口语表达的客观因素

客观因素对于发言人的表达方式也存在重要的影响。不论发言人身处哪类组织，都会受到时代背景、发布会特征、记者提问的情况等客观因素的综合影响。这些客观因素也共同塑造和改变着发言人的言辞风格和表达方式。

◎ 1. 时代背景

首先，时代背景是重要的客观因素之一。不同历史时期的社会生活和政治环境都具有独特的特点，这直接反映在发言人的语言特征上。以我国为例，新闻发言人制度在建立初期主要起到政策传达的作用，强调政策一致性和一致传达。然而，随着社会的不断发展和政策传达制度的逐渐完善，新闻发言人逐渐有机会在新闻发布中表达个人的理解和看法，形成个人风格。这一变化与我国社会的发展以及国际形势的演变密切相关。

其次，国际形势也对新闻发言人的表达方式产生影响。新闻发言人在国际问题上需要反映国家的立场和政策，这直接受到国际形势的影响。例如，在和平与发展成为时代主题的当下，新闻发言人会更加强调和平友好的外交政策，使用积极、褒义的词汇来传递国家的决心和态度。而在涉及国家主权和领土等核心问题时，发言人可能会采用强硬的表达方式，以维护国家的利益。

◎ 2. 新闻发布会的特征

新闻发布会是政府或相关组织以较为正式的形式向媒体公众发布重要信息并回答记者提问的重要形式。

首先，在新闻发布会上，发言人通常需要介绍政府或组织的重要政策、决策或事件，并回答媒体记者提出的各种问题。这要求发言人必须深刻理解相关政策和事务，并能以清晰、准确的语言表达出来。无论是政府新闻发言人还是企业的公关代表，都需要熟悉所在领域的专业知识，以确保信息的准确传达。

其次，新闻发布会的特点要求发言人具备良好的沟通能力和危机处理能力。新闻发布会通常面向众多媒体机构和记者，可能会涉及敏感问题和潜在的危机情境。在这种情况下，发言人需要具备极强的抗压能力和随机应变能力，以应对各种可能的情况。当面临有挑战性的问题或突发事件时，发言人需要以冷静和专业的态度回答，避免因情绪化而导致冲突升级。

最后，新闻发布会的特性要求发言人具备清晰表达、简明扼要地回答问题，以及与记者和观众建立积极互动等综合能力。无论属于政府部门还是企业，发言人都需要具备良好的口才和语言组织能力，以确保信息传达的有效性和易理解性。

◎ 3. 记者提出的问题

发言人需要根据不同的情境和问题，灵活运用语言，以准确传达组织的决策和立场。因此，其口语表达的方式及风格也会因记者提问的情况而变化。

当发言人回答关于友好合作伙伴之间的关系问题时，通常会采用带有褒义色彩的语词。例如，一家跨国电子公司（公司 A）正在与一家国外电子制造企业（公司 B）合作开发新技术项目。当公司 A 的发言人在新闻发布会上回答有关这项合作项目的问题时，他可能会使用强调合作伙伴关系重要性、共同实现创新、互相支持等带有褒义色彩的词汇，来传达对公司 B 的尊重和信任，以及双方合作的积极愿望。当发言人面对敏感问题时，他们可能会采用更强硬的语气和语词。

◎ 4. 记者提问的态度

在大多数新闻发布会上，发言人与媒体记者能够友好相处、和平交流，新闻发言人会遵守合作原则和礼貌原则，配合记者回答问题。然而，在新闻发布会上有时会出现别有用心的提问，有针对性地涉及敏感话题，设计提问陷阱，或对不便回答的敏感事件连续追问，这些情况都可能对发言人的口语表达产生影响。一家国际化的制造公司（公司 X）正面临环境保护工作落实不到位的质疑，一位记者在新闻发布会上连续追问公司 X 的环境保护政策和实际行动。公司 X 的发言人需要以沉着冷静的态度回应，强调公司对环保的承诺，并提供详细的信息，以澄清公司的立场。在这种情况下，发言人应当坚守公司的价值观，并提供透明的信息以回应记者和公众的关切。因此，新闻发言人需要具备一系列的应对策略，包括敏锐的政治意识、灵活的应变能力以及坚强的心理素质，以应对各种提问态度和方式，确保能够有效传达信息并维护组织的声誉。

二、发言人需遵循的语言原则

（一）准确原则

在各种组织和机构中，发言人是与媒体和公众进行重要沟通的关键角色。发言人必须在语言表述和信息选择上慎之又慎，不能含糊。一方面，对关键信息的提炼应该准确；另一方面，不能忽视对细节的把握。

（二）礼貌原则

发言人在新闻发布会上应该遵循礼貌原则，做到表达上的恰当合理，对于媒体提出的问题，在回应时不能使用具有攻击性的语言。在新闻发布会上，发言人遵循礼貌原则可以在传递信息的基础上体现个人素养，为维护和塑造组织形象起到积极的作用。

（三）坦率原则

坦率原则要求发言人在新闻发布会上实事求是，为记者和公众提供实实在在的信息，而不是"打太极"。在新闻发布会上，新闻发言人经常会出现准备不充分的情况，对于无法回答的问题，坦率真切的表达更容易得到大家的认可。

（四）"三简"原则

"三简"即简要、简短、简单。受新闻发布会时长的限制，发言人需要在有限的时间内准确清晰地表述核心信息。尤其是在当前各类媒体飞速发展的背景下，为避免一些别有用心的媒体断章取义，发言人应该尽可能以"三简"原则表述最核心的内容。

◎ 1. 简要

简明扼要的表述要求发言人用最少的词语来传达核心信息，避免用词的冗长和混淆，使受众更容易理解和记住自己所传达的信息。例如，在新能源汽车的产品发布会上，发言人可以简洁明了地说："我们新推出的这款汽车与同类产品相比具有更强的性能、更长的电池寿命和更多的功能选择。"

◎ 2. 简短

发言人要用最简短的语言明确核心信息和主题，避免在信息传达中加入不必要的细节或次要信息。这不仅有助于确保受众抓住发言人的重点，而且也避免了冗杂信息被媒体误读。

◎ 3. 简单

发言人在口语表达中要充分考虑受众的理解接受能力和心理需求，应该思考如何以最容易被理解和接受的方式传达信息，以确保信息的有效传达。

三、发言人需运用的语言策略

发言人在履行其职责时，经常需要运用不同的语言策略来应对不同的情境和问题。

（一）模糊策略

1965年，英国语言学家 H. P. Grice 提出了模糊性理论，主要涉及语言交际中的含糊和隐含信息传递。该理论认为模糊性是指概念的中心区域基本上确定，而外延界限不明确的属性，它是客观世界自身内在的模糊性和作为主体的人对客观事物的主观认识的有限性以及不确定性在语言表达上的反应。模糊策略是一种在言辞中使用模糊性词汇或表达方式的策略，旨在间接回答问题或使受众难以准确推断话语的真实意图。这种策略常常用于处理敏感问题或不便直接回答的情况。

发言人所代表的是相关政府部门或相关组织。发言人在新闻发布会上经常会遇到不便回答的问题，这时候就可以运用模糊策略，以间接回答代替直接回答，使得受众难以从其表达中推断出话语的真实意图。在新闻发布会上，发言人合理使用语言模糊性的特点可以提高话语的可接受性，同时适当地使用话语模糊策略还可以有效减少话语失误，掌握更多的主动权。例如，在某大型科技企业的新闻发布会上，发言人被问及企业的未来产品计划，而这些计划包含了机密信息，不能直接公开。这时，发言人可以使用模糊策略回应："我们一直在积极研发新产品，以满足市场需求并保持竞争力。我们对未来充满信心，会继续为客户提供创新的解决方案。具体的产品细节将在适当的时候发布。"这种回答既表达了企业的积极态度和信心，又没有透露具体的机密信息，保护了企业的竞争优势。

（二）回避策略

回避策略有助于发言人在复杂的沟通环境中保持灵活性，并在维护双方尊严和避免冲突的同时，处理那些可能令人难以回答或不适合直接回答的问题。社会语言学领域的学者 Brown 和 Levinson 在 *Politeness: Some Universals in Language Usage*（1978）中探讨拒绝和面子的关系，强调了如何使用间接的方式来表达拒绝，以减少面子威胁和潜在的冲突。当面对企业内部决策、竞争对手或财务数据等敏感问题时，企业发言人可以使用诸如"我们目前正在考虑各种选项""这是一个复杂的问题，需要更多时间来评估"等语句，来回避问题的直接回答，同时避免透露机密信息或对企业形象造成潜在损害。

回避策略主要包括以下五种技巧：一是转移话题。发言人可以采用巧妙的方式将话题引导到更容易回答或更相关的领域，从而正面回避问题。当记者提出一个敏感问题时，发言人可以进行如下回应："这是一个复杂的问题，但让我们首先看一下相关的背景信息。"二是巧用幽默。发言人有时可以通过一些幽默的言辞化解紧张的氛围，在避免明确回答问题的同时，保持积极的沟通氛围。例如，面对复杂问题时，发言人可进行如下回应："这个问题就像一道数学难题，我会尽力解释，但不保证能让大家满意。"三是部分回复问题。发言人有时会选择不回答整个问题，而只回答问题中的一部分，特别是当问题包含多个方面或维度时。这样的回答方式可以在不透露敏感信息的同时提供一些相关信息。例如，发言人可以说："关于您提到的一部分，我们可以这样看待……"四是暂不回答。当面临复杂或紧急的问题时，发言人可能需要更多时间来准备答案或等待事件进展，然后再做出回应。因此，发言人可以这样回复："这是一个正在发展的情况，我们需要更多时间来收集信息和分析情况，稍后会提供详细的回应。"五是选择性回答。在回答多个问题时，发言人可以选择性地回应其中一些问题，而忽略其他问题，从而有意识地选择性地披露信息。这种方式通常需要谨慎、策略性地处理。例如，发言人可以说："我会回答您的第一个问题，但对于第二个问题，我认为它需要更深入的研究。"

四、发言人的表达技巧

口语表达是发言人与公众和媒体交流时使用的基本工具。发言人的口语表达不仅承载着发言人想要传达的信息，而且可以通过语调和语气的变化丰富表达效果，以达到强化或者弱化信息的效果。面对复杂的问题和挑战，发言人作为组织的形象代表对表达技巧的运用不仅直接关系到信息传播的效果，也影响着媒体记者和公众的接受与认知。

（一）停连和重音技巧的运用

停连在发言人口语表达中非常重要，包含着停顿与连接两个方面。在口语表达中，停顿和连接有时是同时存在的，能够起到显示语义、抒情表意的重要作用。停连既是人们听与说的生理需要,也是人们情感表达的必要条件。发言人适当地运用停连技巧不仅能够让听众和记者清楚自己要表达的内容,更重要的是可以进行情感和态度的表达。

重音则具有突显语句中各信息单元重要性的功能。口语表达中的每个句子都有重音,然而由于句子在整篇文稿中的角色和地位不同,重音的强度和强调方式也各异。值得注意的是,重音的位置并不是绝对的、固定的,任何孤立地、静止地、片面地研究重音的做法都是有害的,有可能造成语义的模糊和听觉上的误会。因此,发言人在口语表达中运用恰当的重音来提示和强调内容,有助于更准确地传达意思并促进记者和公众对内容的理解。

◎ 1. 扬停与落停

扬停,又被称为扬停强收,指的是在语音表达中,通过提高语调或声音强度,创造一种期待和紧张感,形成明快的节奏。当发言人需要强调雄壮、自豪、坚定等情感时可以运用这种表达技巧。相对地,落停是在一句话或一段话结束时采用的表达方式。通常,落停用于内容平稳、轻松的情境中,发言人在这种情况下会逐渐降低语调或声音的强度以达到柔和收尾的效果。

◎ 2. 直连和曲连

直连是停顿之后迅速、顺畅地继续语流,给人一种没有中断的感觉。发言人通常在需要强调句子或段落的内在联系和流畅性,使信息传达更加连贯时运用这种技巧。曲连则是指停顿后逐渐缓慢地连接,通常给人一种停顿但又不完全中断的感觉。这种表达技巧主要侧重于连接的过程,不一定需要额外的呼吸或深吸气。发言人常将其用于表达较为缓慢或平稳的内容。

◎ 3. 高低强弱法

任何人的声音都具备相对的高与低、强与弱。因此,发言人如果想要强调某个重音,就需要相对减弱次重音和非重音,以突显出重音。因此,在强调重音时,通常需要运用"欲高先低,欲强先弱"或"低后渐高,弱中渐强"的原则,这被称为高低强弱法。

◎ 4. 快慢停连法

快慢停连法是另一种用于突显重音的技巧。发言人可以通过迅速处理次重音或非重音来实现"快"的效果,而在强调重音时则采用"减慢发音或延长音节"的方式,以增强其显著性。此外,发言人在强调重音时,还可以综合运用停顿或连接这两种表达方式，这便构成了快慢停连法。

（二）口头语和书面语的结合

发言人代表着政府、组织或企业，面对复杂多变的信息传递需求，需要在语言表达上综合运用口头语和书面语，以达到最佳的信息传播效果。在正式场合，如新闻发布会或官方声明中，发言人通常倾向于使用正式的书面语。书面语常常被认为具备严谨性和准确性，因此具有官方性质。然而，和公众交流时，为了更好地沟通和亲近公众，发言人也会适时引入口头语。使用常出现于日常口语交流中的词汇，更通俗易懂，有助于拉近发言人与公众的距离，使信息更容易被接受。企业发言人在企业年度业绩发布会上介绍正式财务数据时，应该采用书面语，以确保数据的准确性和专业性。然而，当回答记者提问时，为了更好地回应媒体和投资者的关切，发言人可以使用"内卷化""硬骨头"等口头语，更生动地表达企业的战略愿景或业务前景。

口头语和书面语的结合使用体现了发言人灵活运用语言的能力，有助于满足不同场合和受众的需求，从而更好地传达信息并建立有效的沟通。

（三）成语、俗语以及流行语的运用

政府、组织或企业的发言人在传递信息时需要巧妙地运用成语、俗语、流行语等语言工具，以更好地达到信息传播的效果。这些语言工具不仅丰富了表达方式，还能够增强信息的表现力和吸引力，从而更好地引导媒体和公众的关注。

成语是中国传统文化的精髓，其言简意赅的特点非常适合用于新闻发布。例如，当企业发言人在解释公司的战略决策时，可以用"以史为鉴，可知兴替"来强调借鉴历史的重要性。这样不仅凝练了表达，还增加了说服力。

发言人使用俗语的频率虽然较低，但它们在表达中可以增加通俗性和生动性。当非政府组织的发言人在谈论社区服务项目时，可以使用俗语"解铃还须系铃人"来强调每个人都有责任参与社区建设，这种表达方式更易于被听众理解和接受。

流行语通常反映了当下社会和文化的热点，发言人将其巧妙地引入表达中，可以增强信息的时效性和吸引力。

通过合理运用这些语言工具，新闻发言人能够更好地传递信息，吸引受众的关注，提升信息的影响力。不过需要注意的是，使用这些语言工具时应谨慎，确保其与信息内容相符，以免引起误解或不当解读。

（四）数据的运用

无论是政府部门、企业，还是非政府组织的发言人，都需要根据具体情况巧妙地使用数据，以便更好地表达他们想要传达的信息。首先，具体数据支持。在新闻发布会上，发言人常常依赖具体数据来支持其陈述，以增强信息的可信度。例如，企业发言人表示："根据最新的市场研究数据，我们的产品在去年销售额增长了15%。"这种数据运用有助于清晰地传达信息，让听众更容易理解和相信。其次，时序关联。数据也可以用来表达事件的时序关联，以帮助听众理解事物的发展和演变。例如，地方政府部门的发言人说："在过去5年中，我们已经成功落地了10个社区项目，改善了5000名居民的生活质量。"这种用数据展示项目历程的方式可以强调当地政府的成绩。最后，影响度量。数据还可以用来衡量某一事件或决策的影响范围。例如，政府发言人宣布："新政策的实施将使5000家中小型企业受益，创造数万个就业机会。"这种数据的使用有助于说明政策的积极影响。

总之，数据在发言人的口语表达中可以增强信息的准确性、可信度和说服力。通过运用数据，发言人能够更有效地传达其所代表的组织的成就和影响。

随着信息技术的迅速发展，人们的信息获取方式也在不断变化，但发言人作为政府、企业或非政府组织发布信息的权威渠道，仍然非常重要。发言人不仅仅是权威信息的传递者，更是政府、企业或组织的形象代表。发言人需要应对各种复杂的情境，巧妙地运用口语表达技巧，以确保信息的准确传达，维护组织的声誉及形象，并建立媒体和公众对其的信任。

第二节 领导者和管理者的口语表达艺术

在当今快速变化、竞争日益激烈的商业环境中，领导者和管理者的口语表达艺术不仅是其个人能力的体现，更是影响团队和组织效能的关键因素。有效的口语表达能够帮助领导者和管理者清晰、准确地传达目标和期望，激发团队成员的激情与创造力，同时建立起相互尊重和互相信任的工作氛围。因此，掌握口语表达的艺术对于领导者和管理者来说，是其成功不可或缺的一部分。

领导者和管理者的口语表达能力直接关系到信息传递的效率和效果。在日常管理活动中，无论是制定战略、执行计划、解决问题，还是激励团队，领导者和管理者的每一次口头指令和反馈，都可能对团队的方向和士气产生重大影响。良好的口语表达能够确保信息的明确性和连贯性，避免误解和混淆，从而提高决策执行的效率。

美国作家西蒙·斯涅克提出的"黄金圈法则"[1]的核心就在于感召和激励他人追求共同目标。领导者和管理者通过富有感染力的口语表达，不仅能传递知识和信息，更能传达情感和价值观，激发团队成员的情感共鸣。这种情感上的共鸣是激励团队克服挑战、追求卓越的重要动力。因此，领导者和管理者需要通过有效的口语表达，展现其个人魅力，建立个人与团队之间的情感连接。

一、基本原则和技巧

为了提高口语表达的效果，领导者和管理者需要遵循一系列基本原则，掌握一些基本技巧。

（一）设定明确的沟通目标

有效的沟通始于明确的目标设定。领导者和管理者在口语交流之前，都应该明确自己的沟通目标是什么。这些目标可能包括传达某项决策、解决特定问题、激励团队成员、促进团队协作等。明确的沟通目标不仅有助于领导者和管理者组织语言、选择合适的表达方式，还能确保信息的传达更加直接有效，避免不必要的误解和时

---

1 Sinek Simon. Start with Why: How Great Leaders Inspire Everyone to Take Action. Portfolio, 2009.

间浪费。

（二）简洁明了，避免冗长和复杂的表达

在口语表达中，简洁明了是金。过于冗长或复杂的表达方式往往会导致信息的核心被淹没，使听者难以抓住重点。领导者和管理者应努力做到用最简单、直接的语言表达最核心的信息，这不仅能提高沟通的效率，还能增强信息的穿透力。例如，在介绍新项目时，项目负责人直接阐述项目的目标、期望成果和成员角色，比使用专业术语或复杂的背景介绍更能快速明确团队的工作方向。

（三）了解团队成员的背景和需求

领导者和管理者的口语表达需要根据受众的特点进行调整。这意味着领导者和管理者必须对团队成员的背景、经验、需求有足够的了解。不同的团队成员可能有着不同的知识水平、工作经验和文化背景，这些因素都会影响他们对信息的接收和理解。通过调整自己的语言风格，使用更容易被团队成员理解的案例，甚至适时地加入一些调侃和幽默元素，都可以使沟通更加有效，增强团队的凝聚力和信任感。

（四）正面积极的语言激励

正面积极的语言具有强大的激励作用。领导者和管理者在口语表达中使用正面积极的语言，不仅能够传递出信心和希望，还能有效激发团队成员的积极性和创造力。即便面对困难和挑战，积极的语言也能帮助团队维持正面态度，共同寻找解决方案。例如，当项目遇到难题时，项目负责人可以强调"这对我们每一个人来说，都是一个难得的成长机会，我们一定能找到解决的办法"，而不是沮丧地抱怨问题的严重性。

二、情绪智力在口语表达中的应用

情绪智力（Emotional Intelligence，简称 EI）是近年来对企业较有影响力的概念之一。它的主要理念是领导者和管理者了解和控制自身和周围同事情感的能力将决定企业能否有更好的商业表现。丹尼尔·戈尔曼在其著作《情感智商》[1]中提出，决定一个人成功与否的关键是情绪智力而非智商。情绪智力涉及识别、理解、管理自己的情感，以及识别、理解和影响他人的情感的能力，在领导者和管理者的口语

1　丹尼尔·戈尔曼：《情感智商》，上海科学技术出版社，1997年版。

表达中扮演着至关重要的角色。通过精准地理解和表达情感，领导者和管理者能够建立更深层的人际关系，有效地调节团队情绪，同时激发团队的激情和创造力。

（一）理解并表达情感

在口语表达中，领导者和管理者需要展现出对团队成员情绪的理解和同理心。这不仅要求领导者和管理者准确地识别和理解自己的情绪，还要求其能够感知团队成员的情绪状态。在此基础上，领导者和管理者通过适当的语言和非语言符号，如语调、面部表情和肢体语言，传达出对成员情感的理解和关怀。例如，当一个团队成员经历困难时，团队负责人可以通过温和的语调及鼓励的话语表达支持，如"我理解你现在的处境，我们都在这里支持你"。这样的口语表达不仅能够传递出同理心，还能够增强团队的凝聚力。

（二）情绪调节

领导者和管理者在口语表达中还需要展现出良好的情绪调节能力。这意味着领导者和管理者要能够管理自己的情绪，即使在压力大或激动的情况下也能保持冷静和专业。通过自我调节，领导者和管理者能够以更清晰、更理性的方式进行沟通，从而有效地引导团队解决问题。例如，在某项工作即将达到截止日期、万分紧张时，团队负责人首先要平复自身的情绪，然后用稳定和自信的声音向团队表达："我们面临的挑战确实很大，但我相信通过我们的共同努力，一定能够完成任务。"这样的态度不仅能够稳定团队情绪，还能激发团队成员的信心和动力。

（三）激发热情

利用情感化的语言来激发团队成员的热情是领导者和管理者口语表达的另一重要方面。领导者和管理者可以通过分享个人经历、寓言故事或者团队成功案例，使用生动的语言和感染力强的语调来激发团队成员的情感共鸣和内在动力。例如，团队负责人可以讲述一个团队克服重重困难最终取得成功的故事，并强调团队精神和坚持不懈的重要性，如"正是因为我们每个人的坚持和努力，我们才能够将挑战转变为机遇"。这种情感化的表达不仅能够激励团队成员，还能够增强他们对团队目标的承诺和热情。

三、非言语沟通的力量

在实践中，领导者和管理者的非言语沟通力量也是不可忽视的。非言语沟通，包括身体语言、语音魅力和空间关系处理，与口语表达紧密相连，共同构成了沟通的全貌。这些非言语的元素能够在很大程度上影响听者对领导者和管理者所要传递的信息的接收和解读，从而影响沟通的效果。

（一）身体语言

身体语言，包括姿态、手势和面部表情，是非言语沟通中极为重要的一部分。它能够传递领导者和管理者的态度和情绪，甚至在没有语言的情况下也能实现有效地沟通。

姿态：开放和直立的姿态可以传递出自信和可接近的信号，而封闭或弯曲的姿态则可能表现出不安或防御的态度。领导者和管理者通过保持良好的姿态，不仅能够提升自身形象，还能够鼓励团队成员更加开放和积极地参与交流。

手势：适当的手势使用能够增强言语的表现力和说服力。比如，指向性的手势可以用来强调重点。领导者和管理者通过有意识地使用手势，可以使沟通更加生动。

面部表情：面部表情是情感表达的直接窗口。微笑可以增强亲和力，皱眉则可能表示不满或担忧。领导者和管理者通过控制面部表情，能够有效地调节沟通的情绪色彩，增进与团队成员的情感连接。

（二）语音魅力

领导者和管理者还可以通过控制音调、语速和停顿的变化，来增强口语表达的吸引力和感染力。

音调：音调的升降可以影响话语的情绪表达。较高的音调可能传递出兴奋或紧张的情绪，而较低的音调则显得更为镇定和权威。领导者和管理者可以根据沟通的内容和目的调整音调，以适应不同的情境。

语速：较快的语速可能表现出热情或急迫，而缓慢的语速则有助于强调和思考。通过控制语速，领导者和管理者可以更好地控制沟通的节奏，确保信息被有效传达和理解。

停顿：适时的停顿不仅可以给听者留出思考的空间，还可以凸显言语的重要性，增强期待感。领导者和管理者可以利用停顿来突出重点，或在变换话题时提供自然的过渡。

（三）空间关系的处理

空间关系的处理在非言语沟通中同样重要，这关系到交流的舒适度和对距离的感知。领导者和管理者对于空间关系的处理主要关注以下两个方面：

第一，尊重个人空间。领导者和管理者在与团队成员交流时，需要尊重个人空间，过于接近可能会引起对方的不适或防御，而适当的距离则可以建立起舒适和尊重的氛围。

第二，合理布局场域。交流场域布局也会影响沟通的效果。例如，圆桌会议鼓励平等和开放的讨论，而讲台式的布置则会强化领导者和管理者的权威和控制。

四、在特定场合中的口语表达艺术

领导者和管理者的口语表达艺术不仅体现在日常交流中，更在于其能够根据场合选择合适的沟通策略，这样才能有效地指导和激励团队，建立信任关系，应对危机，并最终实现组织的目标和愿景。

（一）动员大会：传达激励和愿景

动员大会是激发团队热情、共享愿景的重要场合。在此情境下，领导者和管理者需要通过口语表达传递出清晰的愿景和方向，同时激励团队成员对目标的信念和热情。有效的策略包括使用富有感染力的故事来展示愿景的实现可能，运用比喻和象征性语言增强信息的影响力，以及通过强调团队价值和过去成功的案例来提振成员的信心。此外，领导者和管理者通过适时的情感表达，如展示对团队的信任和感激，可以进一步增强团队的凝聚力和动力。

（二）团队会议：有效的指导和激励

团队会议是领导者和管理者指导团队工作、解决问题和规划未来的常规场合。在这种场合，领导者和管理者的口语表达既要清晰又要具有指导性。首先，明确会议的目标和议程，确保每个成员都能够跟上讨论的节奏。其次，通过提问和倾听来促进双向交流，让团队成员感到他们的意见被重视。同时，使用积极的反馈和具体的例子来指导和激励团队，帮助成员了解如何改进和发展。在会议结束时，领导者和管理者可以通过总结关键信息和指出后续步骤，确保每个人都清楚自己的职责和期望。

（三）危机管理：保持冷静和明确的沟通

在危机情境下，领导者和管理者需要通过语言表达及时传递出冷静、理性、积极的信号，以稳定团队情绪，增强团队成员化解危机的信心。首先，领导者和管理者需要快速而准确地向团队相关成员传达危机的性质、影响和应对策略，避免因信息的不确定性而加重焦虑。其次，保持沟通的透明度，即使是坏消息也要坦诚相告，这有助于建立信任并减少谣言的产生。此外，领导者和管理者还要强调团队的能力和危机应对的具体计划，鼓励团队成员积极参与解决问题。

（四）一对一交流：建立信任和深度沟通

一对一交流是建立领导者和管理者与团队成员之间信任关系的重要途径。在这种情境下，领导者和管理者需要展示出同理心和倾听技巧。通过直接的眼神交流、开放的身体语言和积极的反馈来展示关注和尊重。在口语表达上，使用"我语言"来表达个人观点，避免指责，同时鼓励团队成员分享自己的想法和感受。此外，确保交流的保密性，可以让成员更好地分享自己的想法。

在实际的管理工作中，领导者和管理者的口语表达艺术是有效沟通、激发团队潜力、实现组织目标的关键。无论是在动员大会中传递愿景，在团队会议中细化指导，还是在危机情境下稳定军心，抑或是在一对一交流中建立信任，领导者和管理者的口语表达技巧都是实现高效管理的基石。

领导者和管理者的口语表达艺术并非一朝一夕就能够完善的，而是需要领导者和管理者在实际的管理工作中不断地实践、反思和调整。通过持续的学习和提升，领导者和管理者能够更有效地引导团队面对挑战，激发团队的创造力和动力，进而推动组织向既定的目标前进。在这一过程中，领导者和管理者自身也会获得成长和发展，成为真正意义上的沟通大师和团队引领者。

第三节　求职者的口语表达艺术

在现代职场竞争日益激烈的背景下，求职者要想成功地找到理想的工作机会，除了准备好一份完善的简历、具备扎实的专业技能外，面试时能用得体的语言打动面试官也成为关键因素之一。

语言是一门艺术，如果我们用得好不仅可以给自己加分，也可以获得别人的欣赏。在求职时，一个会表达的人更容易受到面试官的关注和青睐。现在面试官越来越注重寻找那些不仅在技术领域表现出色，还能在团队中起到积极作用的求职者。

一、获得面试机会，做好求职准备工作

在职业发展中，获得面试机会是迈向成功的第一步。这个过程涉及电话通知和邮件通知，需要求职者细致入微地准备和专业地表达。

（一）接到电话通知

接到电话通知通常是面试流程的起点，因此求职者在这一时刻需要特别注意以下几个关键点：

首先，接电话时要确保处于一个相对安静的环境，避免在喧闹的地方或交通工具上接电话，以免造成信息丢失或误解。如果不方便接听，及时与人力资源管理部门（以下简称 HR）诚实沟通，请求稍后联系。这样既可以避免因环境影响而听不清或听错关键信息，也可以给 HR 留下专业和负责的印象，表现出自己对面试机会的珍惜。

其次，不要在电话中表现出对应聘公司或岗位的不熟悉。即使求职者申请了多个职位，也应该展现出对应聘公司的尊重和关注。求职者不要在首次沟通中就提出一些明显可通过在线搜索解决的问题，如公司业务、产品线等。

最后，务必确认公司名称、岗位名称等。建议对方将面试的详细信息以邮件形式发送，包括面试时间、岗位描述、办公地点等。

（二）接到邮件通知

邮件通知通常是面试流程的第二步，求职者应当在这个阶段进行更深入的准备和思考。

求职者需要仔细分析应聘公司和岗位，确保自己对公司背景和工作内容有清晰的理解。求职者应该自问是否愿意从事这项工作，以及从事这项工作是否与个人职业发展目标相符。如果发现不合适，可以礼貌地回复邮件，婉拒面试邀请。如果决定参加面试，求职者应当迅速回复邮件，表示感谢面试机会，并确认自己会按时参加面试。这种专业的表现有助于给 HR 留下积极的印象。

求职者获得面试机会既是面试的重要前提，也是个人职业发展的关键步骤。因此，求职者需要做好准备，以确保自己能够有机会充分展示自己的能力和素质。

二、清晰的自我介绍

在面试过程中，自我介绍决不可被轻视。求职者必须投入大量时间和精力来精心策划和准备自我介绍。有些人可能认为自我介绍只是例行程序，面试官并不太在意候选人说了些什么。然而，这个阶段实际上具有极其重要的意义。在心理学中，有一个著名的概念"首因效应"（Primacy Effect）。它指的是人们在面对一系列信息时，更容易记住最早接触到的信息，而将后续信息相对较快地遗忘或较少记住。首因效应可以影响人们对他人或事件的整体评价和印象，因为初始信息会在大脑中留下更为深刻的痕迹。因此，在自我介绍这一环节，求职者应当以高度的专业化准备，给面试官留下积极、深刻的第一印象。

（一）个人背景和经历的简洁陈述

在求职面试中，求职者需要根据具体情况选择性地提供相关个人信息，以展现个人背景和经历与岗位要求的匹配度。

首先，个人基本信息如姓名、家乡、毕业学校、专业、政治面貌、婚姻状况等可以作为面试开场白的一部分，但不必过于详细。这些信息的重点在于帮助面试官更好地了解求职者的背景。

其次，工作和实践经历是面试中最关键的部分。在介绍工作和实践经历时，求职者应突出与目标岗位相关的职责和成就。例如，应聘销售岗位，可以强调过去在销售领域取得的卓越业绩，如销售额的增长、客户关系的维护等。对于不太相关或较一般的经历，可以简要提及，不必深入展开。此外，经历的陈述应该具体而有深度，而不是简单地罗列时间和公司名称。求职者可以分享在工作中遇到的挑战、解决问题的方法以及取得的成果。这种描述有助于面试官更好地了解求职者的能力和潜力。

最后，个人技能和兴趣爱好也可以适度提及，但要与岗位要求相关。如果应聘者具备与职位相关的技能，可以在面试中突出这些技能，并提供相关的证明或案例。这一点在下文中会详细阐述，此处不做赘述。至于兴趣爱好，可以选择强调那些展示领导能力、团队协作力或创造力的爱好，这有助于构建积极的个人形象。

在总结上述信息时，求职者应强调个人背景和经历的独特性和与职位的契合度，同时确保信息清晰、有条理，以使面试官更容易理解和记住关键点。面试时的个人陈述应该是有针对性、精心准备过的，以展现出自己最佳的一面。

（二）强调与岗位相关的技能和成就

在面试中，强调与岗位相关的技能和成就是吸引面试官的关键。

首先，清晰传达特长和优势。在面试中，求职者明确表达自己的特长和优势是至关重要的。这些特长可以包括技能、知识、经验等。

其次，提供具体案例。求职者不仅要列举特长和优势，还应提供具体的案例来证明其真实性。求职者通过举例，说明自己在过去的工作或项目中如何运用这些特长取得了成就，可以让面试官更好地理解和信任求职者的能力。如果强调了项目管理的能力，就可以提供一个项目成功完成的案例来进行佐证。

再次，与岗位要求对应。求职者强调的特长和优势应与所应聘的岗位要求相关。在准备面试前，求职者应该仔细研究岗位描述，确定哪些特长和优势较符合要求，然后在面试中重点强调这些方面。这有助于面试官更容易地看到你的匹配度。例如，应聘者在应聘数据分析岗位时，可以明确表示自己在数据挖掘、统计分析等方面有丰富的专业知识和经验。

最后，明确的求职意向。求职者还应清晰表达自己的求职意向。不要让面试官感到你是随意投递简历的，而应传达出你对这个岗位的热情。需要特别注意的是，求职者一定要确保自己的表达真实可信，不要夸大其词或提供虚假证明。

（三）对工作的期待和展望

在面试过程中，求职者除了介绍个人信息和经历，还应该向面试官表达对工作的期待和展望，可以强调自己的职业目标、对应聘公司的认同以及对未来发展的愿景等。

首先，明确职业目标。在自我介绍中，求职者可以谈论自己的职业目标和职业规划，说明自己希望在未来的职业生涯中取得什么样的成就，并与所应聘的岗位相关联。如果你正在应聘销售经理的职位，可以表达出你的职业目标是成为该领域的专家，并在销售团队中发挥领导作用。

其次，认同应聘公司的文化和价值观。求职者要明确表达出对公司的认同感和对公司文化的理解。求职者可以通过说明自己为什么认为这家公司是理想之选，以及自己与公司价值观的契合程度，来体现出对公司的研究和青睐程度。

最后，工作展望和自我发展意愿。求职者可以通过提出一些具体的想法或计划，来表达自己希望为公司做贡献的意愿。求助者还可以简短地表达出自己对继续学习和自我发展的渴望。例如，求职者可以说："我非常希望能够加入贵公司，并且对于未来的工作有明确的期待。作为一名销售经理，我希望在未来的两年内提高销售团队的业绩，实现年度销售目标的超额完成。我认为贵公司的价值观与我个人的价值观高度契合，这使我对这个职位充满激情。我也计划在未来通过继续学习和发展，提高我的领导能力，以更好地支持公司的长期成功。"通过明确的工作期待和展望，求职者可以传达出自己的职业追求和对公司的认同感，从而增加面试成功的机会。

（四）自我介绍中的禁忌

首先，将自我介绍理解为念简历。面试官已经在简历中看到了求职者的基本信息，自我介绍的目的是更深入地了解求职者的背景、特点和适应性。求职者不要简单地重复已经在简历中提到的内容，而是要强调那些与应聘岗位相关的信息。面试官在面试环节要求应聘者做自我介绍，其实主要有两个目的：一个是了解求职者的基本情况，另一个是衡量求职者的逻辑思维和表达能力。所以千万别把自我介绍当成了念简历，应聘者要根据所要应聘的岗位将自我介绍的内容进行重新调整，并且用恰当的方式把它们呈现出来。

其次，没有充分利用时间。自我介绍是求职者展示逻辑思维、表达能力和个性特点的机会。只有合理分配时间，求职者才能确保清晰地传达重要信息。人们常犯的错误是把3分钟自我介绍用30秒就介绍完，因为他们认为，面试过程当中的自我介绍是多余的，因为要说的简历上都已经写得清清楚楚了，所以30秒就足够了。其实相比于简历的书面表达，语言表达的信息的承载量和说服力往往是更大的，应聘者只有抓住了自我介绍的机会才能更好地将自己呈现出来。

最后，绝对不要夸大自己的经验或能力，更不能编造虚假信息。虚假的自我介绍不仅会使自己失去面试官的信任，还可能导致面试失败。有些人为了获得工作机会会在简历当中"注水",在面试当中吹牛。其实对于经验丰富的面试官来说,谎言是非常容易被识破的,所以在进行自我介绍的时候,千万不要表达得过于夸张,更要杜绝满嘴谎言,一定要做到实事求是。

此外,求职者还要避免在自我介绍中出现过度谦虚、表述冗长无序的情况,否则容易让面试官早早失去兴趣,而错过了后面的重要内容。

三、有效的面试沟通技巧

面试本质上是一个双向沟通的过程,不仅是面试官了解求职者的过程,也是求职者了解应聘公司和岗位的机会。在这个过程中,面试官不仅仅是在评估应聘者的技能和经验,还在寻找与公司文化和团队配合度高的人。在这个高度竞争的职场环境中,有效地沟通和展示自己,成了脱颖而出的关键因素。

(一)提前准备面试答案和问题

在现代竞争激烈的就业市场中,求职者需要仔细研究和充分准备,才能确保自己能在面试中脱颖而出。

首先,研究应聘公司、岗位和行业。求职者要了解自己所申请的公司、岗位,深入了解公司的历史、使命、价值观和目标,以及他们目前所面临的挑战和竞争对手。

其次,练习回答常见的面试问题。在面试中,一些问题几乎是"标配",因此可以事先准备好这些问题的答案。例如,"请介绍一下自己",通常是面试的第一个要求。求职者应该准备一个简洁而引人注目的自我介绍,强调与所申请岗位相关的经验和技能。其他常见的问题包括"为什么选择我们公司""您的职业目标是什么"。

最后,准备具体的案例和经验。在回答问题时,求职者不要只提供抽象的回答,还要用具体的案例和经验来支持自己的观点。举例说明自己在以往的工作或学习经历中所取得的成就、面临的挑战以及应对这些挑战的过程,可以让自己的回答更具体、更有说服力。

(二)倾听和理解面试官的问题

在面试中,面试官提出问题通常不仅仅是为了获取信息,还可能用于评估求职者的沟通能力、逻辑思维和应变能力。因此,正确地聆听和理解问题至关重要。

第十一章 特殊的口语表达艺术

首先，要注意在面试过程中保持专注。当面试官提问时，求职者要全神贯注地倾听，集中注意力在面试问题上，避免分心或走神，这有助于更好地理解问题的核心内容。

其次，如果对问题有任何疑问或不确定，要主动提出澄清的请求。求职者与其在不了解问题的情况下胡乱回答，不如礼貌地请面试官再次解释问题或提供更多的细节。这种做法不仅能显示职业素养，还能确保自己真正理解了问题，从而有助于提供更准确和有针对性的回答。

最后，要学会分析问题的关键要点。面试官的问题可能会包含多个部分或方面，求职者需要将其拆解并逐一回答。在回答问题时，求职者可以使用逻辑结构。例如，按时间顺序、因果关系或重要性来组织思维，以确保回答全面而清晰。如果面试官提出："请谈谈您在上一份工作中的主要责任和成就。"针对这个要求，求职者可以首先简要列出主要责任，然后针对每个责任介绍相关的成就和经验。

通过专注聆听、主动澄清疑问、分析问题要点，求职者可以在面试中展现出良好的沟通技巧和思维能力，增加通过面试的机会。

（三）清晰、有逻辑地回答问题

在面试中，面试官最希望知道的是应聘者能否胜任工作，以及应聘者最强的技能、最深入研究的知识领域、个性中最积极的部分、做过的最成功的事以及主要的成就等。应聘者在回答时要注意表现出积极的个性和较强的做事能力。因此，应聘者在回答问题时，要时刻保持清晰的表达和逻辑性，始终专注于问题的核心。

我们可以尝试使用结构化的回答方式——"情境—任务—行动—结果"（简称"STAR"）来说明自己的经验和技能。情境（Situation）：描述面临的具体情境或问题。在这一部分，你需要提供上下文信息，以使面试官明白你所面对的挑战。任务（Task）：明确你需要解决或完成的任务或目标。这有助于界定问题并表明你的职责。行动（Action）：详细说明你采取了哪些具体行动来应对情境和完成任务。这一部分非常关键，因为它突出了你的个人能力和决策过程。结果（Result）：强调你的行动产生的结果和影响。这是展示你的成就和影响力的机会。

【范例】

面试官提出：请举例说明你在过去的工作中如何处理一个挑战性的项目。

应聘者回答：（情境）在我之前的工作中，我负责一个项目，该项目由于特殊原因已经停滞了两个月。客户对于交付日期的顺延感到非常担忧，而公司也承受了很大的压力。（任务）我的任务是确保项目能够按时交付，同时提高项目的质量，以满足客户的期望。（行动）首先，我召集了项目团队进行一次会议，以全面了解当前的问题和挑战。我明确了每个团队成员的职责，并确保大家都理解项目的优先级。然后，我与客户保持了密切的沟通，向他们解释了我们正在采取的行动，并提供了及时透明的进度更新。此外，我重新分配了资源，以确保任务得以按时完成。我还引入了一些新的项目管理工具，以提高项目的可见性和控制。（结果）由于我们采取了这些行动，项目在最后的阶段取得了显著的进展，成功按时交付。客户对我们的工作非常满意，后来还选择了我们的公司进行了其他项目。此外，我们团队的合作也得到了加强，我从这个项目中获得了协调和领导团队的经验。

这个回答以清晰的结构呈现了求职者在处理挑战性项目时的经验和行动，突出了自己的领导能力和解决问题的能力。通过使用 STAR 结构，求职者可以在回答问题时保持逻辑性、突出重点，帮助面试官更好地理解自己的经验和技能。

（四）熟练运用口语表达技巧

在面试中，求职者口语表达技巧的运用体现了自身的成熟程度和综合素养。因此，对求职者来说，掌握口语表达的技巧无疑是重要的。

首先，口齿清晰，语言流畅，语速适宜。在面试过程中，求职者应尽量使用清晰的发音和流畅的语言来提高沟通效果。此外，求职者还要控制说话的速度，避免快速说话导致磕磕绊绊，从而影响语言的流畅。

其次，语气平和，语调恰当，音量适中。在打招呼和引起对方注意时，求职者适当运用语调可以增强表达的吸引力，但自我介绍等情况下，宜使用平缓的陈述语气，不宜过多使用感叹语气或祈使句。求职者的音量大小应根据面试场合来决定，确保每个面试官都能听清自己的发言。

最后，含蓄、机智、幽默。在面试中，求职者除了要注意表达清晰外还可以适时地使用幽默的语言，以营造轻松愉快的交谈氛围。幽默不仅能够展示出个人的气质和风度，还可以在回答棘手问题时巧妙地化解尴尬，展示智慧和机智。

面试更类似于一般的交谈，求职者应随时注意面试官的反应。如果面试官显得不太关注，可能意味着他对谈话内容不感兴趣，此时求职者可以试着改变话题。侧耳倾听可能意味着音量太小，因此应提高音量以确保对方听清。当对方皱眉或摆头表示不满时，应及时调整自己的表达方式，以获得更好的交流效果。

四、礼貌而专业的交流

礼貌而专业的交流可以提升求职者的专业形象，促进良好的沟通，增加获得职位的机会。通过使用恰当的礼貌用语、避免不必要的俚语或口头语等，求职者可以在初入职场时就建立起积极的个人声誉，提高自己今后的职业发展几率。

（一）使用恰当的礼貌用语

在面试交流中，求职者使用恰切的礼貌用语是非常重要的。例如，在开始面试时，恭敬地向面试官致以问候，使用"您好"或"早上好"等礼貌用语。

（二）避免不必要的俚语或口头语

要避免使用过多的俚语或口头语，除非确信对方能理解，否则便可能造成误解。有些求职者在日常表达时就特别爱用口头语如"嗯""这个""那个"，以至于在答题时不自觉地说出许多口头语，而且完全意识不到自己的这一问题。还有求职者在应聘时多次使用面试官并不熟悉的俚语，结果导致了交流障碍。

（三）主动解决潜在的负面问题

如果求职者预料到自己的某些情况可能会引起负面印象，最好在面试中主动解释或提前沟通。例如，求职者在过去的工作经历中有一段空白期，可以在面试中解释这段时间是用来自我提升或应对个人问题的。

（四）处理潜在的拒绝或挫折

面对潜在的拒绝或挫折时，求职者要保持冷静和平和的心态。如果被告知未被选中，可以礼貌地感谢对方给予机会，并询问是否能够获取反馈意见，以便提升自己的表现。

如果与面试官沟通得比较顺利，在面试结束时可以问："和您交流非常愉快，能留一张您的名片吗/方便加一下您的微信吗？"在前面沟通得比较愉快的基础上，面试官一般不会拒绝求职者的要求。这样做的好处是可以和面试官建立联系，后续不仅可以咨询面试结果，还可以请教其他问题。无论求职者最终是否入职这家公司，都可以把面试官当成朋友来友好相处，为自己今后的职场生涯增添一些机会和可能。

五、面试结束后及时有效地沟通

在面试结束之后,如果求职者确定自己的表现还不错的话,可以通过有效的方式来进行积极主动的进一步沟通。求职者面试结束后及时有效的沟通,可能会在面试官后续的录用决策中为自己加分。

面试结束后,求职者可以首先通过电子邮件、短信等进行询问并表达自己希望获得岗位的心理。如果一两天后还没有得到对方的回应,求职者可以通过电话礼貌地询问一下结果。采用电话询问最直接,也最能表达自己的态度。求职者在电话询问时需要注意以下事项:

(1)注意选择合适的时间,要在工作时间内的适当的时间段打电话询问。

(2)接通电话后的话术。求职者首先要"自报家门"(包括面试时间、岗位和名字等信息),并表达自己的来电意图和谢意。

(3)交流过程中要优雅沉稳。求职者在电话询问过程中要保持态度诚恳,语调不卑不亢,沉着稳重不紧张,不建议表现出急切地想知道答案的态度。

(4)善问开放性的问题。求职者要少用封闭性提问,这样可以让自己与HR的交流更顺畅,"自报家门"后礼貌询问后就可以直奔主题,不用长篇大论,也不要占用对方太多的时间。

(5)注意被拒绝后的即时表现,如果知道自己没有被录用,要注意稳定情绪,诚恳地请教没有被录用的原因,以提升自己后续的面试能力。求职者切忌过分推销自己,更不能对面试官纠缠不休。

求职者培养和锻炼口语表达技巧不仅仅是为了应付面试,还可以为自己今后在职场中获得成功奠定基础。因为,出色的口语表达能力有助于我们建立积极的工作关系,促进信息流通,协助解决问题,提升职业满意度,甚至有望帮助我们晋升到更高的职位。

参考文献

SPOKEN LANGUAGE

一、中文专著

[1] 祝敏青. 现代汉语修辞 [M]. 北京：商务印书馆, 2024.

[2] 黄伯荣, 廖序东. 现代汉语（第6版）[M]. 北京：高等教育出版社, 2017.

[3] 李展. 数字化时代的口语传播：理论方法与实践 [M]. 厦门：厦门大学出版社, 2014.

[4] 张浩. 口语传播学研究 [M]. 长春：吉林出版集团股份有限公司, 2022.

[5] 王媛. 社交媒体时代口语传播的交互性研究 [M]. 广州：暨南大学出版社, 2019.

[6] 卢毅. 口语表达概论 [M]. 西安：陕西人民教育出版社, 2021.

[7] 赵琳琳. 口语表达艺术研究 [M]. 长春：吉林出版集团股份有限公司, 2022.

[8] 赵俐, 李昕. 实用口语表达与播音主持 [M]. 北京：中国传媒大学出版社, 2009.

[9] 张颂. 中国播音学（第2版）[M]. 北京：北京广播学院出版社, 2003.

[10] 张颂. 朗读美学 修订版 [M]. 北京：中国传媒大学出版社, 2010.

[11] 应天常, 王婷. 主持人即兴口语训练 [M]. 北京：中国传媒大学出版社, 2009.

[12] 吴郁. 主持人思维与语言能力训练路径 [M]. 北京：中国广播电视出版社, 2005.

[13] 乔睿, 张梅芳, 李昭熠. 传播与沟通 [M]. 上海：上海财经大学出版社, 2024.

[14] 李元授. 新编演讲学 [M]. 武汉：武汉大学出版社, 2023.

[15] 顾秋蓓. 商务演讲语篇的多模态话语分析 [M]. 青岛：中国海洋大学出版社, 2023.

[16] 王安白. 辩论学 [M]. 北京：法律出版社, 2021.

[17] 高华昭, 杨娟. 演讲口才与辩论艺术研究 [M]. 北京：北京工业大学出版社, 2020.

[18] 王安白. 辩论技能提升全解析 [M]. 成都：四川大学出版社, 2023.

[19] 樊启青. 与世界辩论冠军零距离：国际知名辩手辩论辞选编 [M]. 杭州：浙江大学出版社, 2013.

[20] 中国浦东干部学院领导与传播研究中心. 发言人说：中国新闻发言人传播实践 [M]. 北京：人民出版社, 2021.

[21] 董关鹏. 社会组织新闻发言人工作指南 [M]. 北京：中国社会出版社, 2020.

[22] 李真顺. 脱稿演讲与即兴发言 [M]. 北京：北京联合出版公司, 2018.

[23] 王壮辉, 姚彬. 口语传播范例与作品分析 [M]. 北京：高等教育出版社, 2016.

[24] 袁智忠. 口语艺术 [M]. 重庆：西南师范大学出版社, 2018.

二、译著

[1]〔美〕周国元. 麦肯锡结构化高效沟通：如何有逻辑地表达、演讲与写作 [M]. 北京：人民邮电出版社, 2023.

[2]〔美〕杰瑞米·多诺万. TED演讲的秘密 [M]. 冯颙, 安超, 译. 北京：中信出版集团, 2023.

[3]〔英〕尼克·戈尔德. 自信演讲 [M]. 孟东泽, 译. 北京：中国原子能出版社, 2024.

[4]〔美〕乔·帕克,〔美〕瑞贝卡·唐克林, 胡城项. 辩论的艺术 [M]. 周杰, 译. 桂林：广西师范大学出版社, 2018.

[5]〔英〕阿拉斯泰尔·博尼特. 学会辩论：让你的观点站得住脚 [M]. 魏学明, 译. 北京：中国人民大学出版社, 2018.

[6]〔美〕朱莉·卡塔拉诺,〔美〕亚伦·卡明. 情绪管理 [M]. 李兰杰, 李亮, 译. 北京：中国青年出版社, 2020.

后记

为贯彻落实党的二十大报告提出的"加大国家通用语言文字推广力度",教育部、国家语言文字工作委员会(原中国文字改革委员会)印发了《关于加强高等学校服务国家通用语言文字高质量推广普及的若干意见》(以下简称《意见》)。《意见》明确规定要提高大学生语言文字应用能力,支持高校开设口语表达、经典诵读等语言文化相关课程,并将其纳入学校人才培养方案,明确语言文字应用能力及标准并纳入毕业要求。《意见》也是我国第一个对高等学校国家通用语言文字工作做出系统部署的文件。

作为一名高校播音与主持艺术专业的教师,笔者看到《意见》倍感鼓舞。在笔者本人主持的首批国家级一流本科课程"播音主持创作基础"建设的基础上,笔者认真思考播音与主持专业教育和高校口语表达通识教育如何融合发展的问题。《口语表达艺术》这本教材正是由此应运而生的。这本教材不仅是对《意见》精神的积极响应,更是对笔者自身播音与主持艺术专业教学经验的系统总结和升华,旨在为广大学生提供一整套科学、实用的口语表达指导,帮助他们在各类场合中自信、流利地表达自己的思想和观点。

"授人以鱼,不如授人以渔。"在编写过程中,编写组不仅参考了国内外大量相关文献和研究成果,还广泛听取了一线教师和行业专家的意见和建议。本教材内容严谨、深入浅出,既有理论深度,又具操作性和实践性,将口语表达理论、实践技巧和案例分析三个部分融为一体。读者通过本教材不仅可以系统掌握口语表达的理论知识，还能在实际应用中不断提升自己的语言表达能力。

本教材各章编写的具体安排如下：南宁师范大学郭琳负责第一、二、三章的编写，洛阳师范学院孙志隆老师负责第四章的编写，南宁师范大学梁柰副教授负责第五、六、七章的编写，广西财经学院姚婷副教授负责第八、九、十章的编写，玉林师范学院莫昭玲老师负责第十一章的编写。

再次感谢教材编写组成员的辛勤付出！感谢所有关心本书出版的专家、教师和工作人员，感谢四川大学出版社的大力支持，感谢南宁师范大学教材建设基金的资助！

"口能言之，身能行之，国宝也。"希望《口语表达艺术》能够成为读者学习口语表达的重要工具，能在国家通用语言文字推广中发挥积极作用，为高校培养新时代的语言人才贡献力量。同时，笔者也期待广大读者、同行、专家提出宝贵意见，以不断改进和提升本教材的内容与质量。

郭　琳
2024 年 6 月